많이 가르치고도
실패하는 한국교육

많이 가르치고도 실패하는 한국교육

주삼환 著

한국학술정보(주)

개정판 머리말

　얼마 전 오바마 미국 대통령은 한국은 미국보다 1년에 한 달은 더 공부시키고, 학교에서 학생들이 머무르는 시간도 많다고 하면서 미국은 수업일 수와, 수업시간 수를 늘려야 한다고 주장하였다. 그래서 미국은 지금 '더 많이' 가르치기 위해 던컨 연방교육부장관이 각 주를 돌아다니며 설득 작업과 분위기 조성에 노력하고 있다. 미국 대통령이 한국교육을 부러운 듯 언급하며 따르자고 하자 우리는 은근히 우쭐해지는 기분인 것 같다.

　많이 가르치기로는 한국이 세계에서 뒤지지 않을 것이다. 미국은 학생들이 학교에 나오는 날짜가 유치원이나 고3이나 모두 1년에 180일 정도이고, 오후 3시 정도면 모든 수업이 끝나고 하교 한다. 한국은 출석일 수도 많고 학교에서 학생들이 머무르는 시간 수도 많다. 밤 11시, 12시까지도 학교에서 공부하고 기숙사에서 스파르타식 지도를 받기도 한다. 너무 많이 공부한다고 학원 문을 밤 10시까지만 열게 하는 법을 제정해야 한다는 주장이 나오기도 한다. 많이 가르치고 많이 공부하기로 치면 한국은 미국보다 선진국이다.

　그런데 문제는 많이 가르치는 것만큼 효과를 보지 못한다는 데 있다. '대량', '대형'은 산업사회의 가치이고, 산업사회의 산물이다.

지식정보사회, 문화창조의 사회는 '양'보다 '질'인 것이다. 한국교육은 질적 우수성을 추구해야 한다. '많이 하는 것'이 '안 하는 것'보다는 낫겠지만 '질적 우수성'보다는 못하다. 한국교육은 아이들과 학부모, 교사들만 고생시키지 말고 질적 도약을 해야 한다. '많이 가르치고도 실패하는 한국교육'을 하지 말고 '덜 가르치고도 성공하는 한국교육'을 해야 한다. 우리는 핀란드 교육에서 배워야 한다.

또 미국은 최하위 성적의 학교를 1년에 1000개씩, 5년간 5000개 학교를 폐쇄하여 모든 교직원을 갈아치우고 새로이 개교한다고 한다. 이 정책을 우리가 따라 한다고 하지 않을까 걱정이다. 그동안 초판과 전자출판의 '질의 교육과 교육행정'을 애용해주신 독자 여러분께 감사한다.

2009.
주삼환 지

전자출판 머리말

  1997년 5월 우리나라가 IMF 경제위기를 맞고 있을 때 이 책을 발행했었지만, 8년이 지난 2005년 현재에도 우리나라 교육에 변한 것이 없다. 오히려 더 나빠졌다. 우리는 여전히 "많이 가르치고도 실패하는 한국교육"을 하고 있는 것이다. 참으로 안타깝다. 덜 가르치고 덜 배워서 문제라면 그 처방은 쉽다. 한국인은 본래 부지런하고 성실하며 매사에 열심이기 때문에 더 열심히, 더 많이 하게 하기는 쉽기 때문이다. 지금도 우리 한국의 학생들처럼 말 잘 듣는 나라의 학생들도 지구상에 별로 많지 않을 것으로 본다.

  지금 우리나라 교육은 열심히 많이만 하는 데 문제가 있는 게 아니다. 교육의 방향이 틀렸기 때문에 문제이다. 교육의 방향을 올바르게 잡는 것은 교육철학의 문제이고, 지도자의 방향감과 지도력의 문제이고, 어른들의 욕심의 문제이기도 하다. 이 책이 나오면서 문제를 제기한 지 8년이 지났는데, 8년이면 선진국에서 국민 1인당 소득 1만 달러에서 2만 달러의 고개를 넘는데 걸린 시간이다. 우리는 시간을 소중하게 여겨야 한다.

  8년 사이에 우리나라 교육은 더 망가졌다. 교사들마저 한 시간의 수업을 잘 하기 위해 최선을 다하기 보다는 엉뚱한 세 싸움에 에너지를 낭비하고 있다. 정치 지도자들이 교육을 투표와 연결시켜

이용하여 교육의 방향을 흔들어 놓고 있다. 교육지도자들도 이제 지쳐서 포기상태에 있다. 그러니 의식 있는 학부모와 학생들은 학교 밖의 교육에서 욕구를 충족시키려 하고 있다. 불쌍한 사람들은 학교교육에만 매달리지 않으면 안 되는 사람들이다.

지식정보사회에서는 모든 것이 교육에서 결판이 난다. 지식과 정보는 공장에서 만들어내는 것이 아니라 교육에서 만들어 내기 때문이다. 우리나라와 민족의 앞날을 포기하지 않으려면 우선 우리나라 교육의 방향과 원칙부터 바로 잡아야 한다. 그리고서 열심히 하더라도 열심히 하고, 학교 밖에서 욕구를 더 충족하려고 하더라도 해야 할 것이다.

이제는 지식정보사회에 맞게 '질의 교육과 교육행정'을 해야 한다.

그동안 졸저를 사랑해 주신 애독자 여러분께 감사드리며 전자출판으로 더 많은 새로운 독자와 만나게 되어 기쁘다.

2005. 7.

저자 朱三煥 識

초판 머리말

교육에서도 필연적인 구조개혁이……

우리 학생들이 새벽부터 밤늦게까지 열심히 공부한다.

방학도 휴일도 마음 편할 날 없이 공부에 매달려야 한다.

교사들도 정신없이 바쁘다고 한다. 교육행정직원들도 화장실 갈 틈도 없다고 하면서 전화 받기에 바쁘고 사무 처리하기에 바쁘다고 한다. 학부모들도 학생들 뒷바라지에 허리가 휘고 사교육비 마련에 가계가 흔들린다고 불평하면서도 자녀교육에 과열이라는 비난까지 받으면서도 교육 뒷바라지에 열성이다. 그럼에도 불구하고 우리의 교육은 실패하고 있다는 것이다. 학생, 교사, 행정직원, 학부모 모두가 열심히 노력하는데 왜 우리의 교육은 문제투성이라고 하는가?

우리는 많이 가르치고도 실패하는 교육을 하고 있다.

쓸데없는 것을 많이 가르치고 유용하지 못한 일에 우리의 정력과 에너지를 낭비하고 있기 때문이다.

지나간 산업사회에서는 양에 승부를 걸었었지만 지식 기술 정보 사회에서는 질의 교육을 해야 한다. 이러한 올바른 교육의 방향감을 갖고 지금과 같이 열심히 공부하고 일한다면 한국교육은 국제

교육경쟁에서 아직 승산이 있다.

지금 한국호가 IMF 쇼크로 추락하고 있다. 기업과 금융이 가라앉고 경제가 파탄 직전이라고 야단들이다.

구조개혁을 못했기 때문이다. 기업개혁·금융개혁·정치개혁을 못했기 때문이라고 하면서 IMF 힘을 빌려 구조개혁을 하려고 안간힘을 쓰고 있다.

교육에서도 구조개혁이 필연적으로 절박하게 요구되고 있다.

산업사회 구조를 정보사회 구조로 바꿔야 한다. 좁은 입시치중의 교육구조를 국제 이해의 구조로 바꿔야 한다. 양의 구조를 질의 구조로 바꾸어 덜 가르치고도 모두가 성공하는 교육을 해야 한다.

우리가 IMF 관리 체제를 맞게 된 근본적인 원인은 무엇보다도 윤리·도덕이 무너졌기 때문이다. 기업인·금융인·정치지도자와 관료들의 윤리·도덕이 무너지고 책임을 다하지 못했던 데 있다.

윤리·도덕은 교육의 몫이다. 가정·사회·학교 교육을 제대로 못했기 때문이기도 하다. 튼튼한 윤리·도덕의 바탕 위에서 경제적 위기극복도 가능한 것이다.

이 책은 이러한 한국교육의 방향감과 정책, 교육의 구조개혁, 가정교육과 사회의 교육, 질의 교육을 위한 전환적 사고를 생각하며 쓰고 강연했던 글들을 모아 놓은 것이다. 제1부에서는 교육정책의 실제를 지적, 제Ⅱ부에서는 교육의 방향감을 제시, 제Ⅲ부에서는 가정교육과 사회교육의 중요성을 강조하려고 하였다. 제Ⅳ부에서는 양의 교육으로부터 질의 교육으로의 전환을 제안하였고 제Ⅴ부에서는 교육행정가와 교육지도자의 몫을, 제Ⅵ부에서는 교사와 교직의 변화를 암시하는 글을 모았다.

많이 가르치고도 실패하는 교육을 하지 말고, 학생들을 덜 가르치고 덜 괴롭히면서, 좀 놀리면서도 성공하는 교육을 하기 위해서 우리나라 최고 교육정책가, 학부모, 교육행정가와 행정직원 및 교사 모두 협동적으로 노력을 해야 할 것이다. 이들 모두에게 새로운 사고에 바탕을 둔 이 책이 도움이 될 것으로 본다.

우리는 교육에 열중하는 민족이다. 우리는 지금까지 교육으로 성공을 거두었다. 그러나 우리는 지금 전환적 시기에서 교육을 바꾸지 않으면 계속 성공하기는 어렵게 되어 있다. 교육을 바꾸어 새로운 세기, 새로운 천년대에는 한국을 위하여 태양의 빛이 비치게 해야겠다.

여기에 제시된 생각이 교육을 걱정하는 지도자, 행정가, 학부모와 국민, 교사들에게 도움이 되었으면 좋겠다.

나라가 어렵다고 교육을 우습게 여기면 더 큰 화를 불러들이게 된다. 어느 나라나 국가의 위기 때마다 교육에 더 많은 투자를 하여 국가를 근본적으로 건져냈다. 국가의 위기를 국민 교육으로 극복하는 것이다.

敎育救國 바로 그것이다. 지식·정보시대에는 교육에 승부를 걸어야한다.

1998. 5.
저자 朱 三 煥

차 례

개정판 머리말 / 5

전자출판 머리말 / 7

초판 머리말 / 9

I

**많이 가르치고도
실패하는 교육**

1. 나의 교육 고백 / 19

2. 많이 가르치고도 실패하는 한국교육 / 25

3. 교원과 교직을 보는 눈 / 28

4. 교육구조와 문화의 개혁 / 31

5. 위성방송, 전 국민이 내는 과외비 / 34

6. 국민 교육을 어떻게 하자는 것인가? / 37

7. 성숙 사회를 지향한 교육 / 40

II

**문제는 교육의
방향감,
교육정책의 실패**

8. 문제는 교육의 방향감 / 45

9. 교육을 걱정한다 / 49

10. 과열과외, 가정적·사회적 문제 / 55

11. 교육부의 교육청 평가, 정당화될 수 없다 / 77

12. IMF 쇼크의 교육적 극복 / 82

13. 21세기 정보사회와 全人敎育 / 90

<table>
<tr><td rowspan="6">III

가정과
사회에서의 교육</td><td>14. 고달픈 어린이 / 103</td></tr>
<tr><td>15. 한국의 힘, 여성의 힘 / 111</td></tr>
<tr><td>16. 사회의 변화와 교육 / 117</td></tr>
<tr><td>17. 도덕성 위기 / 122</td></tr>
<tr><td>18. 도덕성 함양 교육 / 126</td></tr>
<tr><td>19. 가정, 인성교육의 장 / 135</td></tr>
<tr><td rowspan="6">IV

교육 생존전략,
질의 교육</td><td>20. 교육 생존전략, 질의 승부 / 153</td></tr>
<tr><td>21. 교육의 질 관리 운동,
　　기업경영으로부터 배워 와야 / 158</td></tr>
<tr><td>22. 전환적 교육의 질 관리 / 166</td></tr>
<tr><td>23. 질의 교육에의 변화 압력 / 172</td></tr>
<tr><td>24. 교육의 질 향상을 위한 학교문화 / 179</td></tr>
</table>

V

**교육행정가의
윤리와 철학**

25. 민주적 학교경영, 잘 가르치기 위한 것 / 189
26. 학교경영, 자율과 책임의 기쁨 / 198
27. 학교 교육의 변화 / 205
28. 교육행정가의 윤리와 철학 / 210
29. 교육행정 실제에서의 윤리 / 217
30. 의미의 발견 / 225

VI

**가장 어려운
직업, 그것은 교직**

31. 변화의 시대, 어려운 교육 / 239
32. 가장 어려운 직업, 그것은 교직 / 247
33. 제자를 두려워하는 교사 / 253
34. 실수의 교육적 활용 / 260
35. 질의 교육, 신바람을 일으켜야 / 266
36. 신뢰·학습·자율의 학교문화 / 278
37. 내가 받은 교육·해온 교육·해야 할 교육 / 284

많이 가르치고도 실패하는 교육

- 나의 교육 고백
- 많이 가르치고도 실패하는 한국교육
- 교원과 교직을 보는 눈
- 교육구조와 문화의 개혁
- 위성방송, 전 국민이 내는 과외비
- 국민교육을 어떻게 하자는 것인가?
- 성숙사회를 지향한 교육

근무하던 충남대학의 인문대학장이 자꾸 정년퇴임 환송회를 열어 준다고 참석해달라고 벌써 네 번째 전화를 했다. 나는 쑥스럽고 왠지 부끄러워 정년퇴임 기념식 같은 것은 참석하지 않는다고 여러 번 선언한 바 있다. 식장에 앉아 있으려면 퇴임하는 사람이 갑자기 훌륭한 사람으로 돌변하는 것을 너무 많이 보아 왔고 내가 그런 식장에서 찬사를 듣고 앉아 있을 수 없었기 때문에 나 자신은 정년퇴임식 같은 것은 안 한다고 결심했었다. 하지만 학장이 네 번씩이나 참석해달라고 간청하니 학장의 일을 그르칠 수도 없고 하여 얼굴만 보이기로 했으나 귀중한 교수님들이 참석하는데 그래도 한 마디 해야 할 것이 아닌가? 그래서 고백 아닌 고백을 하게 된 것이다.

 * **敎자와 붙어산 지 45년**, 1962년 서울교육대학교에 입학하면서 2007년 8월 정년하는 시간까지 45년 동안 가르칠 교 자 하나를 붙들고 살아왔다. 뭐가 잘났다고 남을 가르치겠다고 달려들었지 모르겠다. 남을 가르치기 전에 나를 가르쳤어야 하는데 말이다.

 * 교육행정의 **敎行**과 함께한 지 약 35년, 1973년 서울대학교 교육대학원 교육행정전공 석사과정에 들어가 교육행정의 교행과 붙

어 산 지 약 35년을 뚫었어도 우리나라 교육행정은 문제투성이다. 주삼환이는 그동안 무엇을 했단 말인가? 염치가 없다.

 * 충남대의 **忠**자와 함께한 지 25년 4반세기, 20세기와 21세기의 두 세기를 살아가는 행복했던 시절을 정리해야 할 시점, 42.195km의 공직 마라톤을 무사히 완주하게 된 것에 감사할 뿐이다.

 1. **敎자 생활(45년)은 반성과 후회의 연속–** 솔직히 말해, 교자가 무엇인지도 모른 채 먹고 살기 위한 출발이었다. 가르치는 일을 좋아하기는 했으나 즐기지 못한 것 같다. 그동안 제자를 충분히 사랑하지 못한 것 같다. 그 동안 배울 생각은 안 하고 그저 무조건 남을 가르칠 생각만 한 것 같다. **나** 가르칠 생각보다 **남** 가르칠 생각만 한 것이 문제일 것이다. 내가 가르친 것의 1/10이라도 내가 먼저 **실천**했더라면 보다 나은 나를 살았을 것이다. 5관을 통한 입력보다 출력이 과도하다 보니 골 빈 생활을 하고 적자 인생을 산 것이 아닌가? 최소한 네 개를 보고 듣고 하나를 쏴야(눈 2, 귀 2, 입 1) 깊이 있는 가르침이 되었을 것 아닌가? 가르치지 않고도 배우게 하는 방법은 없었을까? **敎 → 學 → 行으로 연결이 안 됐던 것 같다.** 내가 가르친 것을 학생들이 과연 얼마나 배우고, 또 나아가 얼마나 실천으로 옮겼을 것인가? 내가 가르친 대로 학생들이 인생을 살지 않는다면 나는 그동안 헛소리를 한 것이 아닌가?

 2. **주삼(3)환(H)의 3H =** Head(찬 머리, 이성) → Heart(따뜻한 가슴, 감성) → Hand(날랜 손발, 과감한 행동, 실천), 또는 Heart → Head → Hand에서 Hand로 실천이 안 되면 모든게 무의미한 것이

20

아닌가? Head로 가르칠 것인가, Heart로 가르칠 것인가? 몸으로, 핸드 실천으로 가르치자니 어려웠던 것이다. 그러나 확실한 것은 '우리의 교육 몸으로 가르치는 것(나의 책 제목)'이다. 敎육行정의 敎와 行이 일치하는 敎行(교육)이 되어야 하는 것이다.

3. 敎行(35년)의 이론과 연구, 실제 - 교육행정을 35년 배우고 가르쳤지만 나의 이론이나 학설이 없었으니 나를 교육행정 학자라고 생각하기는 어렵다. 연구도 신통치 않다. 연구다운 연구, 걸작도 없다. 50여 권의 저서, 역서가 있으나 이렇다 할 연구물은 못 된다. 교육행정가로서의 실제 경험도 별로 없으니 교육행정 Practicioner라고 부를 수도 없다. 학자라고 분류되기도 어렵고 교육행정 실천가라고 분류하기도 어려운 것이다. 나 자신은 그저 한 사람의 교육자였다고 불러줬으면 좋겠는데 제자를 충분히 사랑하지 못했으니 **인간적인 교육자**였다는 소리는 듣기 어렵게 되었다. 이것도 반성감이다. **국내용** 교수로 끝나는 것이 아쉽다. 내 생각 중에는 그래도 국제무대에 내놓을 만한 것이 있었을지 모르는데 우리말로만 쓰고 가르치다 보니 국내용 교수로 끝나게 된 것이다. 그래도 내 모교 미국 미네소타대학교에서 Distinguished International Alumni Award로 인정해 준 것은 조금 자랑스럽기도 하고 과분하다는 생각도 든다. 내 제자들과 후배들은 외국어도 잘 하니 국제무대로 뻗어 나가기를 빈다.

4. **자식교육＝제자교육** - 잘 하지 못해 반성, 그러나 잘 커줘서 감사
　첫째, 내 아이들을 전적으로 **믿고,** 자기 일은 **자기가 결정**하여 살도록 모든 일을 맡기고 가능한 한 **간섭**하려고 하지 않았는데,

이는 지금 생각해도 약간은 잘 한 것 같다. 그러나 어린아이들에게 너무 큰 부담을 준 것 같아 한편 미안한 생각도 든다. 나는 내 아이들에게 과외도 안 시키고 학원도 안 보냈다. 그러니 그들이 얼마나 힘들었을 것인가. 나는 내 아이들에게 '**공부해라**' 소리를 한 마디도 안 했다. '**네 인생 네가 선택하여 살아라**' 내 자식교육의 전부이다. 한편으로 나는 **잔인한 아빠**였다.

둘째, 가능한 한 아이들 앞에서는 **모범을 보이는 체**라도 하려고 하였다. 공부하는 체라도. 근검절약, 원칙, 남에게 피해 안 되게 하려고 하였다. 나는 불신을 받고 무시당하는 것을 제일 싫어했다. 그래서 우리 아이들도 그것을 제일 싫어한다. 우리 아이들과 제자들은 믿음을 먹고 자랐다. 나는 주례의 말을 할 때가 제일 어려웠다. 나 자신은 잘못하면서 새출발하는 신랑신부에게는 잘 하라고 하면 안 되기 때문이었다. 아이들과의 약속을 귀중하게 여기려고 했고, 특히 나 자신과의 약속을 지키려고 하였다. 결심이 변치 않게 하려고 했다. 나는 자식과 제자를 두려워한다. 그래서 어버이날과 스승의날에 꽃을 받을 때가 제일 무섭다.

셋째, 비교적 **강인하게** 키우려고 했다. 나는 신체적인 건강을 나의 부모님으로부터 받았고 또 자식에게 물려주려 했다. 딸 셋에게 전문직으로 일해야 차별받지 않고 산다고 어려서부터 가르쳤다. 단련 담금질(discipline, 학문도)도 수없이 하려 했다. 겉사랑 아닌 속사랑을 하려고 하다 보니 오해도 받고 사랑을 보여주지 못했다. **보여줄 수 있는 사랑은 아주 작습니다.** 나는 나의 이미지 관리에 실패(반성)한 셈이다. 난 척도 했어야 하는데…… . 나는 제자나 자식을 **사나운 사자새끼**로 키우고 싶었다.

5. 忠자와의 25년 – 나는 충남대학에 뿌리내리려 했다(그래서 부임하던 25년 전 1982년 3월 18일, 한 그루 은행나무를 내 연구실 가까이 심었다). 나는 나를 대학교수로 인정해준 충남대학을 사랑하고 또 수많은 강의와 저작물을 통하여 홍보도 많이 했다. 그러나 충남대로부터 받은 것이 더 많다. 오늘 이 시간도 받기만 하고, 또 영광스럽게 물러나게 해줘 감사할 뿐이다. 그런데 국가에 너무 충성할 필요 없다고 본다. 정부는 교육자를 배신으로 몰아치고 있다. 나보고 다시 시작하라고 하면 자신과 가정, 제자들에게 충성하고 싶다.

* **사람들이 자꾸 물어본다.** 퇴임 후에 무엇을 할 것이냐고. 나는 대답한다. 아무 계획 없다고. 이제부터 나는 自由人이다. 자유인은 시간적으로 부자이다. 그동안 원 없이 강의·강연도 했고, 원 없이 글도 책도(50여 권) 썼고, 불이익을 감수하면서도 원칙에 어긋난다고 생각하는 것을 원 없이 비판도 했다. 그동안 박수도 많이 받았고 칼럼을 읽고 시원했다는 소리도 많이 들었다. 반면, 특정집단에서는 나를 많이 미워했을 것이다(이 점에서는 아쉬움이 없다). 앞으로는 몰라도 그동안 행복했고 또 지금도 행복하다.

나에게 더 활용할 가치가 남아 있고, 또 쓸모가 있다고 하는 곳이나 사람이 있다면 그 곳, 그 사람을 위해서 일할 것이다. 그러나 무료해서, 시간 보내기 위해서, 내 이익을 챙기기 위해서 억지로 일하지는 않을 것이다. 그럴 시간이 있다면 나를 위해 밀린 운동이나 할 것이다. 나를 필요로 하는 곳에 내가 있어야 한다. 정년퇴임을 해도 교육의 **敎**와, 교육행정의 **敎行**, 교육과 실천의 **敎行**,

충남대의 **忠**을 영원히 떠나지는 못할 것 같다. 45년, 35년, 25년 있었던 그 근처를 영원히 맴돌게 될 것 같다. 나와 인연을 맺었던 그곳 커뮤니티의 사람들, 아마 여러분들이 더욱 그리울 것이다.

여러분 고맙습니다. 많은 빚을 지고 갑니다. 忠과 여러분의 건강과 행운을 빕니다.(충남대학교 인문대학 교수연수회·정년환송회, 2007. 8. 23)

중·고등학생들이 피로도 안 풀린 채 졸린 눈으로 새벽에 학교로 간다. 그 순간부터 긴장의 연속이다. 들어오는 선생님마다 자기 과목이 중요하다고 하고, 모두 시험에 나올 거라며 교과서를 모두 외우고 새까맣게 지우라고 한다. 딱딱한 의자에서 1분 1초도 한눈 팔 겨를이 없다. 수업이 끝났다고 해도 자율학습, 보충학습이라며 밤늦게까지 붙들어 놓는다.

스파르타식이라 하여 아예 학교에서 먹고 자게 하는 학교도 있다. 좀 일찍 보내는 학교의 학생들도 학원이나 과외로 가야하고 그게 끝나면, 또 독서실로 가서 책상을 지켜야 한다. 졸더라도 책상 앞에서 졸고 자더라도 책상에 엎드려 자야 한다. 방학이란 것도 모두 몰수당한 지 이미 오래다.

초등학생들도 학교에서 파하면 방과 후 활동을 하거나 과외·각종학원·학습시험지로 시달려야 한다. 심지어는 어린애들까지 유아원·유치원, 특기지도, 영어교실, 조기교육이란 명목으로 봉고차에 실려 다니며 거리에서, 차에서 위험에 노출되어야 한다. 자녀교육을 이렇게 남에게 맡겨 놓고도 안심이 되겠는가? 뱃속에서부터 교육을 시켜야 남보다 출발점부터 앞서고, 1등하고, 일류대학에 가서 남을 누르고 출세한다는 생각으로 가득 차 있다. 극성도 너무 극성이다. 세계에서 공부 많이 시키기로는 대한민국이 최고이다.

학교에 가는 날짜수도 많고 학교에 머무르는 시간 수도 세계 1위이다. 책상 앞에 앉아 있는 시간 수로 치면 분명 세계 챔피언감이다.

사람이 일을 하거나 긴장할 수 있는 용량에는 한계가 있다. 왜 학생들에게는 그 용량을 무시하고 그리 잔인한지 모르겠다. 어른들도 1일 8시간, 주 5일 40시간 근무이면 용량에 넘친다고 하면서 어린이들은 왜 그리 과부하 하려고 하는지 모르겠다. 가는 전깃줄에 센 전압을 가하면 끊어지고 불바다가 된다는 것을 모른단 말인가? 욕심도 한도가 있어야 한다.

어린이의 용량, 발달 단계를 잘 연구하여 거기에 맞게 '교과부시간배당 기준령'을 정하여 학교 정규수업을 하게 되어 있다. 그런데 정규수업 시간 자체도 다른 나라에 비하여 많은데 그 이상을 학교, 또는 가정에서 더 공부시키고 있으니, 이것은 아이들을 공부시키는 것이 아니라 아예 아이들을 혹사시키고, 질식시키고 있는 것이다. 미국은 지금 연 180일 수업이다.

학교 정규수업 그 이상으로 공부시키는 것은 모두 불법이다. 방과 후 특별 활동도 불법이므로 특별활동까지도 정규수업 시간 내에 해야 한다. 정규수업이라도 세계수준의 질 높은 수업을 하면 국제경쟁에서 우리는 결코 지지 않는다. 정규수업 시간 수 자체도 다른 나라보다 많고 또 우리 아이들이 다른 나라 아이들보다 결코 미련하지 않기 때문이다.

21세기 정보 사회는 양이 아니라 질이라는 것을 알아야 한다.

정규수업의 질을 엉망으로 해놓고 야만스럽게 학생들을 학교, 책상 앞에 오래 잡아 놓으려는 정책으로는 우리의 귀여운 아이들과 한국교육을 모두 망칠 수밖에 없다.

아이들은 공부도 시켜야 하지만 놀리기도 해야 한다. '少年易老學難成, 一寸光陰不可輕'도 진리이지만 '노세노세 젊어 노세, 늙어지면 못 노나니' 또한 옳은 말이다. 그렇게 많이 공부시킨 것 지금 다 어디 갔는가? 많이 배우고 일류 대학을 나온 사람들이 국민과 인류를 위해 공헌도 많이 하겠지만 반대로 나쁜 짓, 부정부패도 더 많이 한다는 것도 알아야 한다.

공부를 많이 시키고 돈을 많이 없애고도 실패하는 나라는 우리나라밖에 없다. 학교 폭력도 용량 넘치는 교육의 부산물이다.

덜 가르치더라도 똑똑히, 철저히 가르쳐 사람을 만드는 교육을 해야 한다. 많이 가르치려다 사교육비가 많이 든다고 나라가 온통 돈만 따지고 있는데 돈보다 더 중요한 것은 우리의 귀여운 자녀들이 교육으로 간접 살인당하고 있다는 사실이다. 많이 시키고도 실패하는 교육을 하지 말고 아이들을 놀리고 성공하는 교육을 해야 한다.(≪대전일보≫, 1997. 7. 22)

이제 한국교육은 산업사회 공장식 대량교육, 일괄교육, 분업식 조립 교육에서 질적 교육, 인간성 교육, 문화창조의 교육으로 전환해야 한다.

정권교체와 IMF관리체제를 계기로 교육계에 두 가지 문제가 이슈로 떠오르고 있다. 하나는 교원의 정년을 61세로 단축하는 문제이고 다른 하나는 전교조 합법화 문제이다. 전자는 없던 일로 하여 일단 가라앉았으나 언제 또다시 표면에 떠오를지 모르는 문제이고 결국은 62세로 정년 단축, 후자는 앞으로 극심한 논란이 예상되는 문제이다.

그러나 둘 다 교원과 교직을 어떻게 보느냐에 따라 입장과 주장이 엇갈릴 성질의 문제이다. 교직을 일반공무원이나 회사원과 똑같이 보아버리고 노동직으로 묶어 버린다면 다른 공무원이나 회사원과 같이 정년을 61세로 똑같이 낮추는 것은 너무나 당연하므로 여기에 논란의 여지도 없다. 또 교직을 노동직이라고 한다면 당연히 노동조합을 합법적으로 결성하고 단체교섭과 단체행동도 할 수 있게 되어야 한다. 말할 것도 없이 합법적으로 고용조정, 해고의 대상이 되어 신분보장도 될 수 없게 된다.

그러나 교직을 전문직으로 본다면 높은 학력과 훈련, 경력, 경험에 의한 전문직성을 강조하고 존중해야 하기 때문에 자연 정년이 아예 없거나 정년 연령이 높아지게 된다. 그리고 전문직은 노동단체를 결성하여 단체행동을 할 수 없게 되고 대신 전문직(학술)단체를 만들어 전문성 향상을 위한 활동을 하고 파업과 같은 단체행동 대신 히포크라테스 선서와 같은 전문직 윤리강령에 의하여 행동해야 하는 것이다. 그런데 초·중등교사가 의사와 판검사, 변호사, 성직자와 똑같은 수준의 완전전문직으로 볼 수 있느냐에는 아직 문제가 있다. 그래서 외국에서도 공립학교 교사를 반전문직이면서 완전전문직을 지향하여 노력하는 단계에 있는 것으로 보고 있다. 우리 교직자 자신은 노동직을 지향할 것이 아니라 완전 전문직을 지향해야 한다는 것은 너무나 당연한 논리이다.

국민과 정부 지도자의 입장에서는 교원과 교직을 어떻게 보아야 할 것인가?

교직을 일반공무원과 노동자로 보고 공무원과 노동자에게 국민교육과 자녀교육을 맡길 것인가? 그리고 교사에게서 노동자 행동과 노동자상을 기대할 것인가? 아니면 전문직으로 보고 전문성과 전문직 윤리를 교사에게서 기대할 것인가? 교직이 전문직이냐 아니면 노동직이냐 자체를 따지기보다 전문직 행동이라는 높은 기대를 하는 것이 유리하다. 교원은 누구나 국민과 정부의 높은 기대에 맞추려는 기대 심리가 있기 때문이다.

이러한 직업의 특성을 따져서 교원의 정년과 전교조 합법화 문제를 따져야지 막연하게 60세 노인이 어떻게 학생을 잘 가르칠 수 있느냐, 학생과 학부모는 나이 먹은 사람을 싫어한다는 식으로 문제를 다루어서는 안 된다. 또 노동은 신성한 것인데 교사를 노동자로 보고 노동운동하게 하는 것이 뭐 잘못이냐 하는 식으로 단순하게 문제를 해결하려고 해서는 안 된다.

61세 넘어 교사가 학생을 직접 가르치기 어렵다면 학생 가르치는 시간 수를 줄여 주고 대신 젊은 교사를 지도하고 장학하는 일을 하도록 하는 제도적 개선을 할 생각을 해야지 박봉에 평생을 국민교육을 위해 봉사하고 희생한 전문성 많은 원로 교사를 국민과 정부 지도자들이 앞장서서 잘라낼 생각을 한다는 것은 국가적 신뢰에 흠이 가게 하는 문제이다.

지금까지 교직에 주어졌던 유인가와 특권은 모두 사라지고 교원의 사기는 땅바닥에 떨어져 있다. 스승에 대한 존경도 사라지고 있다. 그 결과 일부 교사들은 스스로 노동자로 자처하고 머리띠 매기에 이르렀다. 이렇게 돼서 학생들에게, 국가에 이익이 될 게 뭐가 있겠는가?

교사가 존경스럽고 예뻐서가 아니라 학생과 자녀, 국민 교육을 하기 위해서 교직을 전문직으로 봐주고 학생들 앞에서 존중해 주는 척이라도 해야 한다. 교직은 다른 직업과 다르다고 높은 기대를 하면서 동시에 노동직으로 보는 이중 잣대의 눈은 잘못이다. 멀쩡한 신사도 예비군 옷을 입혀 놓으면 저질 행동을 하듯이 교사와 교직을 깎아내리면 교직은 계속 나락으로 떨어지고 저질화될 수밖에 없다.

우리 교직자는 이런 때일수록 누가 어떻게 우리를 보든 흔들리지 말고 전문성 향상에 최선을 다하여 국민과 국가에 봉사할 각오를 다져야겠다.(≪대전일보≫, 1998. 2. 11)

교원을 노동자로 보고, 교원평가로 위협하게 되면 낮은 수준으로 이에 대항하고 소극적 저질로 근무하게 된다. 적극적 동기유발과 긍정적 접근으로 높은 기대를 하는 것이 더 유리하다.

4. 교육구조와 문화의 개혁

천재지변에 해당하는 지진이나 화산도 폭발하기 전에 반드시 미진·예진이 있다고 한다. 이에 철저히 대비하면 피해가 생긴다 해도 최소화시킬 수 있다.

이번 IMF 구제금융에도 이미 예진에 해당하는 예고와 예보가 틀림없이 있었을 텐데도 이를 무시하고 막다른 골목에 이를 때까지 국민을 속이기에 급급한 관료들과 집단들, 그리고 이들을 믿고 마음을 풀어 놓았던 내 자신을 질책하지 않을 수 없다. 더 큰 문제는 이들에게 IMF와의 협상과 그 후속 경제 위기 관리를 계속 맡긴다는 데 있다. 있던 것도 털어먹은 사람들이 이미 바닥난 빈 깡통을 앞으로 채워 넣을 수 있을지 걱정된다.

WTO, 농수산물 개방 협상 시에도 준비가 안 되어 덤벙대고 손발이 안 맞는 것을 국민들은 지켜보았는데 그때 이미 금융개혁은 예고되었던 것이다. 그때부터 철저히 대비했어도 이 지경은 안 되었을 것이다.

농수축산물 개방으로 우리의 쌀독을 비워주고, 이제 금융시장 개방으로 우리의 금고와 지갑을 다 털어 보여줬다.

이제 더 무서운 것이 남았다. 그것은 교육·문화·예술의 개방이다. 이는 우리의 정신세계에 해당된다.

앞으로 우리의 정신, 머리를 까보여 줘야 할지도 모른다. 기업과 은행만 부도내고 도산하는 게 아니라 학원·대학이 도산하면, 우리의 문화·예술이 말살될 수도 있다는 것을 알아야 한다. 이것도 지금 우리에게 옥죄어 오고 있다.

기업과 금융의 구조 개혁(조정)뿐만 아니라, 교육의 구조 개혁에 이어 다음 단계에는 문화개혁이 요구되는 것이다.

경쟁과 전쟁은 강자의 논리이다.

강자는 1차에 해당하는 군사·정치적 전쟁으로는 국제 이목 때문에 더 이상 세계를 지배할 수 없다는 것을 알고 2차로 강자에게 유리한 WTO 체제의 경제전쟁을 일으키고 있는 것이다. 우리는 국내 게임도 제대로 안 해본 상태이고 준비운동도 안 된 상태에서 국제 게임에 내몰려져 여기서 녹다운 당한 것이다. 국제 구조로 바꾸지 못하고 대량생산의 양의 구조로부터 질의 구조로 전환하지 못했기 때문이다. 거품구조에 안주했기 때문이다. 이제 산업 사회 구조를 지식·정보 사회구조로 바꾸어야 한다. 경제 전쟁 다음엔 3차로 교육문화 전쟁이 예고되어 있다. 미국·영국은 21세기, 새로운 천년대에도 계속 주도권을 잡기 위하여 '교육, 교육, 교육'을 부르짖고 있다.

우리의 교육은 지금 국제경쟁력을 잃고 있다. 자기 나라 국민을 길러내는 보통교육(초·중·고)에서부터 외국유학을 보내는 것만 봐도 알 수 있다. 과외와 사교육비가 판을 치고 있다. 유아들까지 성조기 밑에서 국어보다 영어를 더 배우게 하는 것을 보면 섬뜩하기까지 하다. 이는 대한민국 국민이기를 포기하는 증거로 생각할 수 있다.

교육에서도 근본적으로는 산업 사회에 알맞게 되어 있는 구조를 지식·정보 사회에 알맞게 조정하고 개혁해야 한다. 집단중심 획일의 대량교육 구조를 학생 개인 중심의 다양성, 개성 존중의 정예주의 질의교육의 구조로 전환해야 한다. 지식의 파편 조각을 많이 가르치기보다 사람 노릇하게 소량을 철저히 가르치는 일부터 해야 한다. 암기를 위한 왼쪽 뇌뿐만 아니라, 오른쪽 뇌, 따뜻한 가슴과 날쌘 손발로도 능력을 발휘 할 수 있는 교육 구조로 바꿔야 한다. 중앙집권으로부터 지방분권, 학교재량운영, 교사의 권한 확대, 학생 주도 학습의 구조로 이행해 가야 한다. 교육 관료 지배로부터 전문가 집단 관리 구조로 가야 한다. 경제브레인이 일으켜 세운 경제를 후배 경제 관료가 무너뜨리듯이 교육자들이 일으켜 세운 교육을 교육 관료가 무너뜨리지 않는다는 보장이 없다.

경제든, 교육이든 단순히 구조만 바꿔 놓아서는 성공할 수 없다. 구조 개혁과 함께 문화 개혁이 따라 붙어 줘야 한다. 새로운 구조를 받아들이고 키워 나갈 수 있는 문화 개혁이 병행 되어야 한다. 선진국에서는 양에 의한 '더 많이주의'에서 '구조 개혁'을 거쳐 '문화 개혁'으로 이행해 가고 있다. 경제 파탄에 눈과 귀가 막혀 교육·문화 파탄의 예진을 감지하지 못하는 것이 안타깝다. 성수대교, 삼풍백화점, 대구가스폭발, 위도 앞바다 페리호 침몰, IMF 구제금융 등의 모든 것이 체인처럼 연결되어 있다. 구조와 체제는 미시적으로 부분만 봐서는 안 풀린다. 전체적 통합적으로 봐야 한다. 그리고 무엇보다도 먼저 신뢰체제, 신뢰 구조부터 확고히 구축해야 한다.(≪대전일보≫, 1997. 12. 15)

2008년도에 또 금융위기, 경제위기를 맞고 있다. 문화창조의 시대에 문화리더십이 요구된다.

정부는 공영 위성 방송 두 채널을 활용하여 과외 방송을 시작하였다. 목적은 과외 사교육비를 줄이기 위해서이다. 방송을 시작하면서 정부는 긍정적인 선전을 많이 하였다. 얼마 지나자 여러 곳에서 부정적인 평가도 나오기 시작하였다.

부정적인 평가 내용은 과외 방송의 내용과 수준이 어렵다느니, 준비가 짧아 부실하다느니, 시청을 위한 설치비가 많이 든다느니, 시청하기 싫은 학생들에게까지 강제로 시청하게 하는 부작용이 있다느니 하는 것으로 요약된다.

위성 과외 방송은 이런 부정적인 평가 외에 지금까지 언급되지 않은 보다 더 근본적인 문제를 갖고 출발하였다는 사실을 알아야 한다.

첫째, 과외를 없애야 할 국가가 앞장서서 과외를 주도하고 있다는데 근본적으로 문제가 있다. 국가가 사설 과외를 막을 길이 없자 아예 국가가 도맡아 과외를 하겠다는 의도를 들 수 있다. 국가는 정규 수업만 철저히 할 생각을 해야지 과외까지 책임지려고 하는 발상은 그 자체가 잘못이다. 과외공부는 어디까지나 학생이나 학부모의 사적인 문제인 것이다. 사교육(과외)비를 줄인다는 명분으로 사적인 과외공부까지 국가가 독점하려는 엄청난 우를 범하고도 사교육비를 줄이는 목적조차도 달성하지 못하게 되고 오히려 방송 과외를 듣거나 방송 교재를 공부하기 위한 과외를 추가하는 결과를 낳고 있다. 과외를 금지시키려고까지 하던 정부가 반대로 앞장서 과외를 권장하는 우를 범하고 있다.

둘째, 국민이 세금을 내서 운영하는 공영 방송을 소수 특정 수험생을 위해서 채널을 둘씩이나 쓰고 있다는 데 엄청난 잘못이 있다. 사교육비를 줄인다고 하지만 결과적으로 전 국민의 세금으로 과외비를 부담하는 셈이 되었다. 전 학생에게 유용한 정상수업 내용도 아닌 특정집단을 위한 과외 방송에 전 국민이 내는 세금을 쓴다는 것은 잘못된 생각이다. 공영 방송은 전 국민을 대상으로 하는 프로 등을 위해서 사용되어야 할 것이다. 왜 과외와 아무 상관도 없는 국민들까지 과외비 세금을 내야 하는가?

셋째, 공권력을 가지고 운영하는 공영 방송을 통해서 국가가 과외를 하기 때문에 조작의 위험 가능성이 있다. 지금 학생과 학부모들은 방송과외 내용 중에서 인위적인 조작에 의하여 어느 정도 수능시험 문제가 출제될 것으로 예상하고 있다. 그래야 정부가 주도하는 위성과외방송의 효과가 있다고 선전할 수 있기 때문이다.

분명히 수능고사 출제위원들은 과외 방송 내용 중에서 일부 출제하지 않을 수 없게 될 것으로 기대하고 있다. 특정 참고서나 문제집에서 출제되지 않도록 엄격히 금지하면서 국가 주도의 과외 방송 내용에서 수능고사 문제가 하나라도 출제된다면 이는 큰 문제가 되지 않을 수 없다. 그런데 과외 방송에서 이번에 전혀 수능문제가 출제되지 않는다면 다음부터는 시청률이 더 떨어져 국고 손실을 가져온다는 비난을 받게 될 것이므로 어떠한 조작이 있을 것으로 우려하고 있다. 그래서 학생들은 불안하여 억지로 과외 방송 교재를 사서 보게 된다.

넷째, 방송 과외는 교육 개혁 방향과도 배치되고 있다. 지금 교육 개혁에서는 인성교육, 창의성 교육, 열린 교육, 학습자 주도 학습을 강조하고 부르짖고 있는 데 과외 방송은 이러한 교육 개혁 방향과는 너무나 거리가 멀뿐만 아니라 오히려 교육 개혁을 해치고 있다. 과외 방송은 순전히 주입식·획일 훈련에 해당된다.

다섯째, 학교 공교육이 위축되고 저해될 가능성이 있다는 것은 지금까지 다른 사람들이 많이 지적한 바와 같다. 지금도 학생들이 정규수업을 등한시하고 과외에 의존하고 있는 형편인데 앞으로 위성 과외방송이 성공적이면 성공적일수록 학생들의 학교 정규 수업 의존도는 더욱 낮아질 것이다(이제는 필자의 우려대로 공공연히 EBS에서 수능문제가 많은 퍼센트로 출제되었다고 교육과정평가원장이 자랑하기에 이르렀다.).

위성 과외 방송은 출발부터 근본적으로 잘못되었다. 그럼에도 불구하고 그것이 필요했다면 그것은 사설 방송이었어야 한다. 과외하라고 공영 방송 채널을 둘씩이나 내주는 것은 너무나 너그러운 처사이다. 기왕에 인공위성을 교육방송으로 사용하려면 지금이라도 당장 과외방송을 중단하고 국민 교육이나 교양, 사회 교육을 위해서 쓸 수 있도록 바뀌어야 한다. 입시를 위한 과외는 방송이 되었든, 학원이 되었든, 개인교수가 되었든, 국가적으로는 백해무익한 것이다.

국가가 방송으로 과외를 하는 나라는 지구상에 우리나라밖에 없을 것이다. 위성 과외의 허구성을 바로 잡아야 한다.(≪대전일보≫, 1997. 9)

지금도 EBS와 다른 케이블 TV를 통하여 시험문제 풀이를 하고 있다.

6. 국민 교육을 어떻게 하자는 것인가?

독일의 피히테는 독일이 한때 망했을 때 국민 교육을 잘못했기 때문이라고 했다. 개선 장군 몰트케는 시민 환영 대회 답사에서 자기들이 전쟁에서 이기고 돌아올 수 있었던 것은 병사들이 잘 싸워서가 아니라 초등학교 교사들이 국민 교육을 잘해 줬기 때문이라고 하여 개선의 공을 초등학교 교사에게 돌렸다.

유태인들은 나라를 잃더라도 유태정신 교육을 계속할 수만 있다면 나라를 다시 찾을 수 있다고 하면서 교육에 힘쓴 결과 오늘날의 이스라엘을 만들어 냈다. 덴마크를 부흥시킨 것도 국민 교육이다. 그래서 교육은 모든 것의 출발인 동시에 종점이다. 국가가 잘되어도 교육 때문이요, 망해도 교육 때문일 것이다.

오늘날의 한국을 있게 한 것도 교육 때문이라고 한다. 교육 받은 인구가 많이 있었기 때문에 60, 70년대 경제 개발이 가능했었던 것이다. 그렇다면 오늘날 우리나라의 경제와 정치가 밑바닥을 기고 다리와 백화점이 무너져 내리고 기차와 차들이 곤두박질치는 것도 모두 교육이 잘못되었기 때문이라고 할 수 있다.

그동안 교육이 그만큼 거칠고 푸대접을 받아 온 것이다. 우리나라 교육, 윤리, 도덕 수준이 그 정도밖에 안 되는 것이다. 앞으로 정보 사회, 지식 사회는 교육이 모든 것을 좌우하게 된다. 그래서 미국, 영국도 모두 21세기는 교육, 교육, 교육이라고 한다. 지금까지 한국교육은 양적으로는 성공했으나 질적으로는 실패했다. 이제는 교육에 대한 높은 수준과 교육의 질에 국가의 운명을 걸어야 할 시점이다.

교육의 질을 좌우하는 것은 교사의 교육여건, 방향감, 지도력이라고 할 수 있다. 그중에서도 교사는 가장 중요한 요소이다. 교육의 질은 전적으로 교사의 손에 달려있다.

그런데 얼마 전에 어느 한 교사의 촌지 기록부란 것으로 모든 언론매체를 통해 세상이 온통 들끓었다. 립스틱과 손수건이 몇백 개 나왔다고 하면서 세상의 모든 교사가 다 썩은 것처럼 몰아 붙였다. 그런데 이것이 과장보도였다는 사실을 아는 사람은 극히 드물다.

그로 인해 30여년 교직에 헌신해온 한 교사는 무참히 매장당하고 전국의 수많은 교사들은 수치심으로 고개를 못 들고 다니게 되었다. 정부는 모든 교사를 죄인 다루듯 몰아 붙였다. 무슨 자정대회·결의대회를 하라고 했다.

그것도 부족해 특별 신고 전화를 설치해 놓고 학생들, 학부모들에게 촌지교사·부정교사를 고발하라고 하였다. 세상에 제자보고 스승을 고발하라고 하는 나라가 어디 있단 말인가?

촌지교사, 부정교사를 잡으려면 암행 감사 반원을 풀든지 아니면 비밀경찰을 동원해서 할 일이지 자신의 제자, 학부모들에게 교사를 고발 신고하라고 해야 되겠는가? 도대체 가만히 앉아 신고 전화를 받아서 몇 명의 교사를 잡아들여 처벌하였는지 국민 앞에 밝혀야 할 것이다. 편히 앉아서 범인을 잡겠다는 관리들에게 국민을 위한 일을 맡길 수 있겠는가?

촌지·부정·무능교사는 엄격히 그리고 조용히 처벌되어야 하며, 다른 많은 훌륭한 교사는 보호되고 존중되어야 한다. 그들이 예뻐서가 아니라, 자기 자식과 국민들을 가르치기 위해서이다. 교사들이 제자들과 국민들 앞에 떳떳하고 당당하게 설 수 있을 때 그들이 하는 교육이 참될 수 있다.

교사들이 열심히 국민 교육에 충성을 다하려고 하다가도 이런 일이 있고 나면 맥이 빠지고 분노심마저 느끼게 된다. 앞으로 자식 교육과 국민 교육을 교사들에게 맡기려거든 제발 아이들 앞에서 존경해 주는 척이라도 해야 할 것이다.

그리고 학교 교육 이전에 가정교육이 먼저 바로 서야 한다. 부모가 부모 노릇을 제대로 하고 어른이 어른 노릇을 바로 해야 교육과 윤리·도덕이 바로서고 정치·경제·사회·국가가 바로 잡히게 된다. 국민 교육을 어떻게 할 것인가를 멀리 보고 정책을 세워야 할 것이다.(≪대전일보≫, 1997. 8)

열심히 봉사하고 헌신하는 교사와 낮은 직무수행 교사를 구별하여 대우하는 엄격한 제도적 장치가 요구된다.

　우리는 지난 30여 년 동안 산업 사회에서 부지런히 바쁘게 일하여 이제 풍요롭게 살고 있다. 지금도 어렵게 사는 사람들도 많고 경제가 어렵다고는 하지만 버리는 물건이 많고 쓰레기가 넘치고, 백화점 세일에 교통이 막히는 것을 보면 예전에 비하여 분명 살기 좋은 나라가 된 것은 틀림없다. 튼튼하고 좋은 옷을 입고 편리한 고층 아파트와 주택에서 갈비를 뜯고 있으면서도 우리는 왜 이리 불안할까? 지금 내가 불량식품, 의약품을 먹고 있어 언제 몹쓸 병에 걸릴지도 모르고 언제 교통사고·폭발 사고·붕괴 사고로 죽을지도 모르니 불안할 수밖에 없지 않은가? 아이들은 공부와 시험 경쟁에 시달리고 형님·언니·삼촌은 바늘구멍 직장 찾느라 지치고, 엄마·아빠는 언제 직장에서 밀려 나갈지 몰라 불안해하고, 할아버지·할머니도 미래가 보장되지 않아 마지막의 생도 편안히 마칠 수가 없다. 이런 상황에서 기름진 고기와 번쩍이는 네온사인이 무슨 의미가 있겠는가? 우리는 이 고비를 빨리 뛰어넘어 보다 더 성숙한 사회를 이루어야겠다. 겉으로 선진이 아닌 속으로 알찬 성숙 사회를 지향해야겠다.

인간을 존중하는 사회

성숙 사회라고 해서 이상한 별난 사회라고는 생각하지 않는다. 인간이 존중 받으며 남과 어울려 안정되게, 아름답게 사는 사회를 성숙 사회로 그려본다. 성숙 사회로 가려면 우선 기본이 되어 있어야겠다. 기본적으로 인간의 생명이 존중되어야 한다. 인간의 생명보다 더 귀중한 것은 없다. 아무렇게나 사람이 죽고 있다. 그것도 토막 나서 죽고 있다.

여기에 어린이, 청소년까지 살인의 주역을 담당하기도 한다. 교육 중에서 가장 중요한 교육이 생명존중교육이다. 인간뿐만 아니라 동물·식물·미물의 생명까지도 존중하는 철저한 교육을 해야겠다. 어떤 나라에서는 생선이나 동물의 머리 부분만은 파는 것을 볼 수 없었다. 인간에게 잔인한 모습과 부분을 보이지 않기 위해서라고 한다.

다음으로는 안전하게 살 수 있어야 한다. 자연적인 병으로 죽고 불구가 된다고 해도 인생은 짧고 억울하다고 생각하는데 사고로 인해서 죽고 다치는 사회가 되어서는 성숙 사회라고 할 수 없다.

가정과 학교에서 안전 교육에 완벽을 기해야겠다. 산업화, 근대화, 현대화한다고 하다가 너무나 많은 사람이 죽고 다쳤다. 사람의 생명과 안전을 해치면서까지 돈을 벌겠다는 생각이 조금이라도 용납되어서는 안 되겠다.

모든 사람의 인격이 존중되어야 한다.

특히 약자로 생각되는 사람들의 인격이 존중될 수 있어야 성숙 사회이다. 옛날 같으면 사형 받아야 할 죄수들의 인격까지도 존중되고 사형제도를 없애는 판인데 죄 없이 살아가는 착하고 진실 된 사람들의 인격이 조금이라도 손상되어서는 성숙 사회를 지향한다고 할 수 없다.

남의 인격을 존중하는 기본적 교육이 앞서야 한다. 이러한 기본과 함께 안정되게 살 수 있어야 한다. 미래가 예측 가능한 사회가 돼야 한다.

열심히 공부하고 일하면 미래가 보장될 것이라고 믿을 수 있어야 하며, 국민이 자기 일을 하면서 편안하게 안심하고 살 수 있어야 하겠다.

자아실현 도와줘야

이제 남과 자연·우주와 어울려 더불어 살려면 법과, 질서, 윤리와 도덕이 통해야 한다. 남에게 피해를 주면서까지 잘살려고 하는 생각 자체를 못하게 해야 할 것이다. 법과 질서, 윤리와 도덕은 남과 어울려 다 같이 살기 위해서 잠재능력(潛在能力)을 최대한 발휘하는 속에서 행복할 수 있어야 성숙 사회이다. 가지고 있는 능력의 꽃을 피울 수 없다면 좋은 사회라고 할 수 없다.

교육은 각자의 자아실현을 도와주는 데 초점을 맞춰야 한다.

혼란과 불안, 불확실의 시기를 넘어 모든 국민이 각자의 능력을 최대한 발휘하며 아름다운 생각을 하고 아름답게 살아갈 성숙 사회를 그린다. 대선주자들은 허황된 것을 늘어놓기 보다는 기본을 제시했으면 좋겠다.(≪대전일보≫, 1997. 10. 20)

지금 이 시간에도 '신종바이러스(SI)'에 불안해 하고 있다. '행복지수'가 높은 나라가 되어야 한다.

문제는 교육의 방향감,
교육정책의 실패

- 문제는 교육의 방향감
- 교육을 걱정한다
- 과열과외, 가정적·사회적 문제
- 교육부의 교육청 평가, 정당화될 수 없다
- IMF 쇼크의 교육적 극복
- 21세기 정보사회와 全人敎育

············ **8. 문제는 교육의 방향감**

물에 빠진 사람이 살아 나오려고 정신없이 텀벙대다 제풀에 지쳐 죽게 된다. 어느 방향으로 헤엄쳐 가야 할지, 얼마나 힘을 축적하며 버텨야 할지 생각할 겨를도 없이 살기 위해 온 힘을 다하며 열심히 텀벙대기만 하는 것이다.

교육계 시야 막막

지금 나라의 경제가 어렵다고 한다. 모두가 위기라고 한다. 국민들에게 열심히 일하고 협조해 달라고 한다. 그러나 무엇을 위해서, 어느 방향으로 어떻게, 왜 열심히 해야 하는지에 관한 근본적인 방향감이 없다. 정치도, 경제도, 교육도 모두 안개 낀 것 같다. 정치권이 기업들로부터 땡전 한 푼 안 받았다고 해도 기업들은 자꾸 도산하며 칼국수만 먹었는데도 그것마저 못 먹게 되어간다. 방향감이 없는 게 문제이다. 방향감만 분명하면 국민들은 지금도 기꺼이 허리띠를 졸라맬 용의가 있다고 본다. 국민들의 마음만 내킨다면 말이다.

교육 분야에서도 모두들 열심이다. 더 이상 할 수 없을 정도이고 또 더 이상 열심히 할 필요도 없을지 모른다. 우리나라 학생들의 대부분이 새벽부터 밤늦게까지 열심히 공부하는 것은 모두 인정할 것이다.

우리나라 학생들이 공부하는 것을 보면 오히려 너무해서 문제이다. 아이들은 공부만 하기 위해서 이 세상에 태어난 것이 아니다. 우리나라 교사들도 열심히 가르친다. 고3을 담당한 교사들은 자기 몸을 버리는 줄도 모르고 학생 교육에 너무 열심이다. 대부분의 직원들도 너무 바쁘다. 교육부나 교육청의 직원들이 일하는 것을 보면 화장실 갈 틈도 없이 바쁘다고 한다. 우리나라 학부모들의 교육열은 세계챔피언 감이다. 가계비의 대부분을 과외비로 지출할 정도이고, 자식이 다니는 학교, 학원눈치 보고 비위 맞추기에 너무 지쳐 있다.

학생들이 열심히 공부하고 교사들이 열심히 가르치고 직원들이 정신 못 차릴 정도로 일하고 학부모들이 과열이랄 정도로 열심히 자녀교육을 뒷바라지하는데 왜 우리 교육은 잘못되고 있다는 것인가? 이보다 교육하기에 더 좋은 조건은 없다. 교육(부) 예산도 결코 적은 돈이라고는 할 수 없다. 평균 잡아 정부 예산의 20% 이상을 교육부에 매년 배정했다면 국가가 교육을 등한시했다고 할 수는 없다. 물론 돈은 많을수록 좋겠지만 말이다.

문제는 교육의 방향감이다.

입시만 끝나면 모두 잊어버리게 되고 또 잊어버려야만 하는 지식을 암기하기 위해 학생들 보고 열심히 하라고 하는 것이 문제이다.

교사의 귀중한 시간을 쓸데없는 일로 바쁘게 만드니 문제가 아닐 수 없다.

교육 관료 노력 헛수고

지금 전국의 교사들은 평가 자료 만드느라 지치고 짜증내고 있다.

국제경쟁력 있는 질 높은 수업준비에 바빠야 할 교사들이 교육 개혁 계획과 결과 보고에 녹초가 되고 있다. 교육 관료들도 쓸데없는 일을 하면서 아까운 인생을 보내는 경우가 많다.

학부모들도 효도 받기를 일찍이 포기한 채 보람도 없이 모든 것을 희생하고 있으니 문제이다.

국가의 교육 지도자가 교육의 방향을 바로 잡아주고 나머지는 밑에다 모든 것을 맡겨야 한다. 전국 획일의 입시와 교육 과정도 제거해야 한다. 교육 관료들도 일을 이제 멈춰야 한다. 내버려 두면 오히려 더 잘 할 것을 행정을 한다고 하다가 교사와 학생을 괴롭히는 일만 골라하지 않았는지 반성하고 이제 행정이 하는 일을 줄여 나가야 한다.

교육 방향 정립해야

교과목 수와 수업시간을 대폭 줄이고 그 대신 국민으로서 살아가는 데 꼭 필요하고 사람 노릇 하는 데 필요한 것만 철저히 가르칠 생각을 해야 한다. 많이 가르치는 대신 각자 가지고 있는 적성과 소질, 능력을 발휘할 곳에 열심히 하도록 해야 한다. 쓸데없는 일로 학생과 교사, 직원, 학부모와 국민을 괴롭히고 바쁘게 만들어서는 안 된다. 중요하지도 않고 필요하지도 않고 의미도 없는 일에 귀중한 시간과 정력, 돈과 국력을 낭비하지 않도록 국가 교육의 방향을 바로 잡아야 하겠다. 지금 우리가 하고 있는 정도만 열심히 해도 교육의 방향을 바로 잡는다면 우리는 아직 국제 교육 경쟁에서 승산이 있다.(≪대전일보≫, 11. 17)

___

덜 노력하더라도 우선 방향이 올바르게 되어야 한다. 방향도 맞고 노력도 많으면 더욱 좋다. "Do right thing, right way."

우리나라는 자타가 인정하는 교육의 나라이다. 과거에 우리는 제대로 먹지도 못하고 입지도 못하면서 자녀교육에 열중하였고 또 그렇게 자녀교육에 열중한 대부분의 가정은 기대한 대로 성공하고 출세를 보장받을 수 있었다. 또 그럴수록 교육에 더 열을 올리게 되고 그 열을 과열이라고까지 하였다. 비록 과열이라고 하더라도 교육에 열을 올리는 것이 나쁠 것도 없고 더구나 그것이 죄가 될 수는 없다. 교육 지도자들이 그 교육열을 올바른 방향에 쏟을 수 있도록 방향을 잡아 주는 일을 잘 하기만 하면 국민의 교육열을 얼마든지 좋게 볼 수 있는 것이다.

국가적으로 우리가 교육에 힘을 쓴 결과 나라가 이만큼 발전할 수 있었던 것이다. 일제 식민지에서 교육 기회를 잃었다가 겨우 우리 손으로 우리의 교육을 시작하자마자 6·25를 만나 잿더미 속에서도 교육에 힘쓴 결과 그 교육 받은 인구가 1960~1980년대 우리나라 산업화에 크게 이바지했던 것이다. 결국 교육이 오늘날의 우리나라를 건설한 셈이다.

그런데 교육에 있어서의 문제는 여기서부터 시작된다. 교육이 우리나라 산업화와 경제 건설에 기여하고 뒷받침해 줬으면 이번에는 반대로 거기서 번 돈을 재빨리 교육에 재투자했어야 국가가 균형 있게 발전할 수 있을 것인데 그동안 경제가 교육을 외면한 결과 이제는 경제와 함께 교육을 걱정하게 되는 것이다.

이제는 교육은 말할 것도 없고 경제까지도 뻗어 나가지 못하고 멈춰 선 것이다. 더구나 산업화와 함께 가치의 중심이 정신으로부터 물질로 옮겨가게 되면서 교육은 정신도 잃고 물질도 잃어 두 마리 토끼를 다 놓치게 되면서 더욱 처참하게 되었다. 그래서 예를 들면 교사들은 정신적 존경도 잃고 물질적 대우도 잃어, 결국 교육 의욕을 상실하고 있다. 정신을 잃은 우리 사회는 지금 무질서를 연출하고 있다. 다리가 무너지고 가치가 곤두박질치고 배가 가라앉고 비행기가 떨어지는 것은 바로 우리 사회의 윤리·도덕 정신이 떨어지고 교육이 허물어지고 있다는 증거이다. 과거 30여 년간 산업화에 눈이 어두워 교육과 정신을 무시한 업보를 지금 받고 있는 것이다. 지금이라도 교육을 되찾고 바로 세우지 못하면 앞으로 더 많은, 더 큰 것이 내려앉을 가능성이 계속될 것이다.

교육은 더 이상 걱정만 하고 있을 것이 아니다. 교육에서도 개혁의 목소리가 높아지고 있으나 너무 형식과 구호 보고서 작성에 그치는 것 같아 안타깝다. 근본적인 개혁적 결단이 요구된다. 우선 서너 가지 주요 개혁 과제와 해결 방향을 제시한다.

첫째, 대학 입시가 우리나라 교육을 멍들게 하고 있다. 입시 때문에 우리나라 전체에 따르는 금전적, 시간적, 정력적 낭비를 이루 말로 표현할 수 없다. 지금 입시로 인한 부작용으로 낭비되는 자원만 정상 교육, 창의력 교육에 바친다고 해도 선진국으로 진입하는 데 크게 도움이 될 것이다. 입시의 문제는 시험 제도나 과목만 바꾸는 잔기술 가지고는 도저히 해결이 안 된다. 교육 대통령이 나서야 할 때이다. 우리나라 문화·역사·전통·사회구조 등 모든 것과 깊이 관련되어 있기 때문이다. 근본적인 해결 방법으로는 대학에 갈 필요가 없게 만드는 일이 첫째이다. 고등학교만 나와도 손해 볼 것이 없게 만들어 줘야 한다. 직장마다 일정 비율의 고졸자를 의무적으로 고용하고 보수, 승진, 발전에 손해 볼 것이 없도록 제도적·법적 보장을 해 줘야 한다. 일류대학이 모든 것을 독점하지 못하도록 배려를 해야 한다. 예를 들면, 대통령이 장관 임명하는 것부터 몇 개 대학 출신에게 편중되지 않도록 하는 과감한 조치가 따라 붙어야 한다. 대학 안 가도, 일류 대학 못 가도 살아가는데, 출세하는 데 지장 없도록 하는 근본적인 해결책을 찾아야 한다.

입시 문제의 두 번째 근본적인 해결책으로는 어떤 형태로든 시험공부의 효과를 보지 못하도록 하는 방법을 강구하는 일이다.

정상적인 학교 교육을 받은 학생에게 오히려 유리하게 하는 학생선발 방법을 강구해야 한다. 고등학교 교육 과정을 어기면서 입시 준비하는 학교와 학생을 우선 배제시키는 방법도 생각할 수 있다. 나라 전체가 입시에 놀아나게 만들어 놓고 거기서 즐기고 재미보고 있는 셈이다. 고등학교 교육 목표에 충실하기 위한 결단을 내려야 한다.

둘째, 가르치는 사람의 측면에서 철저한 교원 양성과 교사에 대한 대우 없이는 우리나라 교육은 근본적으로 성공할 수 없다.

교육은 사람이 사람을 가르치는 일이다. 정신적, 물질적 대우가 좋지 않기 때문에 우수 집단에서 교원 희망자가 없고, 교사 양성 교육도 거칠고 교원의 사기와 의욕 저하로 우리나라 교육은 지금

위기를 맞고 있다. 2세 국민을 가르치는 교사가 지적으로 낮은 수준에서 충당되고 그나마 의욕과 사기마저 떨어져 있다면 개혁은 해보나마나이고 그 민족, 그 팀은 희망을 걸 곳이 없다. 국가는 지금까지 계속 저질 교사를 뽑고, 교사의 기를 죽이는 정책만 써 온 셈이다. 결과적으로 그렇게 나타난 것이다. 교사 교육만은 일제보다도 해방 직후보다도 계속 나쁜 쪽으로만 바뀌어 왔다.

아무리 교육제도를 바꾸고 개혁을 해도 교사 교육 정책을 이대로 놔두고는 모든 것이 허사라는 분명한 사실을 알아야 한다. 군인 출신지도자들이 교사를 경시하고 경제기획원 사람들이 자기들 자녀를 가르치는 교사를 우습게 여긴 결과 교사들은 대충 교육을 하게 되고 거친 교육은 어른 부재, 사회 무질서로 표출되게 된 것이다. 거기다 물질만능의 사회 풍조가 부채질했던 것이다.

지금이라도 정신을 차리고 가르치는 교사들에게 최고의 대우를 해 주도록 개혁적 조치를 하여 우수 인력을 교직으로 끌어들이고 사기충천하도록 해야 한다. 최고의 대우 속에는 두말할 것도 없이 물질적 대우와 함께 정신적 대우가 합쳐져야 한다. 교사가 예뻐서라기보다도 자라나는 국민들을 제대로 가르치기 위해서이다.

셋째, 교육과정의 측면에서 인간으로서 필요한 바탕 교육, 기초 교육에 철저하고 나머지를 소질 개발·전문 교육에 할당하도록 고려해야 한다. 인간성 교육을 공통기초·필수로 하여 철저한 교육을 하고 자질개발·전문교육은 다양한 선택의 기회를 제공해 줘야 할 것이다. 가르치는 교과목 수와 내용의 분량을 최소한으로 줄이고, 그 대신 몸에 밸 때까지 철저한 교육을 해야 한다. 양으로부터 질로 전환을 해야 할 시점이다. 선택에서는 창의성 교육의 기회를 충분히 제공해 줄 수 있어야 한다. 학생들에게 생각할 수 있는 시간을 충분히 줄 수 있도록 교육과정이 운영되어야 한다. 사람 만드는 교육에 실패하면 고도의 과학과 기술, 지식, 교육도 쓸모없고 오히려 해악이 될 수 있다는 것을 우리는 이미 너무 많이 보아 왔다. 교육 개혁을 교육의 질에 초점을 맞추지 못하면 또 다른 낭비를 낳고 만다. 우리는 교육의 질에 모든 승부를 걸어야 한다. 한 나라의 장래는 그 나라 교육의 질에 달려 있다.

넷째, 교육 투자가 최우선 과제이다. 교육할 사람과 교육 내용과 함께 우수한 교육시설·자료의 확보 없이는 교육을 하기 어렵다. 앞에서 말한 우수 교사의 확보를 위해서도 엄청난 교육투자를 필요로 한다. 과거에 경제가 교육을 외면한 결과 한 나라의 정신적 기반인 교육이 부실하게 되어 엄청난 일들이 자주 벌어지고 있다. 지금 GNP의 5%만 교육에 투자하면 교육이 엄청나게 달라질 것처럼 온통 매달리고 있지만 교육이 국제경쟁력을 가지려면 그것 가지고는 이미 늦어 버린다. 일본을 따라 가려면 일본보다 교육에 더 투자하고 미국이나 캐나다를 붙잡으려면 이들 나라보다 몇 배나 더 투자해야 하는 것은 너무나 당연한 이치이다. 선진국들은 GNP 덩어리 자체가 우리보다 더 크다는 사실도 감안해야 한다. 지금까지 보면 개인적·가정적으로 보나 사회적·국가적으로 보나 교육에 대한 투자만큼 실속 있고 보장된 정확한 투자는 없었다. 교육 재정투자가 없이 구호나 외치고 표어를 써 붙이고 어깨띠나 둘러매는 식의 정책을 가지고는 교육에서 승산을 기대하기 어렵다.

그동안 교육을 소홀히 한 효과(부작용)가 사회 구석구석에서 총체적으로 나타나고 있는데도 이들 인간교육을 통해서 근본적으로

처방하려 하지 못하고 또 다시 땜질하려는 데 실망하고 걱정하지
않을 수 없다.

교육행정학도는 정치인, 경제인, 국가의 지도자들에게 올바른 교
육의 방향, 정책의 방향을 제시해 줘야 한다. 우선 우리나라 교육
이 정상적으로 굴러갈 수 있도록 해야 하겠고 나아가서 냉혹한 국
제적 교육의 질 경쟁에서 승자가 되려면 교육의 본질에 개혁정책
의 초점을 맞출 수 있도록 해 줘야 한다. 입시 개혁으로 우선 교
육의 정상화를 꾀하고 다음으로는 교육하는 사람인 교사와 교육내
용인 교육과정과, 시설, 교재, 환경과 직결되는 교육재정의 네 가
지 측면에서 우리의 교육 문제를 풀어나가야 할 것이다.(『한국교육
행정학회 소식』 45집, 1994. 12. 31)

지금도 변한 것이 별로 없다. 온 국민이 교육 때문에 걱정이다.
근본적으로는 '불신'에서 나온다.

보다 중요한 문제

과외라고 하면 학교 정규 교육과정 이후(외)의 모든 활동과 학습을 말한다. 학교에서의 방과 후 활동, 자율학습, 보충학습, 각종 학원교육, 개인·집단지도(흔히 말하는 대학생과외) 등이 모두 포함된다. 원래의 과외활동은 정규수업 이외의 특별활동으로 바람직한, 권장되어야 할 좋은 의미를 갖고 있다.

이러한 권장되어야 할 과외가 어쩌다가 국가를 망치는 망국과외라고 할 만큼 극도에 달하게 되었는지 모르겠다. 이렇게까지 되도록 정부와 학교, 가정과 사회는 무엇을 했는지 모르겠다. 과외문제를 다루는 것을 보면 겨우 자율화냐 전면금지냐의 논쟁이나 안이하게 하고 앉아있는 실정이다. 과외문제에 현명하게 대처하기 보다는 오히려 정부(정책)와 학교, 가정(학부모)과 사회가 짝짜꿍으로 합작하여 나라 망치는 과외로까지 몰고 온 결과가 되었다. 어쨌든 이 시점에서나마 과외 때문에 나라가 망하게 되었다고 할 정도로 심각한 지경에 이르렀다고 인식하게 된 것만도 다행인지 모른다.

주제에서 "학교 교육 내실화로……"라는 말이 붙어 다녀 마치 과외의 주범이 학교 교육의 잘못에 있는 것처럼 오해하기 쉽게 하고, 또 마치 망국과외 문제의 해법과 열쇠가 모두 "학교 교육의 내실"에 있는 것처럼 착각하게 만들고 있다는 점을 지적한다. 망국과외의 원인과 과정은 모두의 합작품이지 학교 교육의 부실에만 있는 것이 아니라는 점을 분명히 할 필요가 있다. 그리고 망국과외를 추방하기 위한 해법도 정부, 학교, 가정, 사회, 국가의 협동적 결단에 달려 있는 것이지 학교 교육의 내실화만으로 될 일이 아님을 알아야 한다. 학교 교육이 우리나라보다 부실한 다른 나라에서도 과외문제가 심각하지 않으며, 또 우리나라 안에서도 시골이나 농어촌에서 학교 교육이 충실하여 과외를 않는다고 볼 수는 없다.

과외를 왜 망국의 징조로 보는가? 과외라는 말이 나오면 으레 따라붙는 것이 돈, 사교육비 문제이다. 사교육비, 과외비가 공교육비보다 많고 또 가계에서 과외비의 비중이 너무 높아져 이러다간 나라가 망하겠다는 생각이다. 누가 계산했는지 모르겠지만 과외=20조원+α만 생각하게 한다. 오죽하면 OECD까지 정부가 과외비를 대줘야 한다고 권고하기까지 했겠는가? 그러나 돈보다 더 심각한 것은 우리의 어린, 젊은 아이들이 공부(과외)에 질식되어 죽어가고 있다는 점이다. 그들이 정신적, 신체적 건강을 잃고 그들의 행복이 말살되거나 유보되고 있는 점이 돈으로 계산할 수 없는 더 큰 문제이다.

실제로 자살하는 학생들이 좀 과장하면 하루 평균 1명꼴이 된다. 이들이 반드시 과외 때문에 죽은 것은 아니겠지만 공부 때문에 병들고 죽은 경우가 많다. 어린 학생들이 병들고 죽지 않는다 하더라도 미래사회(21세기)에 필요한 창의성, 사고력, 자율성, 상상력,

정서적 감수성 등의 싹이 과외 때문에 잘리거나 자라지 못하게 된다는 점이 돈으로 따질 수 없는 또 다른 측면의 중요한 국가적 손실이다. 어린이와 젊은이는 돈으로 계산할 수 없는 국가의 자원이고 보배인데 이들의 미래가 보장되지 못하고 있다.

과외가 싫어서 어려서 유학가고 이민 가는 학생과 가정이 늘고 있다. 한국교육의 누수 현상이다. '교육의 나라'라고 하는 우리나라에서 남의 나라에 교육을 빼앗기고 있다. 오죽하면 자기 나라를 등지고 자기 나라 국민 보통교육까지 버리겠는가? 이런 것이 더 문제이다. 과외 때문에 가정에 대화가 없어지고 가정주부가 파출부로 내몰려지고 심지어는 과외비 핑계로 몸을 팔았다고 하는 지경에 이르렀다. 부모가 자녀의 가정교육을 시키는 게 아니라 오히려 아이들 눈치를 보게 되었다. 돈보다 더 심각한 문제가 가정의 교육기능을 과외에 빼앗기거나 상실하였다는 점이다. 아이들이 가정에 머무르는 시간 자체가 없다. 자녀들을 학교와 학원에 빼앗기고 있는 것이다.

사회가 모두 교실이라고 하는데 우리 사회는 교육적 기능을 잃은 지 오래다. 공부에 짓눌린 아이들이 학교폭력, 사회문제 쪽으로 폭발하고 있다. 과외문제가 사회의 빈부격차 문제로 비화되고 있다.

또 한편에서는 학생들이 상품화되고 있다. 입시 산업, 과외 산업, 출판 산업의 상품이 되고 있다. 과외 관련 조직 간의 꽉 짜인 힘의 구조 속에 과외문제는 꼼짝달싹하기 어렵게 되어 있다.

이제 우리의 교육은 "더 많이 주의"에 의하여 더 많이 가르치고도 망하는 나라가 되었다. 교육에 더 많이 돈을 쓰고도 자녀교육을 망치는 나라가 되었다. 교육열 때문에 우리나라가 잘 살게 되었다고 한 것이 엊그제인데 이제 교육 때문에 망하게 되었다고 한다. 과도한 교육열이 범죄인 양 매도한다. 부모의 과도한 교육열이 무슨 죄란 말인가? 이러한 교육열을 현명하게 사용하지 못하는 정책의 부재가 오히려 죄라면 죄일 것이다.

여기서는 과외의 현상으로 나타나는 (1) 문제점과 (2) 원인 그리고 (3) 해결방안을 (1) 학생, (2) 가정, (3) 학교, (4) 사회, (5) 국가의 측면에서 살펴보기로 한다. 그러나 필자가 분담 받은 부분이 가정과 사회적인 측면이므로 여기에 중점을 두기로 한다.

과외로 인한 가정·사회적 문제

과외는 어린 학생들이 하고 싶어서 하는 일이 아니다. 잔인한 어른들의 팽이(치기) 싸움에 먼저 아이들(팽이)이 희생당하고 이어서 가정(어른, 팽이 치는 사람 자신도), 학교, 사회, 국가도 차례로 멍들고 쓰러지고 파괴되고 망하게 되고 있는 것이다.

먼저 희생당하는 학생들을 살펴보자.

학생들의 행복이 빼앗기거나, 미래를 위한다는 미명하에 행복이 유보되고 있다. 한참 장난치고 놀아야 할 아이들에게 놀 시간이 없다. 방과 후도 없고 저녁도 없고 아침도 없다. 지금의 어른들이 어릴 적 옛날에는 보릿고개는 있었지만 들로 산으로 다니며 놀 시간과 공간이 있었다. 지금 아이들은 갈비는 뜯지만 놀만한 자기 시간과 공간이 없다. 노는 것도 젊어서 놀아야 한다. 과외로 출세한 다음에는 놀래야 놀 수도 없다. 어려서 놀지 못한 어린이들이

어른이 되어서도 유치한 어린애 짓을 하고 어른 노릇을 못하게 된
다. "노세노세 젊어서 노세"는 부분적으로 진리이다. 공부로 찌들
고 과외에 짓눌린 아이들은 사춘기도 갖지 못한다. 사춘기를 건너
뛰거나 대학생 시기로 연기된다. 발랄해야 할 청소년들이 애 늙은
이 짓을 하거나 유아 노릇을 하게 된다. 어른 짓과 애들 짓이 뒤
바뀌고 유아의 짓과 청소년의 하는 짓이 뒤죽박죽이 된다. 아이들
의 행복과 과외를 맞바꿔도 되는 것인가?

학생들의 건강까지 해치고 있다. 제대로 성장을 못하고 멈추기
도 하고 체구는 큰데 체력과 정신력이 낮아지고 약해지는 불균형
이 되고, 운동부족으로 어린이 비만과 어린이 성인병이 늘어나기도
한다. 시력 약화로 안경 쓰는 아이가 늘어나는 것은 말할 것도 없
고 위장병, 변비, 스트레스, 정신병까지 걸리게 된다. 수면부족으로
사고력, 판단력, 주의집중력이 떨어져 교통사고 등 사고를 당하는
경우도 많다고 한다. 어린이의 용량을 생각지 않고 과도하게, 무리
하게 집어넣는 교육과 과외로 우리의 아이들은 터질 지경이다. 그
래서 마침내는 자살까지 생각한다. 시험 없는 세상, 과외 없는 하
늘나라에서 살겠다는 충동을 받게 된다. 어린이의 건강과 생명을
담보로 하면서까지 과외를 사야만 하나?

미래 정보사회에 필요한 창의력, 사고력, 상상력, 문제해결력 등
고등 정신기능을 기를 틈이 없고 사회성, 정서, 인성을 기르는 데
오히려 과외로 인하여 방해를 받고 있다. 자기시간을 갖지 못하는
아이들은 독립성, 자율성을 키울 수도 없고 자아 정체감을 형성할
기회마저 과외로 빼앗기고 있다. 많이 공부시키고 돈 많이 내버리
고 정작 필요한 것을 망치고 얻지 못하게 되는 꼴이다. 학교 교육

에서 이런 기능을 북돋아 주지 못하면 학생들 자기 스스로라도 기를 수 있는 기회라도 줘야 하는데 그런 기회마저 과외로 빼앗기고 있는 것이다. 정작 아이들이 주인공으로 살아갈 미래 사회에 필요한 기능을 희생하면서까지 과외를 값비싸게 살 것인가?

학생들의 인격은 무시당하고 비인간적으로 대해지고 있다. 과외비를 받은 어른들은 받은 대가를 보여 주고 돌려주기 위해서 학생들을 닦달하지 않을 수 없을 것이다. 경쟁심, 이기심, 분노심을 촉발하여 성과를 올려야 체면이 서고 또 그래야 학부모로부터 돈이 나올 것이다. 금년에 성과를 올려야 현수막에 써 붙이고 신문에 크게 광고하여 내년 장사도 하고 살아남기도 한다. 이러한 대접을 받은 학생들은 도덕성도 마비되고 우정도 알 수 없고 동료의식을 싹틔울 수도 없다. 친구를 사귈 틈조차도 없으니 우정을 따질 수도 없다. 같이 놀아도 이름도 성도 모른 체 1회용, 겉으로만 노는 체 하는 것이다. 학생들도 나름대로 노력은 하고 있는 것인데 거기다 더 속도를 내라고 채찍질 하니 속도를 내면 낼수록 그들의 시야는 좁아지고 편견이 쌓이게 된다. 과외를 하기 싫은 것은 말할 것도 없고, 학교도 가기 싫고 선생님도 보기 싫으며, 공부도 지겨운 것이라고 어릴 때 미리 못 박아 두게 된다. 그래서 대학만 들어가면 죽어도 아니 공부할 것이라 다짐하게 만든다. 이렇게 해 놓고도 학생들에게 인격이 있다고 말할 수 있겠는가? 학생들에게 고통을 주고 고문을 하더라도 인간으로서 참아낼 수 있는 정도에서 그쳐야 할 것이 아닌가?

과외로 인하여 파괴되는 가정생활에 대하여 눈을 돌려 보자.

우선 많은 사람들이 언급하는 것처럼 과외비의 부담이 지나치다는 점이다. 남들이 과외를 시키는 데 내 자식 그냥 두면 지는 것 같으니 무리해서라도 과외비를 마련하게 된다. 월수입의 반 이상, 70%, 80%까지 과외비로 지출하기도 한단다. 모자라는 과외비를 마련하기 위하여 패물을 팔기도 하고 파출부로 뛰기도 하며, 빚을 지기도 한다. 극단적인 얘기나 핑계이겠지만 과외비 충당을 위해 몸을 팔기도 했다는 기사가 보도 되었다. 이 문제는 재정적 측면에서 집중적으로 다루었으므로 이 정도로 그친다.

과외로 인하여 가정의 역동성이 파괴되고 있다. 자녀교육의 책임문제로 과외비로 인한 가정 경제난으로 부부싸움이 잦고 형제관계도 남남의 관계로 변질되기도 한다. 가정에 대화가 사라진다. 아이들이 어른눈치를 보는 것이 아니라 어른들이 아이들 눈치를 보고 부모는 기가 죽어 살아야 한다. 아이들 기 살리기 위해 부모의 기를 죽여야 한다. 고액과외를 시키지 못하는 부모는 항상 아이들에게 미안해해야 한다. 아이들이 신경이 예민해져 성질을 부리니 부모는 목소리를 낮추고 고개를 숙여야 하다.

아이들의 입시위주, 과외위주로 가족의 스케줄, 가정생활의 계획을 해야 한다. 교회, 성당, 산사를 찾는 일도 아이들을 위한 기도위주로 되어야 한다. 아이들은 교회에 가는 대신 독서실을 찾아야 한다.

부모는 자식을 빼앗기는 아픔도 감수해야 한다. 자율학습, 보충학습으로 아이들을 학교에 빼앗기고 과외로 학원에 빼앗긴다. 이제는 기숙학교 스파르타식 기숙학원에 자녀를 빼앗기고 휴가 나오는 시간에 맞춰 준비물을 마련해야 한다. 학교와 학원은 교육기관이 아니라 수용소에 비유된다. 조기 해외유학으로 자식을 빼앗기고 자녀를 완전히 다른 나라 사람으로 만든다. 다른 나라의 보통교육을 받은 아이들에게서 효도를 바라고 애국심을 기대할 수 있겠는가? 가족 전체가 자녀교육 때문에 이민가게 되면 조국까지 빼앗기게 된다. 자녀교육 때문에 이산가족이 되는 예는 너무나 많다. 기러기 아빠, 기러기 엄마가 국제 용어가 되었다.

아이들 공부 때문에 친척도 조상도 잃는다. 과외로 바쁜 아이들 때문에 친척 집을 방문할 수도 없고 친척의 방문을 반갑게 맞이할 수도 없다. 명절도 잃어버린 지 오래니 아이들에게 조상이 있을 수 없다.

아이들이 건강을 잃는 것처럼 부모들도 건강을 잃는다. 특히 어머니들이 스트레스와 압력을 많이 받는다. 공부 못하는 자녀를 둔 어머니는 모든 죄를 뒤집어쓰는 격이다. 어머니가 애들 뒷바라지 잘못해서 성적이 떨어진다는 바가지를 뒤집어쓰게 된다.

무엇보다도 가정의 교육적 기능을 상실하는 것이 가장 큰 문제이다. 가정교육이 기본이 되는 것인데 이것을 모두 학교로 학원으로 떠맡긴다. 그것으로 부모의 자녀교육의 책임을 면책 받고자 한다. 부모처럼 가정교육까지 시켜줄 학교와 학원이 어디 있겠는가? 가정에서 자녀를 교육시키려고 해도 시킬 시간이 없다. 도대체 아이들과 만날 시간이 별로 없다. 가정교육까지 통째로 학교와 학원에 모두 맡겨도 안심할 수 있을 것인가?

과외로 인한 학교 교육의 영향은 어떤가?

학교 교육과정이 정상적으로 운영되지 못하고 있다. 자율학습 시간, 보충학습 시간이 정규학습 시간보다 더 많아지기도 한다. 주간학교와 야간학교의 구분이 없어지고 공부시간인지 잠자는 시간인지 구별하기 어렵게 된다. 학교에서 아이들에게 방학을 준다고 주었다가 금방 모두 빼앗아 간다.

도시의 초등학교에서는 방과 후 학생활동이나 특별활동을 시키기 어렵다. 정규수업이 끝나면 빨리 아이들을 보내줘야 두 개, 세 개 짜여 있는 과외시간을 놓치지 않게 된다. 귀가 시간이 조금만 늦어도 학원 갈 시간 빼앗긴다고 학부모의 항의 전화가 빗발친다는 것이다. 학교에서 숙제를 내주면 과외공부에 지장 있다고 또 항의 받는다. 숙제는 엄마가 주문한 학습지만으로도 벅차다. 그런가 하면 농어촌 초등학교에서는 방과 후 갈 곳이 없어서 학교에서 온종일 방을 운영해야 한다. 정상적 학교교육마저 과외 때문에 방해를 받는다. 정상적 학교 기능이 마비되고 있다.

초등학교에서는 시험이 줄어드는 경향이지만, 중·고등학교에서는 문제풀이와 시험 시간이 더 많아진다.

과외의 사회적 문제도 심각하다.

학교의 교육 여건도 엉망이지만 학원을 비롯한 과외환경은 더 열악하다. 우선 학원은 안전시설도 제대로 안 되어 있다. 이제 몸도 제대로 못 가누는 어린애들까지 승합차에 실린 채 거리에서 많은 시간을 보내야 한다. 학생수송 표시를 한 차들이 부쩍 눈에 띈다. 어린이 화재, 교통사고 소식이 종종 들린다.

초등학교에서는 요즈음 열린교육을 한다고 호들갑들을 떨고 있는데 과외에서는 철저히 닫힌 교육을 한다. 아이들은 어느 장단에 춤을 춰야할 것인가? 주지주의 과외에서도 실패자들을 많이 길러내고 있다.

과외를 시키는 계층과 못 시키는 계층, 과외비의 액수 차에 의한 계층 간의 위화감이 생긴다고 한다. 과외로 인하여 국민 통합 의식에 방해가 되는 것이다. 도시와 농촌의 격차도 심하다. 과외는 순전히 도시의 문제이다. 교육 재생산, 부익부 빈익빈 사회로 굳어진다.

과외로 인하여 청소년들이 밤늦게까지 도시 거리를 누비게 되고 공부에 재미 못 붙인 학생들은 사회문제를 일으킨다. 사회는 윤리, 도덕, 예의, 봉사의 자정 능력을 잃은 지 오래다.

사회가 모두 교실이고 어른들이 모두 선생님이라야 한다는데, 이제 우리 사회는 교육적 기능을 잃고 있다. 학교와 과외 장소만이 교육장소로 인식되고 있으니 제2세 교육이 제대로 되겠는가? 교육만은 철저한 분업에 의하여 가르치는 사람이 따로 정해져 있는 셈이다. 국민 모두가 아이들의 선생님이 되어도 제2세 국민교육은 어려운 것인데 제한된 곳에서만 주입 교육을 하고 있으니 우리 사회는 교육기능을 포기하고 있는 셈이다.

사회의 지도층이 더 극성으로 과외를 이용하고, 또 과외의 혜택을 받고 있는지 모른다.

국가적 입장에서는 과외정책을 제대로 다루지 못하고 있다. 금지 시킨다고 해 놓고는 법들을 제대로 관리하지도 못하고, 감당하지도 못한다. 무슨 재주로 불법과외를 다 단속할 것인가? 지키지 못할 법은 정하지 않는 것이 낫다. 불법적으로 운영되는 학원을 다 관리하지도 못하고 있다. 외국학원 업체들까지 들어와 성업 중이니 감당하기 어렵게 된다.

유학, 이민으로 한국교육은 누수가 되고 있다. 정상보다 비정상이 더 정상으로 보이고 본과 말이 전도되고 있다.

학생, 가정, 학교, 사회, 국가의 모든 측면에서 총체적으로 과외의 문제점이 심각하게 나타나고 있다.

과외의 원인

그러면 이런 문제를 일으키는 과외의 원인은 무엇일 것인가? 왜 이렇게 과외가 판을 쳐야 하는가?

학생들에게서는 과외를 하게 되는 원인을 찾아볼 수 없다. 교육과 과외의 책임은 전적으로 어른에게 있기 때문이다.

부모와 가정의 측면에서 과외를 하게 되는 많은 원인을 일으키고 있다.

우선 부모의 잘못된 자녀 교육관이 과열 과외의 원인이 되고 있다. 어린이의 용량을 생각지 못하고 많이만 공부시키면 좋을 것이라는 잘못된 가정하에서 이것저것 욕심을 내게 된다. 그 만큼 자녀에 대한 기대가 크고 높다는 의미도 된다. 부모의 자녀에 대한 대리 만족도 잘못된 교육관 중의 하나이다. 한국 부모들의 지나친 경쟁 심리도 과외를 부채질할 것으로 본다. 그러나 과도한 교육열이란 말에는 동의하고 싶지 않다. 자녀 교육열은 높을수록 좋다는 생각이다. 그 높은 교육열을 옳은 방향에만 쏟게 해 줄 수 있다면 교육의 효과는 훨씬 높아질 수 있다고 믿는다. 교육을 출세의 도구로 보는 도구주의, 비인간적인 교육수단의 팽배로 학부모의 교육 감각이 잘못되어 가는 것이다. 가족 이기주의도 한 몫을 한다.

둘째는 핵가족화되어 가정을 지켜줄 사람이 없고 맞벌이 부부가 늘어나면서 자녀를 맡길 곳이 없어 과외를 탈출구로 삼는 것이다. 부모 중 한 사람이 직장으로부터 돌아올 때까지 아이들은 이 과외 저 과외로 전전하게 된다. 이런 어린이들이 열쇠목걸이를 걸고 다니는 어린이들이다. 부모는 자녀에 대한 교육적 책임을 다하지 못하게 되니 남에게라도 맡겨 죄책감을 면해보자는 심리도 작용한다. 부모 대신 남이 자녀교육을 맡아서 책임지고 해 줄 수 없다는 것을 심각하게 생각해봐야 할 것이다. 맞벌이 부부의 경우와는 정반대로 어머니가 외출하기 위해서 아이들을 과외에 맡기는 경우도 있을 것이다. 에어로빅, 수영, 주부강좌, 자원 봉사활동에 참여하여 집을 비우게 되니 아이들 맡길 곳을 찾는 것이다.

셋째, 어머니에 대한 자녀교육의 압력이 지나쳐서 과외에 매달리게 하는 경우도 있다. 자녀교육의 책임을 어머니에게 돌리려는 집안 분위기 때문에 과외라도 시켜서 성적을 올리려고 한다. 특히 전업 주부의 경우, 집에 있으면서 애들 공부도 보살펴주지 못하고 무엇 했느냐는 비난을 면하고자 과외를 선택하는 경우가 많다고 한다.

넷째, 아이들이 놀 곳이 없다는 것도 과외의 한 원인으로 작용한다. 청소년 공간도 없고 길거리는 위험하고 도처에 폭력이 난무하니 그런 곳에 아이들을 방치할 수 없고 그래도 안전한 곳이 과외이고 학원이라고 생각하게 된다.

다섯째, 뭐니 뭐니 해도 돈이 있기 때문에 과외로 돈이 쏠릴 수 있다. 무슨 짓을 해도 돈이 없으면 아이들 과외를 시킬 수 없다. 돈이 없으면 가계비에서 반 이상의 돈을 빼내고 어떻게 살아갈 수 있겠는가? 이것은 역설적인 이야기이다. 가난한 사람들은 과외를 시키고 싶어도 돈이 없어서 재능이 있는 아이들도 과외를 못시키고 있다.

학교 교육에서는 과외의 원인을 찾을 수 없을 것인가?

첫째, 학교 교육이 부실하기(내실화되지 못해서) 때문에 학부모들이 과외로 눈을 돌릴 수밖에 없다는 것이다. 교사 대 학생 수의 비율이 높아 개인지도가 안 되고, 시설 여건이 나빠 학교 교육만 믿고 있을 수 없다는 것이다. 특히 예능계는 학교 교육으로는 충분치 못할 뿐만 아니라 오히려 반대로 현행 학교 교육이 예능적 재능의 싹을 질식시키고 있다는 것이다. 우리나라의 성공한 예술인 치고 학교 정규교육만으로 된 사람은 단 한명도 없는 실정이다. 학교 정규수업만 착실하게 잘 받아도 우리나라의 웬만한 대학쯤은 들어가는 데 지장이 없어야 하는데 그렇게 믿고 있을 사람은 별로 없다. 학교 교육의 부실이 과열과외의 원인이라는 주장이다. 부분적으로는 옳다.

둘째, 비슷한 말이지만 우리나라 학교 교육이 학부모의 욕구를 충족시켜 주지 못하고 있다. 특히 예능, 특기지도의 욕구를 충족시켜 주기에는 너무나 학교 교육의 질이 떨어진다. 학교에서 방과 후에 특기지도를 한다는 것도 값은 싸게 먹힐지 모르지만 질은 떨어질 수밖에 없다. 30 – 40명을 무슨 재주로 바이올린 실기(특기) 지도를 할 수 있겠는가? 학교는 정규수업, 정규 교육과정을 운영하기에도 벅찬 실정이다.

학교 교육과정의 적합성에도 문제가 있다. 학생들에게 필요한 것을 가르쳐 주지 못하고 있다는 것이다. 정규 교육과정마저도 파행 운영되고 있다. 점점 더 학교 교육으로부터 등을 돌리게 된다. 미국에서도 공립학교는 필요한 것인가 하는 질문에 대하여 심각하게 논의되고 있다. 아직은 공립학교가 필요하다는 결론을 내리고 있지만 교육선택권이 전적으로 가정에 주어지게 되면 공립학교의 존재는 위태롭게 된다.

학교와 대학입시에서의 평가문제와 방식이 학생들을 과외로 내몰고 있다는 점도 사실이다. 과외를 시켜 봐도 효과를 별로 보지 못하게 하는 방식으로 학교나 대학에서 평가를 한다면 구태여 애들을 들볶고 돈을 내버리며 과외를 시킬 필요가 없을 것이다. 현행 평가 방식에서는 과외의 효과를 톡톡히 보고 있는 모양이다.

사회의 측면에서도 과외의 원인을 찾아볼 수 있다.

첫째, 고용구조 출세가 고학력, 일류대학을 지향하게 하여 과외를 촉진하고 있다.

대학에 들어가야 취직이 되고 대학 중에서도 서울대학을 나와야 장관이라도 해먹을 것이니 과외에 투자할 것은 너무나 당연하다.

둘째, 이제는 과외산업의 유혹과 압력도 무시 못 하게 되어 있다. 과외로 먹고 사는 인구도 꽤 많을 것이며 그들의 생존권이 달린 문제는 웬만한 정책을 무력화시킬 수 있게 되었다. 과외 재벌들의 입김도 만만치 않게 되었다. 학생들이 과외의 상품으로까지 비쳐지고 있다.

셋째, 사회에 만연한 상호불신도 과외의 원인이 된다. 정부의 정책이 나와도 얼마나 가랴 하면서 못 믿게 되고 과외 안 하고 수석합격 했다고 인터뷰에 나와도 믿으려 하지 않는다. 믿지 못하니까 옆집보다 더 고액과외를 해야 하고 족집게를 몰래 찾아야 한다.

넷째, 우리 사회에 청소년 문화공간이 없다는 것도 하나의 원인이 된다. 문화공간은 고사하고 안전한 곳이 없다는 것이다.

그럴 바에는 과외에서 시간 보내는 것이 낫다는 생각도 할 수 있다.

국가적인 측면, 정책적인 측면에서도 과외의 원인을 찾아볼 수 있다.

첫째로 꼽을 수 있는 것이 입시제도이다. 대학입시가 과외에 유리하게 되어 있다는 믿음이다. 입시에서 과외의 성과를 보고 있다는 것이다.

둘째, 아직도 고등교육 기회가 적다는 것이다. 협소한 고등교육 기회를 과외로 뚫자는 것이다.

셋째, 정치적인 측면도 있었을 것이다. 대학생들이 극렬하게 데모할 때 고등학생들마저 시간이 남아돌아가게 되면 고등학생들까지 데모에 불붙으면 과거 정권이 불안정했던 시기에는 두려웠을 것이다. 대학생 데모보다 고등학생 데모가 더 무서운 것이다. 지금과 같이 과외가 극에 달하면 중·고등학생이 과외 반대 데모라도 해서 그들이 과외로부터 해방되어야 한다는 주장이 나올지도 모른다. 이런 데모가 아니더라도 아이들을 풀어 주면 그들이 길거리로 쏟아져 나와 사회 문제를 더 일으킬 것이므로 과외로 그들을 꼭 잡아매 놓는 게 좋다는 좀 잔인한 생각을 하는 사람도 있을 것이다.

서로 얽히고설키고 했겠지만 가정, 학교, 사회, 국가 모든 측면에서 과외의 원인제공을 하고 있는 셈이다.

과외문제의 해소방안

과열과외, 망국과외 현상이 가정, 학교, 사회, 국가의 합작품이라면 해소책이나 해결방안도 모두의 합작품이어야 한다. 학교교육 내실화만으로 망국과외가 추방될 수는 없다. 해소방안은 앞에서 언급한 원인을 제거하는 일일 것이다. 그래서 원인에 대하여 말할 때 언급되었던 내용이 중복될 수밖에 없다.

가정에서는 첫째, 학부모의 생각이 바뀌어야 한다는 점이다. 자녀들의 행복과 건강을 빼앗아 가면서 과외를 시키고 출세시키는 것이 참 자식 사랑인가를 심각하게 생각해보고 이제는 생각을 바꾸어야 한다. 학부모의 생각이 바뀔 수 있도록 국가정책, 사회기관, 학교가 도와줘야 한다.

둘째, 가정의 교육적 기능을 회복해야 한다. 내 자식 교육은 내가 시킨다는 생각을 해야 한다. 과외기관이 내 자녀 교육을 책임져 주지 못하고 학교도 인간 만드는 교육까지 담당해 주지 못한다고 보고(전제하고) 내 자식 교육은 내가 하겠다는 마음을 먹어야 한다.

자식교육은 높은 지식을 가지고 하는 것은 아니므로 모든 부모는 자식교육을 할 수 있다고 본다. 모든 것을 불신하는 시대에 학부모들은 왜 과외, 학교 교육에 의심을 가져보지 않는지 알 수 없다. 과외를 맹목적으로 믿는 것 같은 착각을 하게 된다. 자식 망쳐놓고 늦게 후회하는 일이 없어야 하겠다.

가정보다 오히려 학교에서 과외문제 해소를 위해 할 일이 더 많다.

먼저 학교교육의 내실화를 기해야 한다. 개인지도가 가능하게 되어야 한다. 물론 정부의 지원이 중요하다. 지금 경제가 죽어간다고들 야단인데 겉에 드러난 것만 보고 하는 소리이다. 지금 경제가 죽어 가고 있는 것은 이 보다 먼저 교육이 죽었었기 때문이다. 과거에 이미 우리의 교육이 경제를 떠받쳐주지 못하고 있었기 때문에 지금 경제가 추락하는 현상으로 겉에 드러나는 것이다.

둘째, 초·중·고 각 학교는 각 학교 본래의 목적으로 돌아가야 한다. 하급 학교는 상급 학교 입학을 위한 준비 학교가 아니라 각 학교 본래의 목적을 갖고 있는 독립 교육기관인 것이다. 고등학교라면 중견국민을 길러내기 위한 고등보통교육을 하는 학교이다. 대학 입시 준비기관이 아니다.

셋째, 각 학교는 학부모의 압력을 이겨내고 버텨내야 한다. 입시 준비교육, 자율학습, 보충학습을 해달라고 요구하고 압력을 행사해도 이를 당당히 거절해야 한다. 학교는 정규 교육과정에 의하여 정규수업만 해 주면 그만이다. 그 이외의 것은 모두 개인의 문제이고 개인사정이다. 학교가 학부모의 요구에 덩달아 춤을 춰서는 안 된다. 정규수업만 해도 한국은 세계에서 제일 많이 가르치는 축에 낀다. 타율에 찌든 우리 학교는 이제 학교의 독립선언을 해야 한다. 법에 정해져 있는 대로 교육과정을 정상화해야 한다. 정규 교육과정 내에서 특별활동(과외활동)을 확대하고 강화해 줘야 한다.

넷째, 학교공부만 해도 학생들에게 손해 볼 것이 없게 해 줘야 한다. 과외에서 아이들이 들볶인다고 생각하면 학교에서라도 들볶기를 줄여야 한다. 숙제 없는 학교, 잠자게 하는 학교라도 만들어 학교에서만이라도 학생들로 하여금 편안하게 해 줘야 한다.

다섯째, 학생들에게 자기학습권을 돌려줘야 한다. 가르치는 데

힘쓰기 보다는 학생들이 배우는 데 초점이 맞춰져야 한다. 많이 열심히 가르쳐도 학생들이 배울 것이 없거나 못 배우게 되면 아무런 의미가 없다. 학생들에게 맞는 교육, 필요한 교육을 해 줘야 학생들이 학습을 더 잘 하게 될 것이다.

여섯째, 학교에서 진로지도, 진로교육을 일찍부터 해야 한다. 과외를 하더라도 진로의 필요에 의하여 하게 되어야 한다.

사회적 측면에서 과외 해소책을 생각해보기로 한다.

무엇보다도 먼저 교육에 대한 사회의 협조가 요구된다. 학교교육을 살리기 위한 사회기관의 협조가 필요하다. 대중매체가 너무 과외나 대학입시에 대하여 과대 보도하는 것도 삼갔으면 좋겠다.

둘째, 고용기관도 너무 고학력 위주, 일류대학 위주, 지적 성적 위주로 채용하는 관행을 좀 바꾸려는 노력도 필요하다. 다양한 방법으로 골고루 인재를 확보하는 것이 실제로 고용기관에도 도움이 될 것이다.

셋째, 청소년들이 즐길 수 있는 문화공간과 도서관 서비스 등을 확충하는 노력도 다른 노력들과 함께 병행되어야 한다.

넷째, 현시점에서 과외기관들을 보고 그 업을 그만두라고 하기는 어려우나 안전시설, 복지시설을 갖추고 그 방법에 있어서 인간적인 측면을 고려해 달라고 요구할 수 있을 것이다. 기왕에 과외지도를 하려면 학생들의 장래를 생각하여 책임 있게 해 줘야 할 것이다.

다섯째, 우리 사회를 정화하고 정상적으로 돌아가게 하려는 각종 민간단체의 활동도 기대해본다.

여섯째, 가진 자, 소위 지도층이란 사람들이 모범을 보여야 한다. 개발의 연대에 돈 번 사람들, 갑자기 권력과 지위를 가진 자들이 무절제한 생활을 함으로써 우리 사회에 무질서를 가져온 경우도 많다. 과외도 일종의 과소비 현상으로 해석할 수도 있다. 대학생들이 졸업 후 취업했을 때보다 더 높은 수입을 과외에서 벌고 또 그 수입을 무분별하게 지출하는 것도 심각한 문제이므로 본분을 찾는 노력을 해야 한다.

가장 중요한 것은 사회의 교육적 기능을 회복해야 한다. 사회 전체가 교실이 되는 정상적인 학습사회가 되도록 기능을 발휘해야 한다. 종교기관의 청소년을 위한 프로그램 개발도 활발해졌으면 좋겠다.

국가 정책적 측면에서 할 일이 많고 또 중요하다.

먼저 학교교육 내실화, 정상화를 위한 국가적 노력이 가장 중요하다. 교육의 질 향상으로 국제경쟁력을 먼저 갖출 정책적 노력이 계속되어야 한다.

둘째, 학교의 자율화, 대학의 자율권을 보장해 줘야 한다. 각 학교가 자율적으로 학교 운영을 할 수 있도록 하고 대학교들이 자율적으로 학생선발을 할 수 있게 되면 입시방법이 다양해져 학부모들이 과외와 입시에 초점을 맞추려고 하지 않을 것이다. 입시정책에 일관성이 있어야 하고 일관성 있게 자율화, 다양화의 방향으로 나가야 한다. 학교에 교육권을 주고 대학에 자율권을 보장해 줘 다양성이 나타나야 한다. 중앙 중심이 아닌 학교 중심적 사고가 필요하다.

셋째, 국가는 근본적으로 대학 안 나와도 손해 볼 일 없게 하는 정책, 과외공부를 해도 효과가 없다는 증거를 보여 줄 수 있는 정책을 세워야 한다. 정상적인 보통 학교교육으로 정상적인 국민생활에 지장이 없다는 것을 증거로 보여 줄 수 없으면 과외문제는 해결될 수 없다.

넷째, 국가 지도자들의 확고한 교육적 신념이 과외문제의 해결에 중요하다. 고학력자, 일류대학 출신자만 살판나게 해 주면 과외로 인한 국가적 에너지의 낭비는 막을 길이 없다.

마지막으로 정책 입안자들은 과외문제를 금지법만으로는 해결될 수 없다는 믿음을 가져야 한다. 법은 정부가 감당하고 집행할 수 있는 능력 범위 내에서만 제정되어야 한다. 정해진 법은 철저하게 지켜져야 한다. 법을 정해 놓고 철저하게 집행하지 못하면 전 국민을 범법자로 만들게 된다. 영어 과외를 부채질 하는 분위기와 정책을 만들어 놓고 또 뒤이어 이를 금지하려는 법을 만든다면 이를 어떻게 감당할 것인가? 외국 영어학원까지 들어와서 성업하게 만들어 놓고 이들을 어떻게 할 것인가? 개인적으로 배우겠다는 것을 어떻게 전면금지를 할 것인가? 그런 발상 자체가 개발의 연대, 독제의 시대에나 가능했던 것이다.

결론: 본질과 원칙에의 충실

지금까지 과외의 (1) 문제점과 (2) 원인 (3) 해소방안을 (1) 학생 (2) 가정 (3) 학교 (4) 사회 (5) 국가적 측면에서 찾아보려고 했는데 이를 요약하면 <표 2 - 1>과 같다.

비정상이 정상이 되고 부가 주를 압도하고 있다. 이에 대한 반작용으로 정상으로 돌아가려는 기운이 돌고 있는 것은 다행이다. 이 때를 놓치고 주저앉고 말면 영영 회복하기 어렵게 될지도 모른다.

과외는 세기적 전환기인 변화의 사회에도 맞지 않는다. 그렇다면 교육개혁 측면에서도 해결해야 할 가장 중요한 과제 중의 하나이다.

과외가 모두의 합작품이라는 해소 방안도 협동적 노력에서 찾아야 한다. 가정과 사회도 과외의 원인 제공자이었다면 해결을 위해서도 적극 참여해야 한다. 무엇보다도 가정과 사회의 교육적 기능을 회복해야 한다.

학부모의 교육에 대한 시각, 자녀에 대한 인간관이 바뀌어야 한다. 사회는 무엇보다도 고학력·인류출신의 고용구조를 과감하게 바꾸려는 노력을 해야 할 것이다.

〈표 2-1〉

구분	학 생	가 정	학 교	사 회	국 가
문제점	1. 행복권박탈 2. 건강저해 3. 고등정신 기능마비 4. 비인간화	1. 과외비 부담 2. 가정의 역동성 파괴 3. 비정상적 가정 생활 4. 일시적 자식 빼앗김 5. 친척, 조상 잃음 6. 부모 건강 해침 7. 가정의 교육적 기능 상실	1. 정상적 학교 운영곤란 2. 특별활동 운영 저해 3. 문제풀이, 시험 시간 증가	1. 과외환경 열악 2. 과외의 닫힌 교육 3. 계층간 위화감 4. 사회문제 촉발 5. 사회의 교육적 기능상실 6. 지도층에 대한 실망	1. 국가의 관리능력 부재 2. 교육 누수현상
원인		1. 잘못된 교육관 2. 핵가족화와 맞벌이 3. 어머니에 대한 압력 4. 갈곳 없다. 5. 그래도 돈이 있다.	1. 학교교육의 부실 2. 학부모 욕구충족 미흡 3. 학교교육과정의 부적합성 4. 평가방법의 부적합성	1. 고용구조의 잘못 2. 과외산업의 확장 3. 상호불신감 4. 청소년 문화공간부재	1. 입시제도의 잘못 2. 고등교육기획 협소 3. 학교에 잡아두기 정책
해소방안		1. 학부모의 생각이 바뀌어야 2. 가정의 교육적 기능 회복	1. 학교교육의 내실화 지원 2. 본래 목적 실현 3. 압력을 이겨내야. 4. 정상화 5. 학습자 주도 학습 6. 진로교육 충실	1. 사회적 협조 2. 고용의 다양화와 조화 3. 문화공간과 도서관확충 4. 과외기관의 안전, 복지시설 5. 민간단체 활동 6. 사회의 교육적 회복	1. 학교교육 질향상지원 2. 학교와 대학의 자율권 보장 3. 과외 필요없게 4. 지도자의 신념 5. 금지법만으로는 안돼

국가는 과외 안 해도, 대학 안 가도 손해 보지 않게 하는 근본적인 정책을 개발하고 이를 철저히 관리해야 국가적 손실을 막을 수 있을 것이다.

과거에 여성 해방운동을 하였듯이 이제는 어린이와 청소년들을 과외로부터 해방시키는 학생 해방운동이라도 벌여야 할 판이다.

7차 교육과정이 시행되어 수준별 교육과정을 운영하게 되면 과외로 보충하여 높은 수준으로 올라가려는 심리로 럭비공이 튀지 않을까 미리 걱정도 해볼 필요가 있다.

비정상적 사회는 항상 불안하다. 하루 빨리 본질과 정상에 철저하여 안정된 심리상태를 찾아야 한다. 안정된 사회가 선진국이고 복지사회이다.

2000년대에는 '더 많이 주의'에 의한 과외로는 승부를 걸 수 없다. 질의 사회에서는 교육의 질로, 정보사회에서는 아이디어로 승부를 걸어야 한다. 지금 우리가 과외에 쏟고 있는 시간, 돈, 에너지만 질의 교육에 퍼붓는다고 해도 우리는 아직 승산이 있다.(『한국교총 45회 교육주간 주제 해설집 및 정책토론』, 1997. 5)

과외와 사교육비 지출을 막으려 하지 말고 근본적으로 필요 없게 만들어야 한다. 과외와 사교육의 효과가 없게 만들어야 한다.

11. 교육부의 교육청 평가, 정당화될 수 없다

교육부가 아무리 미사여구를 동원하여 교육청 평가의 목적과 이유, 성격과 특징, 효과와 성과·공헌을 내세워도 이는 정당화될 수 없다. 교육부가 교육청을 평가하려고 했다는 자체가 잘못되었고, 평가했다는 자체가 불법을 저지른 것이다. 잘못을 저지르고 있다는 자체를 모르는 것이 더 잘못이다.

교육부가 교육청을 평가한다는 것은 교육의 자주성, 전문성, 정치적 중립성, 자율성이라는 헌법정신과 지방교육의 특수성이라는 교육법과 지방교육자치에 관한 법률의 정신에 어긋나고 있다.

우선 교육의 자주성, 자율성 보장이란 헌법정신에서 교육부는 교육청을 평가할 수 없게 되어 있다. 근본적으로 우리나라에서(소수 국립학교를 제외한) 초·중·고등학교 보통교육의 관할과 책임은 교육청에 있고 대학은 대학의 자율에 맡겨져 있기 때문에 교육부가 교육청이나 대학을 평가할 자격도 권한도 없는 것이다. 보통교육은 교육청의 몫이고 대학교육은 각 대학의 몫이다. 자주성과 자율성, 지방교육의 특수성을 인정하고 표방하는 나라에서 중앙의 교육부가 지방 교육청과 대학을 평가하는 나라는 전 세계에서 그 유례를 찾아볼 수 없을 것이다.

교육부가 교육청을 평가할 수 있는 근거가 없고 불법을 저질렀다는 것을 인정했기 때문에 새로 제정되는 초·중등교육법, 고등교육법에 평가 조항을 살짝 끼워 넣은 것이다. 그러나 최소한 이 법이 제정되기 전 '96, '97년도에 실시한 교육부의 교육청 평가는 불법이다.

교육의 전문성이란 측면에서도 교육부는 교육청을 평가할 수 없다. 원래 교육 중에서도 교육평가는 고도의 전문성을 요구하는 부분이다. 교육부가 그런 전문성을 갖고 있는가?

원래 평가는 장학(奬學)의 일환이다. 한 나라의 교육의 목적과 목표, 방향과 방침을 정해 놓고 그 방향으로 그 나라의 교육이 굴러가는지 확인하고 개선을 위해서 권고안을 제시하는 것이 장학(奬學)이고 장학 안에 평가의 기능이 자연스럽게 스며들었던 것이다.

그런데 우리나라에서는 '장(奬)'자도 모르는 장관(長官)과 일반직들이 교육부에서 장학실(奬學室)을 없애 놓고 얼토당토않은 지방교육지원국이란 전문성과는 거리가 먼 부서에서 평가해서 800억, 1000억씩 차등 지원한다고 서슬 퍼런 칼날을 들이대고 있으니 이 나라의 교육이 제대로 될 수 있겠는가? 교육부의 교육청평가는 교육의 전문성이란 헌법정신에 어긋난다. 세계는 교육의 질을 가지고 경쟁을 하고 있어 평가를 하려면 교육의 질을 평가해야 하고 평가를 하더라도 교육의 질적평가방법(質的評價方法)을 써야 하는데 전문성이 없으니 계량적평가(計量的評價)를 하며 숫자놀음을 하고 있는 것이다. 평가광신병환자, 통계광신병환자라는 비난을 면키 어렵다.

교육부의 교육청평가는 자율과 지방교육특수성이란 정신에도 어긋난다. 교육과 교육행정에 있어서 계획 – 실천 – 평가는 일련의 자주적·자율적 과정이기 때문에 평가도 교육청의 몫이지 교육부가 할 일이 아니다. 교육부는 각 교육청의 자율평가, 자체평가를 권장하고 지도할 수는 있어도 직접 평가와 차등지원의 칼날을 들이댈 수는 없다.

교육부는 교육청을 평가하려고 하기 전에 먼저 교육부 자체평가나 제대로 하기 바란다. 각 교육청마다 계획과 실천, 평가계획이 각각 다른데 교육부가 무슨 근거로 전국 획일의 평가 잣대를 들이대고 열린교육 96.4%, 능력별 교육과정 91.4%, 학교운영위원회 107.6% 운운할 수 있는가? 열린교육 96.4%는 또 하나의 전국 획일교육, 폐쇄교육을 강요하고 있다는 것을 왜 모르는가?

교육청평가는 정치적 중립성이란 정신에도 어긋난다. 교육을 모르는 정치집단이 무리하게 당치도 않은 중앙집권식·하향식 교육개혁을 한다고 무리하게 압력을 가하려고 하다 보니 여기서 나온 것이 교육청평가이다. 그래서 교육 개혁안 발표에 이어 평가가 나와 판을 치게 되었다. 교육평가가 교육적으로 이루어지지 못하고 정치적으로 이루어지고 또 그 결과도 그렇게 나오고 있다. 교육개혁은 교육의 본질을 위한 것이어야 하는데 교육청평가에서 교육의 본질을 평가하지 못하고 교육개혁과 교육정책 분야를 평가한다고 하고 또 그것을 숫자로 나타낸다고 하니 그것이 잘못이다. 근본적으로 교육정책과 교육개혁안이 잘못되었는데 그 잣대로 교육청을 평가하면 무엇이 나오겠는가?

교육부의 교육청평가는 시대의 흐름, 역사의 흐름, 교육평가의 거대한 흐름에도 어긋나고 있다. 세계적인 거대 조류의 하나가 분권화(分權化)이어서 중앙에서 지방으로, 지방에서 학교(교장)로 교장에게서 교사로, 교사에서 학생으로 권한과 주도성이 옮겨가 지방교육자치, 학교단위 자율책임 경영, 교사권한 확대(teacher empowerment), 학생주도학습(열린교육)이 강조되고, 또 교육부 사람들 자신의 입으로 이것을 부르짖고 있으면서 중앙통제의 교육부에 의한 교육청 평가를 한다니 시대에 역행하는 것이다. 교육부의 교육청평가, 대학평가에 신들리고 이에 춤추는 사람들은 도대체 어느 시대 사람들인가? 산업사회에서 정보사회로 이행하면서 계량의 시대에서 질의 시대로 바뀌고, 평가에서도 계량적 평가에서 질적 평가로 바뀌고 있는데 교육부는 교육청평가의 숫자에 자신과 확신이 있는가? 이에 자신 있으면 교육정책, 교육개혁 분야를 평가하지 말고 40분, 50분 수업을 평가하여 차등지원해보라.

초등학교 평가에서 '수·우·미·양·가'까지도 없애는 교육평가의 흐름이 교육청 평가에서 숫자 놀음하는 것과 교육평가의 흐름이 일치하는가? 한 나라의 교육평가의 방향이 서로 모순을 낳고 있다. 지금 기업체, 공장에서까지도 점수를 매기면 질이 떨어진다고 하여 질을 추구하는 곳에서는 평가를 금지하고 오히려 자기평가에 맡기는 흐름이라는 것을 알아야 한다.

근본적으로 교육부가 교육청을 평가한다는 자체가 잘못되었기 때문에 지금 교육청 평가와 대학평가는 부작용만 낳고, 인력과 시간, 재정을 모두 낭비하고 있다. 평가한다는 자체가 잘못이므로 그 부작용과 낭비에 대하여는 여기서 일일이 열거할 필요도 없다.

교육부가 교육청에 대하여 지도와 감독을 하려면 지금이라도 지도는 교육의 본질을 다루는 장학실을 설치하여 장학을 통해서 하고, 일반직에서는 회계 등 감사 기능을 엄격히 하겠다는 방향으로 돌아서야 한다. 그렇다고 해도 대학은 어디까지나 고도의 자율에 맡겨야 한다. 절대왕권과 절대종교도 건드리지 않던 것이 대학이라는 것을 알아야 한다.

지금이라도 교육부는 보통교육에 관한 것은 교육청에, 고등교육에 관한 것은 대학의 자율에 맡겨야 한다. 새로 제정된 초·중등 교육법과 고등교육법에 교육부가 교육청을 평가하게 되어 있는 법 조문은 빨리 폐지되어야 한다. 교육청과 대학은 교육부의 부속기관이나 하급기관이 아니다. 교육부가 교육재정을 모두 움켜쥐고 지방에 지원해 준다고 하는 발상 자체를 바꿔야 한다.

지방세로 지방교육을 자립적으로 운영할 수 있도록 조세제도 자체를 바꿔야 한다. 중앙은 지방의 균형 발전을 위해 약간 보조해 주는 정도가 되어야 한다.

문민정부를 표방한 정권의 경제 관료들이 나라의 경제를 빈 깡통으로 만들어 IMF부속경제를 만들었듯이 교육 관료들이 우리 교육을 황폐화시키지 않는다는 보장이 없다. 이미 너무 많이 망쳐 놨다. 사정정권·평가정권의 말로는 빈 깡통이다. 교육과 교육행정에서 무엇이 잘못되고, 무슨 엄청난 잘못이 저질러지고 있는지 그 자체를 모르고 있으니 한심하다.

교육부의 평가기능은 장학 안에 들어 있어야 본질로 돌아가는 것이다.(교육진흥 권두언으로 썼었으나 미게재)

평가 망국론을 우려한다. 북한을 보라. 북한은 항상 목표에 초과 달성한다고 평가하던 나라다.

교육 부도에 대한 경고 등

있어도 없는 체하고 숨겨야 하는데 괜히 선진국이 다 된 것처럼 까불고 다니다가 톡톡히 당한 것이 IMF 구제금융이다. 지금과 같은 마음과 태도로 우리가 정말 선진국이 될 수 있으며 또 기존 선진국들이 우리를 선진국 대열에 호락호락 끼워주겠는가?

화산이나 지진이 터질 때는 반드시 미진의 예진이 있는 것과 마찬가지로 농산물 개방, WTO 가입 때 금융개방은 이미 예고되었던 것이며 외환 고갈은 최소한 1년 전부터 빨간불이 켜졌다는데 정부와 경제 관료들은 이를 무시하고 무슨 배짱인지 몽매한 자기 국민들을 속이기에만 바빴다. 그리고는 빈 깡통이 될 때까지 경고성 충고를 실은 외국언론에 대하여 오히려 모략이라고 비난하는 일에만 매달렸다. 그래서 정부는 국제적으로는 말할 것도 없고 자기 국민들에게서도 신뢰를 잃었다. 몇 년 전에 매달리다시피 사정하면서까지 구소련에 돈을 빌려 주었고, 북한을 도와주고 경수로 비용을 온통 뒤집어쓰겠다고 해서 국민들은 정부가 차근차근 통일비용이라도 외환으로 저축해 나가고 있는 줄로 믿고 있었다.

그러다가 이 지경이 되고 보니 국민들은 무엇보다도 정부에 대한 배신감으로 분통을 터뜨리고 있다. 학생을 가르치는 우리 교육자는 여기서 교훈을 얻어야 한다.

국제전쟁의 제1라운드는 군사·정치 전쟁이었다. 그리고 이제 국제 이목이 있어서 군사적·정치적 힘으로는 더 이상 다른 나라를 지배하기가 어렵다는 것을 깨닫고 강대국들이 제2라운드로 붙은 것이 경제 전쟁이다. 정치적 국경은 인정해 줄 테니 대신 경제적 국경은 WTO로 모두 허물라는 것이다. 이것은 순전히 강자에게 유리한 강자의 논리이다. 우리는 경제전쟁의 문턱에서 싸워보지도 못하고 기절하고 말았다. WTO 구조에서 녹다운당한 것이다. WTO 체제에 맞게 구조개혁을 못했기 때문이다. 국내게임도 제대로 안 해보고 준비운동도 안 된 상태에서 국제게임에 내몰려져 무릎을 꿇고 만 것이다.

그런데 이제 더 무서운 것이 남아있다. 제3라운드인 교육·문화·예술의 전쟁이 우리를 기다리고 있는 것이다. 21세기, 새로운 천년대는 교육·문화의 시대로 예고되고 있다. 교육·문화는 우리의 정신세계이다.

교육·문화까지 강대국의 지배를 받게 되면 그때는 정말 끝장이다.

우리는 농산물 개방으로 우리의 광에 있는 쌀독을 열어 주었고 금융개방으로 우리의 지갑과 금고를 보여 주었다. 이제 교육을 개방해야 할 차례가 되었다. 잘못하면 교육·문화에 해당하는 우리의 머릿속까지 보여 주고 그 안을 남의 것으로 채워야 할지도 모른다.

지금 우리의 교육은 국제경쟁력을 잃고 있다. 우리 교육에 빨간불이 들어온 것은 이미 오래되었다. 우선 초·중·고 보통교육에서부터 남의 나라에 자녀를 유학 보내고 있는 실정이다. 자기 나라의 의무교육과 보통교육까지 안 받겠다는 것은 대한민국 국민으로 행세하기를 포기했다는 빨간불 신호이다. 초등학교 3학년부터 전 국민에게 영어를 가르친다고 하고 우리말을 배우기 시작하는 유아 때부터 성조기가 꽂힌 외국 영어학원에서 영어를 배우고 있다. 이런 현상을 사교육비 문제로만 설명할 수 있겠는가?

경제, 금융에만 구조개혁이 요구되는 것이 아니다. 학교와 교육에서도 구조개혁이 강력히 요구된 지 이미 오래되었다. 이 빨간불을 무시하면 무서운 학교 도산, 교육 부도를 맞게 된다. 교육구조개혁(재구조화)만으로 성공할 수도 없다.

새로운 구조를 받아들이고 성장시킬 만한 문화가 형성되어야 하는 것이다. 이것이 구조개혁 다음으로 힘써야 할 문화개혁이다. '더 많이 주의'의 양의 구조에서부터 정보화시대에 맞는 질의 구조로 바꾸는 동시에 이 구조를 생존·발전시킬 수 있는 문화개혁이 따라 붙어줘야 한다.

경제부도에 이어 교육에도 부도 경고등이 들어왔다. 다음에서는 IMF 쇼크의 교육적 극복을 두 가지 측면에서 살펴보고자 한다. 하나는 학생교육의 측면이고, 다른 하나는 교육과 교육행정구조 개혁의 측면이다.

학생교육을 통한 IMF 쇼크의 교육적 극복

국민교육과 학생교육을 맡은 우리로서는 우선 교육을 통해서 IMF 구제금융시대를 극복하려고 해야 한다. 이것은 그동안 당연히 했어야 할 것을 좀 더 철저히 하자는 것이지, 하지 않던 것을 새롭게 하자는 뜻은 아니다.

무엇보다 먼저 절약·검소·저축교육을 철저히 해야 한다. 그동안 낭비가 너무 많았다는 것은 모두 인정하는 바이다. 옛날 새마을운동을 할 때보다 더 철저한 절약·검소·저축정신이 요구된다. 유의해야 할 점은 강제가 아닌 자발성에 따라 내면적 변화를 일으켜야 한다는 것이다. 또 교사가 모범을 보여야 하므로 교사교육부터 착수해야 한다.

특히 외제물건, 로열티를 지불하는 물건, 외화와 직결된 물건의 사용을 자제하는 능력을 길러줘야 한다. 이 점에 대하여는 교육적 책임이 크다고 본다. 청소년들의 무분별한 외제선호 성향에 대하여 그동안 교육은 포기상태였다고 할 수 있다. 외제물건의 소지 자체를 부끄럽게 여기는 풍조가 학생들에게서 시작하여 전 국민으로 퍼져 나가게 해야 한다.

둘째, 교육에서도 거품을 빼야 한다.

가르치는 시간도 배우는 내용도 너무 많다. 쓸데없는 지식을 너무 많이 가르치고 또 너무 많이 배우고 있다. 생활에 필요한 기초교육 내용 중심으로 교육과정 내용을 대폭 줄이고 그 대신 철저히 몸에 밸 수 있도록 가르쳐야 한다. 과외활동, 특별활동까지도 정규수업시간에서 소화할 수 있도록 조정해야 한다. 교육과정의 거품을 제거해야 한다. 과외가 필요 없게 되고, 더 이상 사교육비가 필요 없게 되어야 한다. 과외비의 거품을 제거해야 한다. 학생들에게 꼭 필요한 것만 배우고 남은 시간에는 좀 놀고 운동할 수 있는 시간을 갖게 해 주어야 한다.

우리나라의 보통교육, 대학의 학부교육도 외국 유학을 가게 만드는 교육의 거품을 제거해 줘야 한다. 특별한 전공 이외에는 대학까지는 좋든 싫든 우리나라 교육을 받아야지 남의 교육을 받게 해서는 안 된다. 우리의 교육을 우리가 책임져야지 남의 나라에 맡길 수는 없다. 교사자격증도 없는 원어민에게 귀여운 우리 자녀의 교육을 맡길 수는 없다. 원어민을 수입해서 외화를 낭비하는 정책은 수정되어야 한다. 영어를 전 국민에게 가르칠 필요는 없다. 영어를 많이 쓸 사람, 영어가 필요한 사람만 철저히 가르치면 된다.

셋째, 철저한 경제교육을 강조하지 않을 수 없다. 이는 첫 번째의 절약·검소·저축교육보다 한 차원 더 높은 수준의 경제교육을 의미한다. 생활 속에서도 경제성을 철저히 따져야 한다. 어려서 부터 대충대충 사는 습관을 길러줘서는 안 된다. 경제교육 과정을 철저히 다루어야 한다.

넷째, 국제이해교육을 강조하고자 한다. 영어다, 세계화다 하여 말로만 떠들지 말고 차근차근 국제이해, 국제문화에 관한 교육을 해야 한다. 영어를 잘하느냐 못하느냐보다는 다른 나라의 문화를 이해하고 국제도의와 예의를 지키는 일이 더 중요하다. 우리는 지금 국제 신의를 잃어버려서 꼼짝달싹 못하게 되었다. 적당히 물건을 만들어 팔아먹고, 관광 가서는 자기 돈을 펑펑 써 주고도 욕을 얻어먹고 다녔다. 대신 우리나라에는 관광객의 발길이 끊어지고 있다. 국제사회에서 신의를 잃어버린 탓이다. 어렵게 사는 연변 우리 민족에게까지 사기치고 다녔으니 한국이 고립되지 않겠는가? 우리나라에 와서 일하고 있는 외국인 근로자들에게 인간대접을 안 해줬으니 한국이 국제적 인심을 안 잃겠는가?

마지막으로 윤리·도덕교육을 강조하지 않을 수 없다. 먼저 믿음을 주고받을 수 있어야 한다.

믿음이 깨어지면 정치, 경제, 교육의 모든 것이 다 끝장이다. 정부가, 관리가, 기업체가, 신용을 생명으로 하는 금융기관이 '양치기 소년'이 되는 바람에 국제적으로, 또 국내적으로도 믿음을 잃어 막다른 골목에까지 이르게 된 것이다. 관리들이 자기 나라·국민은 속였지만 냉엄한 국제사회는 속이지는 못했다. 정직, 투명성 신인도가 얼마나 중요한지를 철저히 배워야 한다.

정치, 경제, 교육 이전에 도의와 윤리를 철저히 가르쳐야 한다. 경제가 부도나기 전에 도덕이 부도나고 윤리가 부도났다. 국가가 쓰러지고 있는데 그 속에서 매점매석하고 환치기나 하고 있으니 이들을 우리 사회를 같이 이루고 사는 사람들이라고 할 수 있겠는가?

학생교육을 통한 IMF 쇼크의 교훈에 대하여는 이 정도로 줄이고 교육의 구조 개혁적 측면에 대하여 좀 더 다루어 보고자 한다.

교육 구조개혁을 통한 IMF 쇼크 극복

먼저 지금은 학교수준, 학년, 학급의 집단·대량교육 구조로 되어 있는데, 학생 한 사람 한 사람에게 초점을 맞추는 개인 중심

교육구조로 개혁해야 한다. 개성 존중으로 학생 각자가 자신의 능력을 최대한 발휘할 수 있어야 우리 교육도 국제경쟁력을 갖추게 된다.

교육구조를 양 중심에서 질 중심으로 개혁해야 한국교육은 살아남을 수 있다. 암기 중심, 입시 중심 교육구조에서부터 창의성, 정보 교육구조로 빨리 개혁을 하지 못하면 한국교육은 도산하고 말 것이다. 산업사회에서는 대충 교육받은 많은 인구를 가지고 버틸 수 있었지만 정보사회에서는 고도의 질을 보장하는 정성교육이 되지 않으면 안 된다.

초·중·고 학교 간, 학년 간, 학급 간, 학생들 간에 있는 많은 칸막이와 계단, 장애물을 없애고 학생들이 자유로이 이동하며 각자의 능력을 최고도로 발휘할 수 있는 구조로 빨리 개혁을 해야 우리 교육이 살 수 있다.

둘째, 교육행정구조를 지방분권, 자율학교 학교책임 구조로 개혁해야 한다. 중앙교육부, 중간 지방교육청이 교육을 통제하던 시대는 이미 지나갔다. 중앙통제식 한국교육은 실패할 수밖에 없다. 경제 관료가 경제를 망치듯이 교육행정관료가 한국교육을 부도낼 수도 있다.

지금 교육개혁이라는 미명하에 전국에서 획일적으로 한국교육을 망치고 있다. 전국을 획일적으로 평가하여 차등 지원한다고 하여 한국교육을 황폐화시키고 있다. 열린교육을 한다고 열린교육 아닌 획일교육을 교육개혁이라는 이름하에 저지르고 있는 것이다.

교육 관료들이 중앙에서 교육을 통제하겠다는 발상 자체가 우리 교육을 부도내는 것이다. 학교 단위의 교육행정 구조로 바뀌고 교육행정의 중심이 교사, 학생으로 바뀌지 않으면 한국교육은 살아남을 수 없다. 교육은 교육논리로 풀어야지 경제논리, 경영논리, 경쟁논리로 풀어갈 수 없다.

셋째, 교육개방에 대한 생존전략을 세워야 한다. 교육을 닫아 놓아도 유학으로 보통교육까지 누수가 되고 빼앗기는 판이니 교육을 개방한다면 한국교육은 어떻게 되겠는가?

학원, 대학, 특수학교(예를 들면 예·체능학고 장애인학교 등)를 외국인들이 세울 수 있게 되면 아마 한국학교는 살아남기 힘들 것이다. 교육식민지, 문화식민지가 되지 않는다는 보장이 없다.

오히려 교육의 나라 한국교육이 국제적으로 뻗어나갈 계획을 해야 한다. 과거에 새마을 교육을 외국에 팔았듯이 한국교육을 외국에 팔수 있도록 체질을 강화해야 한다. 적극적으로 유학생을 끌어들이고 외국에 한국학교를 설치하여 뻗어나가고 살아남아야 한다.

학생교육을 철저히 하여 IMF 구제금융시대를 극복하는 동시에 교육과 교육행정의 구조개혁으로 앞으로 다가올 교육전쟁에서 한국교육이 최후의 승자가 되어야 한다. 그러나 교육에서도 신뢰체제가 깨어지고 있다. 한국교육 행정이 조령모개의 대명사가 된 지는 이미 오래되었다. 이제 무엇보다도 먼저 교육의 신뢰체제를 복원, 구축해야 한다.(『새교육』, 1998. 2)

10여년 전에 IMF 위기를 겪었기 때문에 2008 금융위기를 그런대로 버티고 있다. 근본적인 해결을 못하면 위험은 주기적으로 온다.

전환기의 전환적 교육 요구

우리는 지난 세기말에 변화의 파도를 타지 못해서 일본의 지배를 받고 100여 년 동안 고통을 받아 왔으며 지금까지도 그 영향으로 남과 북 두 동강으로 갈라져 민족적 시련을 겪고 있다.

그리고 우리가 서양한테 뒤떨어졌다는 것은 단지 합리성(이성)·과학뿐이었을 것이다. 그래서 합리성과 과학 분석을 중시했던 지나간 1세기 동안 고전을 했는지 모른다. 그런데 앞으로의 사회는 지식과 정보와 함께 정신을 중시하게 된다. 여기서 안타까운 것은 서양을 따라간다고 서양과 과학의 거리를 좁힌다고 하다가 우리의 튼튼하던 정신을 잃어버린 것은 아닌가 싶다. 우리의 튼튼하던 역사와 전통, 윤리와 도덕을 그대로 간직한 채 뒤떨어졌던 과학만 따라잡으려고 했더라면 새로운 세기, 새로운 천년대는 정말 틀림없이 우리의 세기, 우리의 천년대가 될 뻔 했었다.

그런데 우리에겐 아직 희망이 있다. 지금 성질 급한 사람들은 21세기, 새로운 천년대가 시작하는 1월 1일 0시를 이 세상에서 가장 먼저 맞이하기 위하여 배를 전세 내어 태양 날짜변경선에서 축

배의 파티를 준비하고 있다고 한다.

우리는 이렇게 요란을 피우지 않아도 21세기, 새로운 천년대의 1월 1일 새아침은 다른 나라보다 먼저 맞이하게 된다. 이것은 우리에게 많은 의미를 준다. 21세기 새로운 천년대에는 태양이 한국을 위해서 비춰줄지도 모른다는 희망을 갖게 한다.

21세기는 지식·정보의 사회라고 한다. 지식과 정보는 교육을 통해서 창출되고 활용되기 때문에 교육과 인적자원이 강조되고 중시된다.

대한민국은 전 세계가 인정하듯이 교육의 나라이다. 우리가 정말 교육을 중시하는 나라라면 21세기, 새로운 천년대는 저절로 우리의 것이 될 수 있을 것이다.

진정으로 우리가 지식중심교육, 지식편중의 교육이라도 제대로 했더라면 앞으로의 지식정보사회는 우리가 주도하게 될 것이었다. 그런데 불행하게도 교육을 중시하는 나라가 아니라 입시를 중시하는 나라이기에 미래를 걱정하게 된다. 과거에 우리가 진정한 의미의 지식중심·지식편중의 교육을 하지 못하고 가장 낮은 수준의 지식, 암기식 교육을 했었기 때문에 문제이다.

그래도 우리에겐 희망이 있다. 20세기말을 잘 정리해보내면서 새로운 시대에 맞는 교육을 하여 새로운 세기의 파도를 타면 된다.

지금 우리는 열심히 하고 있다. 학생들도 새벽부터 밤늦게까지 한시 편할 날 없이 공부하고 있으며, 우리 선생님들도 열심히 가르치고 있다. 우리나라 학부모들의 자녀교육열은 과열이라고 할 정도이고 세계 챔피언감이다. 지금보다 더 열심히 할 수도 없고 또 더 열심히 할 필요도 없다. 지금 열심히 하고 있는 것을 21세기 정보사회, 새로운 천년대에 맞게만 해도 우리는 충분히 승산이 있다고 본다.

미국이나 영국도 새로운 천년대를 자기들이 계속 주도하기 위한 전략으로 "교육! 교육! 교육!"을 채택하고 있다. 우리는 지금 열심히 하고 있는 것의 "방향"을 먼저 바로 잡아야겠다. 쓸데없는 일에 무턱대고 열심히 하고 시간과 돈, 에너지, 자원을 쏟아 부어 봐야 아무런 의미가 없다. 열심히 하는 방향과 목적을 먼저 바로 잡아야 하겠다.

산업사회의 조각난 교육

우리 인류는 사냥을 하면서 부족집단생활을 하다가 농경사회, 산업사회를 거쳐 후기 산업사회·정보사회로 가고 있다.

그런데 체계적인 근대학교를 세워 공교육을 하기 시작한 것은 산업사회라고 할 수 있다. 근대학교가 발전하여 현대학교가 되었지만 그 밑바탕은 근본적으로 같다고 볼 수 있다.

근대학교를 처음 설계한 사람들은 어떤 사상과 생각에 바탕을 두고 학교를 만들었을 것인가? 산업사회에 알맞게 학교를 만들었을 것이다.

그래서 현대학교는 산업사회의 공장 모델을 따르고 있다고 할 수 있다. 우선 산업사회의 특징인 대량생산 체제를 따르고 있다. 공장에서 물건을 대량생산으로 찍어서 효과성, 효율성, 생산성을 올리듯이 교육도 공립학교를 만들어 대량교육을 해야만 했다. 처음에는 초등학생만 의무교육으로 대량생산해도 되었었는데 이제는 중·고등학생, 대학생까지 대량교육을 하게 되었다. 대량교육을 하자니 집단교육을 해야 했다. 초등·중등·고등교육의 집단으로 나누고 학년집단, 학급집단, 학과집단으로 나누어 집단을 가르쳐야 한다. 교사는 학생을 가르치는 것이 아니라 학년과 반(학급)을 가르쳐야 한다. 그래서 선생님의 호칭은 "아무개" 선생님이 아니라 ○학년 선생님, ○반 선생님이 된다. 또 ○○교과 선생님이다.

대량교육에 관한한 한국교육은 대단한 성공을 거두었다. 어려운 여건에서 전 국민이 중학교 교육까지 마치게 되고 이제 대부분의 사람은 고등학교까지 졸업하게 되었다. 인구에 비례하여 대학생 숫자도 세계에서 제일 많게 되었다. 대량교육을 받은 인구가 많았기에 우리는 대량생산의 산업사회를 따라가는 데 성공했었을 것이다. 대량교육으로 질적인 전인교육(全人敎育), 인성교육(人性敎育), 창의성교육(創意性敎育), 민주시민교육(民主市民敎育)에서까지 성공할 수 있을 것이라 기대하는 것 자체가 잘못이다. 대량교육으로는 정보사회에서 성공할 수 없을 것이라 짐작할 수 있을 것이다. 공장 모델에 의하여 대량교육을 하자니 조립생산을 하는 것이 편리했을 것이다. 그리고 산업사회의 특징은 토막 내기, 분석하기, 계량하기, 자르기, 나누기, 칸막이 하기였다. 산업사회에서는 부속품, 조각을 조립하여 완성품을 만드는 것이 여러 가지로 편리했다. 그것이 분업(分業)이 되고 전문화(專門化), 특수화(特殊化)이고 이렇게 하는 것이 최선이라고 생각했었다.

학교도 분업교육(分業敎育), 조립식 교육을 해야 했다. 초·중·고·대로 나누고 1학년, 2학년 ……학년으로 지식을 잘라내어 교육을 해야 하고 이것을 다시 국어, 수학, ……과목으로 지식을 조각내어 지식의 부품단편을 가르쳐야 했다. 교사는 학생을 가르치는 것이 배우는 학생의 필요에 의해서가 아니라 가르치는 선생님(어른)들의 필요에 의해서였다고 생각해볼 수 있다.

지식의 부품을 던져 준 교사는 그것이 잘 조립되었는지 확인도 제대로 하지 못한 채 무책임하게 던져주고는 학생들 보고 자기 재주껏 잘 조립하여 완성품인 전인(全人)이 되라고 한 셈이니 어린 학생들이 무슨 재주로 조각난 지식들을 모아서 전인이 될 수 있단 말인가?

초·중·고 교사 간에, 교장 간에 협조체제도 잘 되어 있지 않고, 국어과 수학과 ……… 교과목 교사 간에 인간교육을 위한 협조체제도 없다.

조립공장 모델로 된 산업사회 학교체제로는 근본적으로 전인교육, 인성교육, 민주시민교육을 하기 힘들게 되어있다. 물론 정보사회에 알맞은 인간 교육을 할 수도 없게 된다.

산업사회 공장 모델로 조립식 교육을 하려고 하다 보니 교육체제, 교육행정체제가 관료제(官僚制)를 채택하지 않을 수 없었다.

공장에서 똑같은 물건을 싼 값으로 빨리 대량으로 만들어 내자니 일을 일상화시키고 표준화시키고 중앙집권화로 획일화시켜야 했다.

교육도 관료제에 의하여 이렇게 하고 있다. 고도로 조직화시키고, 엄격히 통제하고, 일제식이고, 집단 중심적이고, 로테이션식이고, 하향식이고, 시간 중심적이고, 고정적일 수밖에 없다.

지금 우리나라에서 학생들이 이렇게 열심히 공부하고 선생님들이 열심히 가르치고 학부모들이 과열이라고 할 정도로 열성을 다하여 교육을 뒷바라지 하는데 도대체 왜 우리 교육이 잘못된다고 하는 것인가? 그 책임의 많은 부분이 교육지도자와 교육행정가의 방향감의 잘못과 교육 관료에 있지 않을까 생각이 된다. 차라리 행정과 관리를 한다고 하지 말고 내버려 두는 것이 학생교육에 더 도움이 될지도 모른다.

결정론, 실증주의, 산업사회 산물에 의하여 경험적으로 검증된 믿을 수 있는 것만 확실한 지식이라고 하는 생각도 문제이다. 관찰, 실험, 측정, 정답 찾기만으로는 전인(全人)을 길러내기 어렵게 되어 있다.

산업사회에 맞게 설계된 산업사회 학교에서는 조각난 지식과 조각난 교육으로 조각난 인간밖에 길러낼 수 없게 되어 있었다. 또 이렇게 길러진 교육으로 미래 사회에 대처할 수도 없을 뿐 아니라 다 같이 어울려 좋은 사회를 만들어 살 수도 없게 된다.

지금 열심히 하고 있는 이 에너지를 필요한 곳, 유용한 곳에 사용하기만 해도 되는 것이다.

정보사회의 전인교육

부족집단생활에서는 생존기술이 가장 중요했고 말로써 의사소통을 하면서 살았다. 농경사회에서는 직조기술을 중시하고 문자로써 의사소통을 하게 되었다. 산업사회에서는 기계로 인간의 육체적 힘을 대체하고 또 확장, 연장하여 편하게 살아가고 인쇄매체를 통하여 의사소통을 했었다. 후기산업사회·정보사회에서는 산업사회의 기계의 힘 대신 지적 기술이 인간의 힘을 대신하고 인공지능으로

의사소통을 하면서 편리하게 살아가게 한다. 산업사회의 지배적 패러다임은 뉴톤적, 고전적과학, 결정론, 환원주의의 단순인과성, 조직된 단순성이었다. 쪼개고, 분석하고, 측정하고, 계량하여 통계내야만 확실하다고 믿게 되었다. 양과 물질, 단순과 획일, 집단중심이 지배적인 사고였다. 그러나 우리는 여기서 양을 얻었으나 질을 잃고 물질을 얻었으나 정신적 여유를 잃고 집단을 얻었으나 개인을 잃었다. 이제는 양쪽에 조화를 이루고 양쪽을 다 찾아야겠다. 쪼개기, 갈라놓기에서 연결과 통합의 길로 가야겠다. 조각난 교육, 조각난 인간으로부터 조화로운 통합된 인간을 길러내야겠다. 두 동강 난 조국을 통일하고 지구촌으로 우리의 무대를 확대해 나가야겠다.

이런 교육을 위한 몇 가지 제안을 한다.

첫째, 교육의 초점을 학생 개인 한 사람 한 사람에게 맞춰야겠다. 빨리 가는 사람과 늦게 가는 사람, 골고루 잘하는 사람과 한 가지만 잘하는 사람을 모두 인정해 주고 또 각자 가지고 있는 잠재능력과 소질을 최대한 발휘할 수 있는 기회와 조건을 마련해 줘야겠다. 그러려면 다양성, 융통성 속에서 개성과 독특성이 인정되고 보장되도록 하여야 한다. 학교 수준(초·중·고)과 학년, 학급의 단단한 벽을 허물고 유연한 금을 그어 놓아야 할 것이다.

우선 학급당 학생 수를 줄이고 학습자 주도의 개별화 지도의 방향을 계속 유지해야겠다.

각 학교와 각 교육청도 다양성과 독특성을 살릴 수 있어야 한다.

둘째, 개인의 독특성을 인정한다고 해서 개인주의를 신장하려는 것이 아니라 오히려 그 반대로 협동정신, 팀 정신을 기르고 협동작업을 강조하게 된다. 단순 인과관계가 아니라 상호관계, 사회적 관계가 중시된다. 협동(팀)으로 배우고(협동학습), 협동(팀)으로 가르치고 팀 그것도 수평적 팀을 넘어 수직적 팀으로 행정을 해야 한다. 국경을 넘어 국가 간 협력, 지구촌 의식으로 살아가야 한다. 그래서 필요 없는 경쟁을 제거해야 한다. 계량적 평가가 지양되는 이유도 여기에 있다. 시장경제의 원리가 교육에 도입되는 것까지 반대할 수는 없으나 최근에 일고 있는 인위적 평가와 차등지원이라는 공포 분위기는 이 시대에 맞는 정책이라고 할 수 없다. 더구나 획일의 잣대로 재려는 발상은 시대착오적이라고 할 수 있다.

셋째, 교육과정과 교육 프로그램의 측면에서 교과목 수를 줄이고 공부시키는 양을 대폭 줄여야 한다. 교과목을 이렇게 많이 쪼개 가지고는 통합적인 인간을 길러 낼 수 없다. 그리고 이렇게 많은 교과목으로 쪼개는 것은 단순히 어른들의 편리성과 영토 싸움에 그 원인이 있다고 봐야 한다. 보통교육에서는 읽기, 쓰기, 말하기, 계산하기, 문제 해결하기 등 기초 기능, 생활 기능에 집중해야 한다. 지금 학생들에게 공부시키고 있는 분량도 너무 많다. 그렇게 많은 시간을 공부시킨다고 모두 훌륭한 사람이 되고 올바른 사람이 되는 것은 아니다. 우리 교육에서 지금 필요한 것은 많은 지식을 가르치는 것이 아니라 삶에 꼭 필요한 것을 철저히 가르치는 것이다. 지금은 양이 아니라 질이며, 분할이 아니라 통합이며, 아는 것으로 그치는 것이 아니라 실천으로 행동하는 사람을 필요로 하는 것이다.

넷째, 다양성 속에서 선택의 자유를 보장할 수 있어야 한다. 앞에서 말한 대로 과목수를 줄여 철저히 교육하고 대신 소질과 적성, 개성을 살릴 수 있도록 선택적 메뉴를 다양하게 많이 마련해 놓아야 한다. 그래야 학생들에게 학교는 재미있는 곳이 된다. 물론 다양한 프로그램을 마련하려면 돈과 사람이 많이 들어가야 한다. 지금 강조되고 있는 열린 수업이란 것도 다양한 프로그램 중의 한 대안에 불과해야지 전 국민을 모두 열린 수업으로 처방한다는 것은 또 하나의 획일로 만들려는 것이고 그렇게 되면 그것은 열린교육이 아니라 닫힌 교육이 되고 만다.

다섯째, 전인교육을 하기 위해서는 둘째에서 말한 협동을 위해서도 경쟁과 평가는 지양되거나 유보되어야 한다. 더구나 계량적으로 평가하여 그것을 가지고 차별을 한다는 것은 큰 죄를 짓는 것이 된다. 지금 이윤추구를 조직의 존재 이유로 삼는 기업경영에서까지 질을 보장하기 위해 계량적 평가를 지양하고 있다는 것을 알아야 한다.

여섯째, 인성교육, 윤리·도덕교육은 교과를 통해서가 아니라 전 학생 생활을 통해서 실현하려고 해야 한다. 지금까지 윤리·도덕을 교과목 시간에, 교과목 교사에게 전적으로 맡긴다는 의식이 잠재되어 있어서 우리나라에서 잘 이루어지지 않았었는지 모른다.

윤리·도덕과 함께 문화와 예술이 앞으로 중시될 것이다. 24시간을 살되 아름답게, 질 높게 사는 방법을 배워야 한다. 무엇보다 생명을 존중하고, 인권과 인격을 존중하는 교육이 되어야 한다. 안전하고 안정되게 편안한 학교생활을 할 수 있어야 한다. 여유가 있는 편안함 속에서 남을 배려하면서 살 수 있게 되어야 한다.

이 외에도 전인교육을 위해서 더 많은 체계적인 주문이 있을 수 있으나 우선

(1) 학생 개인에의 초점,

(2) 교과목 수와 시간 수 줄이기,

(3) 다양성 속에서의 선택의 자유 보장,

(4) 경쟁과 평가의 지양,

(5) 전인교육 프로그램을 통한 윤리·도덕교육의 다섯 가지를 제
안하였다.

과감한 전환적 사고

우리는 열심히 살고 있는 민족이다. 특히 교육에 열심이었던 것
은 미래사회를 위해서 다행스런 일이다. 우리가 입시에 매달리고
낭비하는 만큼만 올바른 교육을 위해 사용해도 가능성은 충분히
있다. 더 열심히 하려고 생각하기보다, 보람된 일인가를 생각하는
일이 더 중요하다. 산업사회 구조로 되어 있는 학교와 교육, 교육
행정을 정보사회구조로 바꾸는 체제개혁, 구조개혁을 해야 한다.
그러나 단순한 구조개혁만으로는 충분치 못하다. 우리의 생각과 우
리의 문화가 같이 바뀌거나 구조보다 먼저 바뀌어야 한다.

그러기 위해서는 어른들의 자기중심, 이기심을 뛰어 넘어야 한
다. 좀 어렵고 손해나고 불편하더라도 우리 민족의 새로운 세기,
새로운 천년대를 위해서 손해와 어려움을 기꺼이 받아들일 마음의
준비를 해야 한다.(대전 민주시민교육연구회 세미나, 1997. 11. 26)

지식정보·문화창조 시대에 맞는 근본적인 교육체제의 개혁이
요구된다.

가정과 사회에서의 교육

- 고달픈 어린이
- 한국의 힘, 여성의 힘
- 사회 변화와 교육
- 도덕성 위기
- 도덕성 함양 교육
- 가정, 인성교육의 장

현대사회의 어린이, 고달픈 어린이

학교와 학교 교육은 19세기를 기반으로 하여 설계되고, 이 설계에 의하여 실천되고 있다. 그러나 어린이와 가정, 사회가 급변하는 속에서 21세기의 주인공을 길러내는 학교 교육은 어려움도 많고 또 이 어려움을 극복해야 할 뿐만 아니라 스스로 변하지 않으면 안 된다. 학교의 기능과 역할이 변하지 않으면 안 된다. 어린이의 변화, 가정의 변화, 사회의 변화, 학교 교육의 변화에 대하여 생각해보기로 한다.

우리의 고객인 어린이를 모르고는 교육을 제대로 할 수 없다. 그런데 어른들은 모두 자신의 입장에서 어린이를 가르치려고 하는데 문제가 있다. 어린이를 이해하려고 한 사람들도 어른들의 입장에서 지나치게 낭만적이었거나 지나치게 수단시 하였던 점도 있다. 현대의 어린이들은 한 마디로 말하여 바쁘고 고달프다.

감각적 자극에의 노출

　현대의 어린이들은 옛날의 어린이에 비하여 눈이 시달리고 있다. 천연색과 밝은 빛에 어려서부터 노출되고 있다. TV, 비디오 전자 오락기의 색과 빛에 자극을 받는다. 그것도 빠른 속도로 움직이는 빛과 색이다. 학교에서 웬만한 색과 빛으로는 어린이의 흥미와 관심을 끌지 못하게 될 것이다.

　소리도 대부분 크거나 자극적이다. TV와 라디오의 볼륨은 점점 커지고 있다. 괴성을 오히려 즐기고 있다. 음악이 나오면 저절로 몸을 흔든다. 이렇게 된 아이들의 귀를 학교에서 어떻게 집중하여 기울이게 할 것인가 걱정이 된다. 선생님의 목소리는 지루하게 되고 코미디언의 목소리에는 재미를 붙이게 될 것이다.

　어린이들의 혀와 코도 자극에 둔감해지고 때로는 버리게 된다. 단것, 매운 것, 짠 것에도 쉽게 조기에 노출되어 웬만한 것에는 자극을 못 느끼게 된다. 촉각도 마찬가지이다.

　어린이의 감각기관은 조기에 혹사당하고 때로는 공해에 시달리고 있다. 학교 교육에서는 자극의 강도를 높일 수도 없고 그렇다고 낮추어서는 자극의 효과를 보기 어려울 것이다. 학교 교육의 고민이 여기에 있다.

인지발달의 변화

　감각기관은 조기의 강도 높은 노출로 인지발달에도 많은 변화가 있을 것이다. ① 감각운동기, ② 전조작기, ③ 구체적 조작기, ④ 형식적 조작기의 순서에는 변화가 없다고 하더라도 최소한 그 기간은 단축될 것으로 본다.

지능의 개념도 바뀌고 있다. Howard Gardner는 ① 언어, ② 음악, ③ 논리 - 수학, ④ 공간, ⑤ 신체 - 접촉, ⑥ 대인 관계, ⑦ 대내적 자아의 7개 다지능으로 제시하고 있다.

학교에서 무엇을 강조할 것인가, 어느 한쪽에서 능력을 발휘해도 될 것인가를 생각해야 할 것이다. 다양한 넓은 능력 범위를 인정해야 할 것이다. 시각에 강할 수도 있고 청각에 강할 수도 있으며, 신체적 접촉에 강할 수도 있고, 협동적 환경에서 능력을 발휘할 수도 있다. 다양한 학습 형태를 고려해야 할 것이다.

사회성 발달의 기회

아이들은 일찍부터 엄마 이외의 많은 사람과 접촉하게 되고 또래와도 접하게 된다. 어린이방, 놀이방 등에서 또래를 만날 수 있는 기회도 일찍 다가오게 된다. 따라서 심리사회적, 정서적 발달을 조기에 잘 하도록 해야 할 것이다. 잘못된 것을 학교에서 바로 잡으려면 상당히 어려울 것이다. ① 신뢰감, ② 자율성, 솔선 · 주도성, ④ 근면성, ⑤ 정체감, ⑥ 친밀성, ⑦ 생산성, ⑧ 통합감의 속도와 시기도 재검토해야 할 계기가 올지도 모른다. ① 전인습적 도덕성(처벌지향, 보상지향), ② 인습적 도덕성(착한 소년/소녀 지향, 권위지향), ③ 후인습적 도덕성(사회계약적 지향, 윤리적 원칙

지향)도 현대인에게 맞는지 연구해볼 필요가 있다. 최소한 시기에는 변화가 있을지도 모른다.

신체발달

옛날의 어린이는 많은 시간을 누워서 지냈으나 현대의 어린이는 걸음마차에서 마음대로 움직인다. 서기와 걸음마가 빨라진다. 물론 영양도 좋아졌다. 항상 입에 무엇인가 채워 넣을 수가 있다. 그래서 X세대는 무엇인가 항상 먹을 것, 마실 것을 들고 다닌다. 그러면서도 한쪽에서는 몸도 마음도 약하다고 한다. 학교에서는 어떻게 이들을 교육시켜야 할 것인가?

다양한 가치의 노출

현대사회에서는 다양한 가치에 노출되고 있다. 과거에는 시대, 지역에 따라 획일적이고 지배적인 가치가 있어 이를 신봉하고 따랐으나 이제는 사람마다, 가정마다 다른 가치를 신봉하고 또 동시에 타인의 가치도 인정하여 다가치, 다문화가 공존하고 있다. 이런 속에서 아이들은 가치 혼란을 갖게 된다. 학교와 가정 사이에도 가치가 다르므로 어린이들은 혼란에 빠지고 이들을 지도하는 교사는 어려움에 빠지기 쉽다.

흥미에의 노출

어린이의 흥미를 끄는 일들은 너무나 많게 된다. 오감을 유혹하는 흥밋거리가 너무 많다. 책을 읽고, 선생님의 이야기를 듣는 것도 그 한 부분이 될 수 있으나 바깥세상의 흥밋거리는 너무나 많다. 이들 여러 흥밋거리와 교사는 경쟁에서 이겨서 어린이의 흥미를 끌어내야겠다.

현대 어린이에게 자극은 ① 조기부터 시작된다는 점, ② 그 속도가 빠르다는 점, ③ 강력하다는 점, ④ 다양하다는 점 등으로 요약될 것이다.

학교 교육에서 교육의 효과를 높이기 위해서 이에 준하는 또는 그 이상의 자극을 가할 것이냐, 아니면 조화를 이룰 것이냐를 판단해야 할 것이다,

가정의 변화와 교육

가정은 삶과 교육의 가장 중요한 기본 단위이다. 인간은 가정에서 나서 가정에서 삶을 마친다. 그런데 가정의 모습이 변하고 있다. 전통적으로 가정은 ① 성적 욕구충족의 기능, ② 출산과 종족번식의 기능, ③ 사회화와 교육의 기능, ④ 애정교환의 기능, ⑤ 지위부여의 기능, ⑥ 보호기능, ⑦ 경제적 단위로서의 기능, ⑧ 종교적 기능 등 종합적 기능을 감당해왔다.

가정의 형태와 모습이 변하면서 여러 기능이 변하여 우리의 주

요관심인 사회화와 교육의 기능도 변하게 되고 이로 인해 학교 교육의 역할도 다시 생각하게 되었다.

핵가족화와 가족 수 감소

가장 중요한 변화는 핵가족화와 가족 수의 감소이다. 예전에는 여러 가족이 모여 살면서 가족의 여러 역할을 배우고 자연스럽게 사회화될 수 있었는데 이제 그것이 어렵게 되었다. 할머니, 할아버지의 교육적 기능도 삼촌, 고모의 교육과 애정의 기능도 이제 기대하기 어렵게 되었다. 여러 가족 간의 권위분배도 배우기 어렵고 권위가 조부모에서 부모로 부에서 모로 옮겨가고 있는지 모른다.

핵가족화로 인한 가족 수 감소뿐만 아니라 형제자매 수의 감소로 어린이는 외아들, 외동딸로 자라게 된다. 미국에서도 50% 이상이 한 자녀 어린이이다. 사회화의 대상을 잃게 된 것이다. 미워할 사람도 사랑할 사람도 잃게 된다. 싸우면서 클래야 싸울 사람도 없어진 것이다. 외아들, 외동딸은 미움도 슬픔도 사랑도 기쁨도 모두 독차지해야 한다. 인간은 인간 속에서 자라야 인간적인 것을 배울 수 있는데 이제 부모와의 상호작용을 잃게 되면 어린이는 모든 것을 잃게 된다. 학교교육에서도 독자로 인한 교육의 어려움을 실감하고 있다. 형제 없는 독차지는 애정의 충족 기회도 되지만 동시에 감당하기 어려운 부담이 될 수도 있다. 중국에서 하나만 낳기를 한 결과 8세 아이가 달걀을 까먹을 줄 모른다는 이야기가 있다. 싸우면서 자란 쥐보다 독방에서 자란 쥐가 수명이 단축되었다고 한다. 독방의 죄수가 가장 불쌍한 죄인이다. 인간은 상호작용 속에서 성장한다. 가정에서의 상호작용 결핍을 학교에서 상호작용의 밀도를 높여 가정의 교육적 기능을 보완해 줄 수 있을 것인가? 상·하급 학년을 섞는 교육활동을 고려할 수 있을 것인가?

일하는 부모

이제 여성들이 직업을 갖는 경우가 많아지면서 자녀의 양육과 교육에 많은 문제를 갖게 된다. 교육 이전에 키우는 일 자체가 어려워지고 그래서 자녀 출산 자체를 억제하고 있다. 미국의 경우 1995년 66%의 엄마가 일하고 있는 것으로 추산했다. 학교에서 귀가한 후 보살필 사람이 없게 된다. 부모와 어린이 간의 상호작용의 기회가 줄어들고 있다. 그래서 때로는 학교에서 온종일반을 운영하기도 한다. 아이들이 취학하기 전에 어린이방이나 놀이방에 수용되었다 오게 되는데 취학전 교육과 학교 교육과의 연계 관계에 대해서도 연구해야 할 것이다. 어린이방은 어린이들에게 사회화의 좋은 기회가 될 수도 있다.

이혼과 가정파괴의 증가

알게 모르게 이혼이 증가하고 가족이 흩어지는 일이 늘어나고 있다.

외국에서는 몇 번 결혼을 하다 보면 핏줄과 전혀 상관없는 사람과 가족을 구성하는 경우도 생긴다. 편부·편모와 소년·소녀 가장도 늘어난다. 부모라는 말 대신에 보살펴주는 사람이 누구냐고 묻게 되기도 한다. 부모의 역할을 누가 담당할 것이냐가 문제이다. 사랑과 교육 이전에 생존에 위협을 받게 된다.

이들에게 어떻게 휴머니티를 교육시킬 것이냐가 교사의 고민으로 떨어지게 된다. 교사가 부모역할의 일부를 감당하기를 기대 받고 있을지도 모른다. 가정의 보호·애정·교육의 기능을 학교가 감당해야 할 것인가, 감당할 수 있을 것인가가 문제이다.

이러한 가정의 변화로 어떤 어린이는 과보호와 과도애정을 받고 어떤 어린이는 과소보호와 무관심을 받게 되는데 이들이 모두 학교 교실로 모이고 있는 것이다. 과대도 문제이고 과소도 인간화 교육에 문제이다.

학교 교육과 가정교육이 따로 노는 것을 막고 학교 교육의 효과성을 높이기 위하여 부모교육이 중요시되고 있다. 학교가 학생교육의 부담만으로도 힘겨운데 부모교육까지 떠맡아야 하는 입장이다. 그래도 학교 교육과 가정교육의 불일치로 인한 문제보다 부모교육을 실시하는 편이 훨씬 낫다.

가정은 어린이의 ① 탐구성을 제한하는 환경이고 ② 언어표현의 취약성을 낳고 ③ 성취동기를 육성하는 조건이 미흡하게 되고 있다. 창의성 교육은 학교만의 힘으로는 어렵다.(서울시 교원연수원 부장교사직무연수, 1995)

어린이를 가정으로 돌려주고 학교는 가정의 연장이어야 한다.

15. 한국의 힘, 여성의 힘

몇 년 전에 우리나라 초등 여자 교육행정가 모임에서 여성교육의 중요성에 대하여 잠깐 언급한 적이 있다. 지금도 그 생각에는 변함이 없다. 우선 세 가지 측면에서 우리나라 여성교육의 중요성을 강조했다.

첫째, 어머니 교육의 측면이다. 이율곡의 어머니 신사임당 교육의 예를 구태여 들지 않더라도 자녀에 대한 어머니의 영향력은 거의 절대적이라는 것을 누구나 인정하지 않을 수 없다.

우리나라에서는 어린이가 태어나기 전부터 교육이 시작된다고 믿고 있다. 태교가 바로 그것이다. 서양에서 조기 교육의 중요성을 외치고 있지만 우리나라의 태교보다 더 빠른 조기교육은 없을 것이다. 서양에서는 20세기 앞에서야 "5세는 너무 늦다(5 years too late)"고 조기교육을 부르짖었는데, 우리는 임신과 동시에 태교를 시작했으니 우리 조상들의 슬기에 새삼 놀라지 않을 수 없다.

이에 덧붙여 우리 조상들의 생명존중사상에도 경의를 표해야 한다. 서양 사람들은 태어나면서부터 한 생명으로 생각하여 0으로부터 출발하여 0세라고 하는 데 비하여 우리 조상들은 임신 그 순간부터를 하나의 생명으로 보고 태교도 하고, 임산부는 두 생명으로 생각하여 몸조심을 두 배로 하고, 태어나면 한 살로 계산하여 하나로부터 출발하였던 것이다.

태교가 아니더라도 어린이는 어머니의 젖꼭지를 물고도 어머니로부터 학습을 한다. 어머니의 체온과 감정, 사랑을 배운다. 그래서 아무리 급해도 물렸던 젖꼭지를 함부로 빼지 않았던 것이다. 아기의 성격이 비뚤어지기 쉽기 때문이다. 젖을 빨면서 엄마의 인자한 얼굴 모습을 보고 아기는 인간관계를 공부하기 시작하는지 모른다.

우리나라에서는 아이들이 학교에 들어가기 전부터 하나하나 교육시킬 뿐만 아니라 학교에 간 후에도 책가방을 챙겨주고 숙제를 보살펴주고 자녀교육을 전적으로 여자인 어머니가 책임을 지다시피 한다.

정확한 연구증거는 없지만 우리나라에서는 자녀교육에 아버지의 영향보다는 어머니의 영향이 더 클 것으로 본다. 유태인들은 아버지에게 자녀교육의 책임이 있다고 하지만 우리나라에서는 어머니에게 책임이 있다. 그래서 그런지 우리나라 어머니들은 극성으로 자녀들을 여러 학원에 보내고 또 과외공부를 시키는지 모른다. 심지어는 남편 모르게 엄청난 과외비를 지불하며 여러 개의 학원에 보내거나 과외를 시키는 어머니들까지 있다. 우리나라 어머니들의 자녀교육에 대한 극성은 가히 세계적이라고 하지 않을 수 없다.

그러나 정상적인 자녀교육, 가정교육만으로도 여성인 어머니의 영향은 남성인 아버지보다 더 중요하다. 이것은 반대로 우리나라 아버지들이 자녀 교육에 책임을 다하지 못하거나 등한시하고 있다는 비난이 될 수 있다.

옛날에는 아마도 자녀교육을 포함한 모든 가정 일에 남성인 아버지들이 더 책임을 졌을 것이다. 남성들이 근대 산업화에 바쁘다는 핑계로 아내에게 많은 것을 떠넘기고 있는 지도 모른다. 그런데 이제 여러 가지 이유로 어머니들도 바빠져서 옛날처럼 자녀교육을 하기 어렵다는 데 문제가 생기고 있다.

하여간 여성은 자녀교육에 결정적인 영향을 미친다. 그래서 우리나라 여성들이 어떤 교육을 받고 어떻게 자녀교육을 하고 있느냐는 중요한 일이 아닐 수 없다. 여성에 대한 어머니 교육이 중요하다.

둘째, 우리나라 학교 교육의 대부분을 여성이 담당하게 되므로 우리나라 여성교육은 중요하다. 앞으로 최소한 우리나라 초·중등 교육의 대부분을 여성이 담당하게 될 것이므로 여성들이 어떤 교육을 받고 어떤 생각을 갖고 학교 교육을 하느냐가 우리나라의 운명을 결정하게 된다. 선진국의 보통교육은 이미 대부분 여성이 담당하고 있다. 그래서 선생님과 교장 선생님을 가리키는 대명사를 서슴없이 여성대명사(she, her)로 쓰고 있다.

우리나라에서도 도시, 초등에서부터 시작하여 전국, 중등까지 여선생님의 비율이 높아지고 있다. 과거에는 학교에서도 힘든 일은 으레 남자 선생님이 해야 한다고 미룰 수가 있었으나 이제는 남자 선생님 수가 절대적으로 부족하여 그럴 수가 없게 되었다.

교육대학에서는 인위적으로 남녀 성비율을 맞추어 학생을 뽑고 있었으나 사범대학에서는 그렇지 않으므로 아마 이대로 간다면 중등이 먼저 여성으로 다 채워질 가능성이 있다. 교사후보학생을 뽑는 데 남녀 차별하여 비율을 정한다는 것은 무리가 있다. 자유경쟁의 원칙이 적용되어야 한다고 본다. 남자 교사가 필요하면 교직에 매력을 갖도록 대우를 해 주어 남성을 교직으로 유인해야 하는 것이다.

옛날에는 여자는 교직을 부업 정도로 생각할 수 있었으나, 이제는 여성의 교직이 더 이상 부업일 수 없는 생을 건 주업이다. 지금도 부업 정도로 생각하는 여교사가 있다면 우리나라의 운명은 슬프게 되지 않을 수 없다. 주업으로 인생을 건 나라의 교사와 국제교육전쟁을 해야 하기 때문이다. 주업자와 부업자의 대결에서는 부업자가 백전백패일 수밖에 없다. 기본적인 임전태도에서부터 지식, 기술 모든 면에서 뒤처질 것이다.

우리나라 여성이 우리나라의 기본이 되는 보통교육을 모두 담당하게 되므로 우리나라 여성교육은 중요한 몫을 하게 된다. 남성교육, 여성교육을 나누는 자체가 잘못된 것이지만 최소한 과거의 시각에서 보면 그렇다는 뜻이다. 이스라엘에서는 교육뿐만 아니라 국방까지도 여성이 많은 비중을 담당하고 있으므로 그 중요성만 인식한다면 더 좋은 교육 서비스를 국민들에게 제공해 줄 수 있을 것으로 본다.

여성인 어머니의 중요한 자녀교육·가정교육에 더하여 여성인 여교사의 학교 교육 담당으로 우리나라 교육은 전적으로 여성에게 달려있다고 보아도 좋을 것이다. 우리나라 기초교육을 담당하는 여성교육을 정말 중시하지 않을 수 없다.

셋째, 우리나라 가정경제의 대부분이 여성에 의하여 운영되기 때문에 여성교육의 중요성이 더욱 강조된다. 현대에 오면서 우리나라에서도 집안 살림의 돈을 대부분 여성인 주부가 사용하는 경향이다. 자녀들 용돈과 교육비는 물론이고 집을 사고파는 일까지 대부분 여성이 처리하는 경우가 많다.

여성이 어떤 가치관을 갖고 어디에다 돈을 어떻게 쓰느냐는 우리나라 운명을 좌우하게 된다. 가정경제권을 여성이 갖고 있는 경우가 많아지므로 여성의 소비생활이 우리 사회, 우리나라 발전에 지대한 영향을 줄 것으로 본다. 남성들의 봉급까지도 고스란히 통장에 입금되어 과거의 남성에 의한 낭비가 줄어들고 가정의 계획경제에 긍정적인 영향을 주는 경우도 있을 것이다. 하여간 기업경제나 국가경제는 남성들이 많이 다루는 경향이지만 최소한 가정경제의 대부분은 여성이 다루는 경향이므로 이런 측면에서의 여성교육이 중시되어야 할 것이다.

교육적인 측면에서 우리나라 기초교육인 가정교육과 초·중등학교교육을 여성이 담당하고, 경제적인 측면에서 최소한 가정경제의 대부분을 여성이 책임을 지게 되는데 여성교육을 과거의 시각으로 보게 된다면 문제가 아닐 수 없다.

우선 여성교육의 중요성에 비추어 볼 때 여성교육 기회를 확대하고 그 질도 높여야 할 것이다. 그리고 사회교육의 측면에서도 여성담당분야에 관련된 프로그램이 개발되고 발전되어야 할 것이다.

또 생활의 편리로 벌어들인 남는 시간을 활용할 수 있는 여성사회교육 프로그램에 대한 연구도 강조되어야 할 것이다. "여자는 약하다. 그러나 어머니는 강하다."는 말이 통용되어야 우리나라는 발전한다. 그리고 우리나라 주부의 씀씀이가 나라를 윤택하게 하는데 결정적인 역할을 한다.

위대한 사람 뒤에는 반드시 위대한 여자가 있다고 한다. 훌륭한

어머니가 있든가, 아니면 훌륭한 아내가 있는 것이다. 그러나 이제
는 이에 더하여 위대한 사람 뒤에는 반드시 훌륭한 (여)선생님이
있다는 말이 통용될 것이다.

국가발전의 가장 원초적인 원동력은 여성에게서 나오고 있는지
도 모른다. 가정교육, 학교교육, 가정경제의 기초는 여성에게 달려
있다. 그렇다면 "한국의 힘, 여성에게서 나온다."고 해도 좋을 것
이다. 앞으로 계속 여성의 영향력은 커질 것이다.

(Educational Journal 한국교육출판, 1995. 4)

우리는 어머니의 자궁(Womb)이라는 어둠(Black, dark)에서 밝음
을 찾아 태어나서 밝음을 찾아 공부를 하고 밝음 속에서 생활하다
다시 대자연의 자궁인 무덤(Tomb)의 어둠(Black)으로 돌아가게 된
다. 'Black'이란 영화에서 Black의 반대말은 'White'가 아니라
'Light'이다. 어머니는 영원한 최고의 교사이다.

가정도 사회의 일부분이지만 가정보다 더 넓은 사회 자체가 변하고 있다. 사회가 변함에 따라 학교도 변해야 한다. 사회변화에 따라 상황과 사회 환경도 변하고 어린이가 길러지는 세상이 변한다. 아동은 사회변화의 바로미터이다. 이제 학교가 적극적으로 사회를 변화시키는 것은 극히 어렵게 되었다. 달걀로 바위치기 격이다. 사회가 변하는데 학교가 꼼짝도 않고 있으면 교육은 의미를 잃게 된다.

불안정성

현대사회는 계속 변화하고 있어 불안정성이 그 특징이라고 할 수 있다.

같은 방향 또는 한 방향으로 변하면 그런대로 안정을 찾을 수 있으나 변화 방향을 예측할 수 없기 때문에 불안하게 된다. 변화의 파도를 타고 성공했다가도 잘못하면 벼랑에 떨어지기도 하고 생존 자체에 위협을 받기도 한다. 그래서 생존하는 힘을 갖는 것이 무엇보다 절실하게 요구된다.

이러한 급격한 변화의 사회에서 교육이 문화유산·지식의 전달이라는 기능만 담당한다면 문제가 될 것이다. 많이 아는 사람, 백과사전과 같은 사람의 효용성이 빛을 잃은 지 오래다. 많이 아는 것보다 필요한 정보를 필요한 때에 입수하여 처리할 줄 아는 힘이 더 요구된다.

다가치·다문화 공존

이제는 한 사회에 다가치, 다문화가 공존하고 있다. 가치가 다른 사람과 같이 살 수가 없었는데 이제는 다른 가치를 인정하고 수용하면서 살아야 한다. 내 가치만 존중하고 남의 가치를 무시하면 내 가치 자체도 무시당하게 된다. 다른 문화에 접하면 충격을 받고 이질감을 느꼈으나 이제는 타문화를 즐겨야 할 판이다. 증대되는 문화의 다양성, 복합성을 받아들이고 또 키워주어야 한다. 한복으로 성장한 사람과 배꼽티를 입은 사람이 나란히 걸어가야 한다. 된장국과 시리얼이 아침상에서 동시에 만나야 한다.

다양한 가치, 다양한 문화를 가진 학생들이 한 학교 한 학급에서 만나야 한다. 어떤 것은 존중하고 어떤 것은 무시할 수 없다. 공부 못하면 청소부 노릇이나 하게 된다고 나무라면 청소부 어머니를 둔 어린이에게 상처를 주게 된다.

다양한 욕구가 한 사회, 한 학급에서 충돌하게 된다. William Glasser의 통제이론에 의하면 잘못된 권력달성의 욕구가 95%의 풍기문제를 일으킨다고 한다. 학습에서 학생도 통제하고자 하는 욕구를 갖고 있다. 그래서 협동적 학습 팀을 이루어 학습하게 되면 학습에 대한 통제욕구를 충족시켜주어 학습의 효과를 높일 수 있게 된다. 자유와 즐거움의 욕구도 있다. 이들 욕구를 학교교육에서 어떻게 충족시켜 줄 것인가?

다양한 능력, 넓은 능력 범위를 인정하고 또 격려해 주어야 한다. 학교에서 언어능력, 수학능력만 중시하고 인정해 줄 수는 없다. 어떤 사람은 시각에 강하지만 다른 사람은 청각 학습형태에 강할 수도 있다. 신체적 접촉이나 협동적 환경에 강점을 가질 수도 있다.

또 지식에의 접근에도 차별이 있을 수 있다. 머리로 접근하느냐 손으로 접근하느냐에 따라 차이가 있을 수 있다. 손으로 접근하는 데 강점을 가진 아이에게 학교에서 머리로 접근하는 기회만 주면 그 아이는 실패하게 될 것이다. 획일의 사회에서 다양성의 사회로 옮겨가고 있다. 이것이 학교 교육에서도 인정·존중되고 또 다양한 기회가 마련되고 제공되어야 한다는 시사를 준다.

불평등

평등을 많이 부르짖는 것만큼 불평등은 심각해지고 있다. 도시와 농촌, 상류층과 하류층의 차이는 점점 더 벌어진다. 아파트 평수 가지고 집단이 구별된다. 이러한 불평등의 문제가 학교로 몰려온다. 이것이 학교의 불평등을 낳고 또 공립학교에 대한 불만으로 표출되기도 한다. 모두를 만족시켜 줄 수 없는 학교가 되고 있다. 교육과정이 학생에게 맞지 않고 특정인에게 유리하게 구성되었다고 불평할 수 있다.

학생들의 성취도가 낮다고 한다. 학생과 학부모의 걱정하는 바에 학교가 민감하게 대응해 주지 못한다고 한다. 그러니까 학부모는 학교에 등을 돌리고 학원과 과외, 특기지도로 발길을 돌린다. 학교선택권, 교사선택권, 프로그램 선택권을 달라고 한다. 공립학교는 재생의 길이 막막하다고 하다. 학교 내에 도대체 선택의 기회가 없다고 불평한다. 학생은 다양한데 적당히 가르치면 모든 학생이 다 배움에서 성공할 수 있다는 가정은 틀렸다는 것이다. 평균으로 성공할 수 없고 능력발휘는 불가능하다는 것이다. 학교는 불평등을 조장할 것인가 아니면 불평등을 해소할 것인가?

교직의 삼류화

사회변화와 함께 새로운 전문직이 각광을 받으며 샛별처럼 떠오르고 교직은 삼류직으로 떨어져 나가고 있다. 교직은 더 이상 경쟁력을 잃고 있다. 우수하다는 고등학생은 교직에 더 이상 머리를 두지 않고 있다. 삼류직으로 세계 일류의 교육을 하여 세계 일류의 학생을 배출해야 하는 모순을 안고 있다. 그것도 다 낡은 시설과 교재를 가지고 말이다. 삼류의 사기(士氣)로 일류에 맞서 싸우기는 어렵다. 인간교육의 고민은 여기에도 원인이 있다. 교직을 경쟁력 있는 전문직으로 끌어올리는 방안이 선행되어야 할 것이다.

사회의 교육적 기능

학생은 교실에서만 배우는 게 아니다. 가정에서도 배우고 사회에서도 배운다. 학교 밖에서 배우는 것이 더 많다. 학교 밖에서 배우는 것은 더 생생하고 교육적 효과와 교육력이 강하다. 학교의 교사는 말로 가르치는데 사회의 어른은 몸으로 행동으로 생생하게 나쁜 짓을 가르치고 있는 것이다.

그런데 사회에는 비교육적 요소가 더 많아지고 있다. 어른들의 방종, 매스컴, 컴퓨터, 비디오, 오디오 등 각종 매체 속에 비교육적 장사속이 판을 치고 있다. 이런 사회 환경 속에서 어린이들이 온전하게 자라기 어렵다. 사회의 교육적 교실화가 문제이다. 좁은 학교교실에서 가르친 것을 넓은 사회교실에서 망쳐 놓고 있다.

사회는 극심하게 변화하고 불안정 속에서 다양성과 불평등이 공존하고 있으며, 교직은 삼류로 떨어져 교육력을 잃어 가는데 사회의 넓은 교실은 교육보다는 교악의 방향으로 가거나 교육포기의 상태로 가고 있다. 사회가 교육적 정화력을 잃고 있는 속에서 학교는 인간화 교육을 고민해야 하는 어려움을 안고 있다는 말로 줄이고 다음으로 넘어간다.(서울시 교원연수원 부장교사직무연수, 1995)

지금도, 또 앞으로도 더욱 더 다문화·다가치의 중요성 강조 되고 있고 또 강조 될 것이다.

까딱 잘못하면 이 글도 종이와 시간만 잡아먹고 일종의 공해만 일으킬 가능성이 높다. 이미 다른 사람들이 말이나 글로 떠들어댄 수준을 뛰어넘기 어렵고 또 좀 색다른 말을 한다고 해도 독자들이 읽는 것으로 끝나버리고 실천으로 옮기지 않으면 공해를 일으켜 남에게 해를 끼치는 결과가 되기 때문이다.

도덕이란 인간으로서 마땅히 지키고 실천해야 할 도리이며 삶의 규칙이라고 할 수 있는데, 이러한 도덕적 품성과 덕성을 도덕성이라고 할 것이다. 바람직한 것으로 받아들이는 보편적이고 이상적인 가치가 시대와 장소에 따라 다를 수 있으므로 시·공에 따라 도덕률과 도덕성이 다를 수 있으나 근본적으로는 '인간의 도리'이므로 시간과 장소를 초월할 수 있다고 본다.

어떤 나라에서는 신사도와 무사도, 시민정신이 그 사회를 떠받치는 기둥이 되기도 하였으나 우리나라에서는 예의가 도덕의 바탕이 되었다. 대표적인 것이 삼강오륜이었을 것이다. 이것은 결국 사람과 사람 사이의 관계를 다룬 것이다. 사람은 관계 속에서 존재하여 관계 속에서 살아야 하기 때문에 예의가 필요하고 도덕이 중요한 것이다. 사람은 도저히 혼자서 존재할 수 없기 때문에 '인

(人)’이 아니라 ‘인간(人間)’이며, ‘인’이 되라 하지 않고, ‘인간’이 되라고 하는 것이다. 사람은 남과 어울리지 않으면 도저히 사람으로서 사람답게 살아갈 수 없기 때문에 사람과 사람 사이에 도덕이 필요한 것이다. 그래서 도덕은 우리 인간에게 불편을 주기 위한 것이 아니라 인간이 어울려서 편리하고 인간답게 살아가게 하기 위한 것임을 알아야 한다. 그런데 사람과 사람 사이는 상대적이기 때문에 모두가 같은 생각을 하고 같이 지킬 때 편리해진다. 지금 도덕성이 떨어지니까 모두가 불편해져서 그 반작용으로 ‘도덕성 회복’ 또는 ‘도덕성 함양’이 강하게 대두되는 것이다. 모두가 사람이 아니라 짐승같이 살고자 한다면 도덕성 이야기가 나오지도 않을 것이다. 역시 사람은 사람답게 살고자 하는 잠재태(潛在胎)를 가지고 있는가 보다. 이 도덕적 잠재태를 싹 틔우고 곧게 자라게 하는 일이 ‘함양’이고 ‘교육’일 것이다.

우리 사회에 왜 도덕성이 떨어지게 되었는가? 아마도 여러 가지 이유가 복합적으로 얽혀 있을 것이다. 첫째, 해방과 전쟁, 혁명 등 급격한 변화와 30여 년간의 갑작스런 산업화 과정에서 물질적 가치가 도덕성과 관련된 정신적 가치를 누르고 지나치게 중시된 데서 하나의 원인을 찾아볼 수 있다. 그러면 세계의 모든 산업사회는 모두 도덕성이 결여되었는가? 그렇지는 않을 것이다. 선진 산업사회에서는 흔들리지 않는 튼튼한 도덕적 기반을 갖고 있고, 또 이 기반 위에서 산업화와 물질적 풍요를 누리고 있다. 우리는 너무나 갑작스런 변화 속에서 도덕성마저도 갑자기 곤두박질친 것이다. 전적으로 지난날의 우리의 과오라고 하지 않을 수 없다.

둘째, 산업화와 관련되지만 특히 도시화로 사람들이 집중되면서 익명성의 보장으로 사람과의 관계가 나빠져 도덕성이 저하되는 측면도 있었다. 도시화는 편리한 점도 있지만 동시에 많은 문제점도 내포하고 있다. 그중에서도 가장 중요한 것이 사람 사이의 관계를 규정하는 도덕성의 문제이다.

셋째, 산업화, 도시화와 연결되어 핵가족화로 가정의 교육기능 약화를 도덕성 저하의 한 이유로 지적할 수 있다. 집안에 어른이 없어지고 부모들마저 바쁘다는 핑계로 자녀교육까지 포기하게 되었다. 어른이 어른 노릇을 하려면 고달프고 피곤하니까 일찌감치 어른이기를 포기하고 귀중한 자녀교육마저도 과외, 학원과 같이 돈으로 사려고까지 한 것이다.

넷째, 입시위주의 교육도 도덕성 타락의 원인으로 꼽지 않을 수 없다. 교육에서 쉽고 편하고 금방 결과가 나타나는 지식, 그것도 암기만 편식하고 사람 만드는 일을 게을리한 것도 중요한 원인이다. 학년이 올라갈수록 지식은 늘어날지 모르나 도덕성은 반대로 떨어지는 현상이 벌어지고 있다. 아이들은 작은 잘못을 저지르고, 어른이 되어서는 큰 잘못을 저지른다.

결국 우리는 이 시점에서 총체적 도덕성의 위기를 맞고 있다. 이 위기를 현명하게 극복하지 않으면 안 된다. 한국인은 가까운 사람끼리는 간을 빼줄 정도로 친하나 낯선 사람과는 친하려 하지 않고 오히려 시비를 걸고 적대시하려는 경향이 있다. 혈연·지연·학연 등으로 맺어진 좁은 범위 안에서는 친절도 있고 결속도 있으나 조금만 낯설어도 배척한다. 약자에게는 강하고 강자 앞에는 비굴하게 약한지도 모른다. 세계화의 시대에 좀 넓게 사귀고 인간적 도리를 하는 국제윤리와 국제도덕도 생각해야 할 때라고 본다.

마침 6차 교육과정에서도 '도덕적인 사람'을 인간상의 하나로 강조하면서 "도덕성과 공동체의식이 투철한 민주시민을 육성"하려는 지침을 첫째로 내세우고 있다. 이런 시점에서 우리는 과거 산업화, 도시화, 핵가족화, 입시에 바쁘던 그 몇 배의 노력으로 빨리 도덕성을 회복 또는 함양하고 또한 본래의 잠재태를 살려 살기 좋은 사회를 만들어야겠다.(『충남교육』 제111호, 충남교육연구원, 1995. 3)

이대로 가다보면 우리나라는 분명 교육 때문에 망하게 될 것이다. 교육 때문에 흥한 나라가 교육 때문에 망하게 내버려둬서는 안 된다.

물질적으로는 풍요로워져 물질적 곡선은 상향곡선을 그리고 있으나 도덕성은 하향곡선을 그리고 있다. 두 곡선이 만나는 이 시점에서 하향곡선은 교육을 통해서 모두 상향곡선으로 바꾸어야 할 과제를 우리는 안고 있다.

이러한 도덕성 곡선의 방향전환을 위해서는 비상한 노력을 경주하지 않으면 안 된다. 몇 가지 점을 강조하고자 한다.

첫째, 올바르고 철저한 '나'에 대한 교육으로부터 도덕성 함양을 위한 교육이 출발하길 강조한다. '나에 대한 교육'은 자아개념교육이라고 할 수 있다. 나는 누구인가? 다른 사람과 무엇이 다른가? 어디로부터 와서 어디로 가는 것인가? 소질과 적성, 감정은 무엇이고 약점은 무엇인가? 이 세상에서 가장 가깝고 하나뿐인 나(I)를 내가 진정으로 사랑해 주고 귀하게 여겨주지 않으면 누가 나를 사랑해 주겠는가? 이러한 자기존중, 자기사랑은 이기주의와는 구별되는 것으로 올바른 자아개념으로부터 출발한다.

올바른 자아개념이 형성될 때 '너'와 '우리'가 올바르게 박히고 가정, 이웃, 학교, 사회, 국가, 민족, 인류에 대한 개념과 사랑으로 퍼져 나갈 수 있는 것이다. 마치 연못에 돌을 던지면 파문이 일듯이 말이다. '나'를 아무렇게나 여기는 사람이 '너'와 '우리'를 아무렇게나 생각하고 이 세상을 적당히 살다가 가려고 생각하게 된다. 나를 하찮게 여기는 사람에게 도덕성이 존재할 리 없다. 이러한 자아개념 교육은 아주 어려서부터 시작하여 평생을 통하여 지속되어야 한다. 나를 찾는 일, 나를 극복하고 발견하는 일은 가장 중요하면서도 어려운 일이다.

유치원에서부터 교실 안에 자아개념 코너를 만들어 놓고 자아개념 단원을 다루고 그것이 초등-중등-고등교육으로 지속되면 자연스럽게 도덕성 함양과 연결된다. 초등학교에서 배우는 첫 글자가 나-너-우리로 이어지는 것은 큰 의미를 함축하고 있는 것이다. 이에 글자만 가르치는 것이 아니라 '나'라는 글자가 함축하고 있는 의미를 가르쳐 나가야 하는 것이다.

'나'를 제대로 가르치려면 학교에서도 가정에서도, 사회에서도 학생을 '나'로서 존중해 주어야 한다. 한 사람의 개인으로서, 인격체로서 귀중하게 존중과 사랑을 받아야 한다. 한 학생이 한 학급, 학년으로서 다루어지는 것이 아니라 한 개인(나)으로서 귀중하게 여기고 장차 건전한 민주시민으로 성장하게 된다.

올바른 '나'를 교육하려면 먼저 교사 자신부터 올바른 자아개념이 형성되어야 한다. 비굴하고 자기비하, 자기학대를 하고, 사기가 떨어지고, 자존심, 자긍심이 없는 교사들이 학생들에게 올바른 자아개념을 심어주기는 어렵다. 국가와 사회가 어린이·청소년이 있는 교실과 학교, 교육을 업신여기는 한은 도덕성 교육이 제대로 될 수 없다.

둘째, 도덕성 교육은 가정과 사회, 환경으로부터의 교육이 결정적이므로 이들과의 협조·연계교육을 꾀해야 한다. 학교에서 교과

서로 가르치는 것이 따로 있고 가정에서, 사회에서 몸으로 실천으로 가르치는 것이 달라서는 도덕교육이 제대로 될 리 없다. 그래서 학교는 아동·학생교육에 더하여 부모교육까지 떠맡자니 벅차게 되고 그걸 떠맡지 않으려니 도덕교육이 겉돌고 있는 것이다. 사회에서의 도덕교육적 요소의 중요성을 교육자들이 호소하려니 힘들고 또 먹혀들지 않고 있는 데 어려움이 있다.

그렇더라도 학교는 부모교육을 통하여 가정에서의 도덕교육을 이끌어 내야 한다. 역으로 학생을 통하여 가정에까지 도덕성이 퍼져 나갈 수 있게 해야 될지도 모른다. 어쨌든 부모를 통한 가정교육과의 협조 없이는 도덕성 함양을 위한 학교 교육은 한계를 느끼지 않을 수 없다. 가정과의 협조체제, 연계지도체제를 강구해야 한다.

셋째, 학교에서는 도덕성 함양을 위한 총체적 교육, 범교과적 교육, 우선적 교육이 되어야 한다. 사람이 도덕적이기 위해서는 먼저 옳고 그름을 판단할 줄 알아야 한다. 옳고 그름을 판단할 줄 아는 사람이 옳음을 행동으로 옮길 가능성이 높다. 옳고 그름을 판단하는 능력을 인지적 도덕성이라고 한다. 이 인지적 도덕성을 기르기 위해 학교에서는 도덕교과를 두어 가르친다. 또 가치갈등·가치판단 수업을 강조한다. 우선 알아야 도덕적 행동을 할 수 있다는 전제하에서 도덕을 가르친다.

그런데 옳고 그름을 판단할 줄 알아도 반드시 도덕적인 것만은 아니다. 옳음을 택해서 자신에게 큰 손해가 되거나 불리하면 그름을 택하여 부도덕한 행동을 하기 쉽다. 또 주위의 상황이나 환경 때문에 옳음을 택하여 도덕적이고자 하는 실천의지를 약화시켜 부도덕하게 행동할 수도 있다.

도덕적 행위의 의지 또는 덕성(moral virltue)으로서의 도덕성을 정의적 도덕성이라고 한다.

도덕성 교육은 앞에서 말한 인지적 도덕성만으로는 충분하지 못하다. 인지적 도덕성에 정의적 도덕성이 합쳐질 때 비로소 도덕성 교육은 확실하게 된다. 이것을 '지덕일치', '지행일치'라고 할 것이다. 도덕성의 내면화·인격화가 되어야 한다. 그런데 우리의 교육 수준은 아는 것으로 그치는 경향이다. 아는 것 따로 있고 행하는 것 따로 있다. 아는 것은 시험용이고 그중 극히 일부만 가지고 살아가는 모양이다. '앎'과 '삶', 인지적 도덕성과 정의적 도덕성이 일치하는 교육을 해야겠다. 옛날에는 아는 대로 살고 또 살아가는 과정에서 배우고 알게 되었을 텐데 겉약은 현대에 와서 앎과 삶을 따로국밥으로 만들어 먹고 있다.

인지적 도덕성은 도덕교과에서 많이 가르친다고 하더라도 정의적도덕성, 행위로서의 도덕성은 도덕교과만으로는 충분치 못하다. 다른 교과에 우선하여 도덕을 가르치고 또 모든 교과를 동원하여 지도해야 한다. 모든 교과를 동원해도 오히려 부족하다. 그래서 학생의 전 학교생활, 삶을 통하여 도덕성 함양 교육을 해야 한다. 도덕이라는 교과에 미루거나 하나의 교과만으로 다뤄지는 한은 도덕성 교육은 계속 겉돌지 않을 수 없다. 비상한 각오와 희생을 감수해야 도덕성 교육은 가능해진다.

넷째, 모범에 의한 교육을 강조하고자 한다. 도덕교육에 있어서 교육매체는 교과서나 언어가 아니라 교사 자신의 몸뚱이이고 교사의 행위 그 자체이다. 책으로 읽고 말로 호소하는 것보다 몸으로 보여 주는 수업이 더 효과적이라는 것은 누구도 부인할 수 없을 것이다. 그래서 사범이고 사표라고 했던 것이다.

그러나 교사가 몸으로, 행위로 아이들에게 보여 주는 것이 교과서에 있는 것과, 더 절실하게는 교사 자신이 아이들 앞에 뱉어 놓은 말과 다를 때 아이들은 갈등을 일으키고 혼란에 빠지고 마침내 앎과 삶이 다른 이중인격자가 된다. 교사 자신의 앎과 삶이 일치하고 도덕적이어야 하는 것은 그야말로 기본에 속한다. 교사는 입으로만 가르치는 것이 아니라 몸으로 행위로써 가르쳐야 하기 때문에 교사는 고달프고 어려운 것이다. 이렇게 어려운 일을 해내기 때문에 교사는 마땅히 국민의 존경을 받아야 하고 또 당연히 받을 수 있는 것이다.

교사가 국민으로부터 정신적·물질적 존경을 못 받으면 학생으로부터도 존경을 받기 어렵다. 교사가 학생으로부터 존경을 못 받으면 학생들의 도덕교육은 어렵게 된다. 국가와 국민은 제2세 국민, 자녀를 가르치기 위해서라도 교사를 존경하는 '체'라도 해 주어야 한다. 그래서 우수한 교사후보자를 선발하여 철저한 교사교육을 하는 일이 학생의 도덕교육에 선행되어야 한다. 필자는 항상 우리나라 교육개혁의 최우선 과제의 하나로 교사교육, 교사대우를 꼽았던 것이다. 교사교육에 투자를 않는 한 다른 곳에 아무리 투자해도 그 효과를 제대로 발휘하지 못한다.

교사뿐만 아니라 사회의 모든 지도자가 도덕적이고 윤리적이지 못 할 때는 지도력을 상실한다. 가장 강력한 지도력은 도덕성에서 나온다. 그래서 최근에 도덕적 지도력(moral leadership)이 강조되고 있다. 지도자가 도덕적일 때 상대방은 기꺼이 지도자의 영향을 받고자 하게 된다. 이런 때 지도와 교육은 용이하게 된다. 앞으로 우리 사회도 도덕적 윤리적으로 흠이 있는 사람은 정치지도자가 되었든, 경제지도자가 되었든, 교육지도자가 되었든 지도적 위치에 올라설 수 없게 된다. 교사는 모범으로서, 사범으로서 도덕교육을 해야 한다. 이것이 가장 확실한 도덕성 함양 교육방법이다.

다섯째, 좀 반복되는 말이지만 철저한 교육을 강조하고자 한다. 앞에서도 잠깐 언급된 것처럼 우리의 도덕교육은 겉만 대충 읽는 식이 되어 내면화와 행동·실천의 수준으로까지 옮겨가지 못하고 있는데 문제가 있다. 이제는 실천으로서의 도덕성이 되어야겠다.

그러려면 교육의 양을 줄이고 대신 질을 높이고 철저를 기해야 한다. 가르칠 내용이 많고 덕목이 많아 진도에 바쁘다보니 표층적 교육이 되기 쉽다. 이제는 하나를 가르치더라도 끝내주기를 해야 한다. 도덕적 덕목들도 서로 연결되고 관련되었기 때문에 하나만 철저히 가르쳐도 여러 덕목을 가르치는 효과보다 낫게 된다. 일본의 힘은 철저한 교육에서 나온다. 사람으로서 살아가는 데 가장 기초적이고 기본적인 도덕성을 최소로 하여 철저한 교육을 한 것이 저력이 되어 사회기강과 질서, 경제, 정치, 문화로 표면에 나타나게 된다.

철저한 도덕교육을 위해서는 현장성과 즉시성이 강조되어야 한다. 다른 교육도 그렇지만 도덕성 교육은 특히 그 현장, 그 상황에서 즉시 교육이 이루어져야 한다. 상황과 사건, 사례가 지나간 다음, 미루어 두었다가 다른 장소 다른 시간에 따로 가르치려고 하면 도덕교육의 효과는 심각하게 저하된다. 그래서 도덕교육이 다른 교과의 진도에 밀려서는 안 되는 것이다. 도덕교육은 장소와 시간을 가리지 말고 이루어져야 한다. 철저한 교육을 한다는 명목하에 강요와 강압, 타율에 의한 교육으로는 도덕교육은 실패할 수밖에 없다. 강요와 타율에 의한 교육은 아는 것으로 그치는 도덕교육이 된다. 자기선택과 자기결정, 동기와 의지를 불러일으키는 교육이 되어야 한다. 맹목적 순종은 우리가 바라는 철저한 교육에서 제외되어야 한다.

초등학교 1학년 학생은 부모님과 선생님께 인사를 잘 하는데 대학교 4학년 학생은 부모님과 선생님께도 인사를 잘 안하거나 못하는 현상을 무엇으로 설명할 수 있는가? 자율이 아닌 타율의 교육 때문이거나 아니면 인사가 몸에 배도록 하지 못한 대충교육 때문일 것이다. 도덕과 예의의 출발인 인사법 하나라도 철저히 가르쳐야겠다는 것을 시사해 준다. 또 지속적 교육을 해야겠다는 것도 느끼게 해 준다. 어른에게 인사하는 것을 초등학교 1학년 때만 가르치는 교사가 학생에게는 1년 교사가 아닌 평생교사가 되고 명교사로 기억될 것이다. 평생교사가 되려면 교과 교사에 더하여 도덕교사가 되어야 한다.

인간답게 사는 길

산업화와 도시화, 핵가족화, 입시위주의 교육 등으로 도덕성이 떨어져 우리는 지금 도덕적 위기를 맞고 있다. 물질적으로 풍요롭게 되어도 사람과의 관계의 끈인 도덕성이 끊어지면 우리 사회는 살기 나쁜 사회가 되고 만다. 그래서 늦었지만 지금이라도 도덕성을 회복하고 함양해야 한다는 목소리가 높아지고 있다.

도덕성 함양에 앞서 먼저 학생 자신에 대하여 정확하게 알게 하는 올바른 자아개념 교육부터 해야 한다. 나를 알 때 남도 알고 남과의 관계도 알게 된다. 나를 아는 일이 도덕성의 출발이라고 본다. 도덕성교육에서는 가정과 사회 환경과의 연계교육이 강조되어야 한다. 학교교육보다 가정교육이 더 중요할지도 모른다. 학교교육에서도 도덕교육은 범교과적으로 이루어져야 하며 모든 다른 교과에 우선해야 한다. 학교생활 전체가, 학생의 삶 자체가 도덕교육이어야 한다. 가장 확실한 도덕교육방법은 모범으로 보여 주는 것이다. 입으로 하는 교육이 아니라 몸으로, 행위로 해야 한다. 한 가지라도 철저히 평생 가도록 교육해야 한다.

사람이 사람답게 살기 위해서 도덕이 생긴 것이다. 사람을 불편하게 하기 위해서 도덕이 필요한 것이 아니라 편리하게 살아가기 위해서 도덕이 필요한 것이다.

곳곳에서 다리가 끊어지고, 아파트가 무너져 내리고 비행기가 떨어지고 배가 가라앉는 것은 우리의 윤리·도덕이 끊어지고 무너지고 떨어지고 가라앉는다는 의미이다. 이렇게 끊어지고 무너지는 속에서는 불안하게라도 살아가기는커녕 언제 죽을지도 모르는 절박한 신세가 된다.

이 시대를 살아가는 우리는 끊어지는 도덕을 이어주고 떨어진 도덕을 일으켜 세워 주어야 할 의무와 사명을 갖고 있다. 우리는 도덕적 가르침을 받은 대로 후세를 가르쳐주어야 할 의무를 지고 있는 것이다. 도덕적 대물림을 해 주어야 한다. 우리가 못 배운 것은 어쩔 수 없다 하더라도 선조로부터 배운 대로라도 후세를 가르쳐내야 할 책임이 이 시대를 살아가는 우리에게 있다. 또 선조·

선배에게 도덕적 대우를 해드린 만큼이라도 후세·후배로부터 도덕적 대우를 받을 권리를 갖고 있다. 도덕성 함양만이 우리가 인간답게 살 수 있는 최선의 길이다.

선진국은 도덕과 윤리가 선진인 나라이다. 인간답게 사는 사회를 만들려면 도덕의 바탕을 튼튼하게 다져야 한다.

소란스러운 한국교육

교육이 왜 이리 소란스러운지 모르겠다. 이렇게 소란을 피워야만 교육이 이루어지는 것인지 정말 모르겠다. 정치가 소란스럽고 경제가 시끄럽다고 교육까지 이렇게 소란스러워야만 학생 교육이 잘 이루어지는 것인지 걱정스럽다.

선진 세계 여러 나라들이 차분한 가운데 착실하게 한 걸음 한 걸음 교육의 질 향상에 최선을 다하고 있는 것을 생각하면 소란스러운 우리 교육을 걱정하지 않을 수 없다.

냉혹한 국제경쟁은 한 시간 한 시간의 알찬 수업의 질에서 결판이 날 것을 생각하면 떠들썩한 우리 교육에 한숨을 내쉬지 않을 수 없다. 소란피우고 떠드는 데 우리의 소중한 교육적 에너지를 모두 낭비하고 있는 것이다. 지금이 소란피우는 데 국가적 에너지를 모두 허비하고 있을 때인가?

지금 학교에서 선생님이 조금 이상한 행동을 할 기미만 보여도 학생들이 "선생님, 우리 인성교육하려고 그러지요?"라고 질문한다는 것이다. 않던 짓하고, 이상한 짓을 하고, 요란 피우는 학교 행사를 하고 실적을 보고하는 것이 인성교육 때문에 질식할 정도이다. 계획서만 자주 제출하고, 실적보고만 자주 하라니, 학교는 뒤죽박죽이 되는 정도를 넘어서 숨 막힐 지경인 것이다. 또, 실천도 안한 평가는 무슨 의미가 있는가?

왜 이렇게 교육이 춤을 추어야 하는 건가? 지금 선생님들은 춤을 출 맛이 안 난다. 지도자란 사람들만이 광란의 춤을 추고 있는 것이다. 역시 지도자를 잘 만나야 한다. 신이 나야 춤을 추지 억지 춤을 출수는 없는 것이다. 광란의 춤을 추다가 춤곡이 바뀌면 꼴불견이 된다는 것을 알아야 한다. 과거에도 그런 일이 많았다. 춤추기 싫으면 억지 춤을 거부할 수 있는 중간 지도자들도 없는 모양인가?

교육이 왜 이리 시끄러운가 하고 보았더니 5·31 교육 개혁 방안이라는 데에 '4. 인성 및 창의성을 함양하는 교육과정'이란 것이 들어 있기 때문인 모양이었다. 이것이 나오자 세상은 온통 인성교육 투성이가 되었다.

필자는 이 분야의 전공도 아니고 하여 무엇을 인성교육이라고 하는가 하는 교육개혁안을 보았더니 '체계화된 인성(도덕성, 사회성, 정서 등)교육'(p.46)이라고 되어 있었다. 학문적으로 인성이 '도덕성, 사회성, 정서 등'이란 것이 맞는가? 교육개혁위원들이 이런 개념 정의라도 제대로 연구해서 쓴 것인지 궁금하다.

인성을 '도덕성과 사회성, 정서 등'이라고 옳게 썼다고 하더라도 문제는 또 있었다. '가. 실천 위주 인성교육 강화' 중 '유치원~고등학교의 인성교육 강화'라는 데서 유치원~고등학교의 인성교육 내용과 방법을 보면 '도덕성'에 관한 것은 있어도 '사회성'과 '정서'에 관한 것은 거의 없는 상태이다.

필자가 알고 있는 사회성 발달과, 정서발달은 '신교육 체제 수립을 위한 교육개혁 방안' 47쪽과는 거리가 멀다. 정권이 바뀐 지 2년 만에 늦게야 구성된 교육개혁위원들이 졸속으로 만들어 6·27 선거를 앞두고 서둘러 발표한 교육개혁안이란 것에 온 나라 교육이 쑥대밭처럼 되고 끌려 다니는 것이 불쌍한 현실이다.

인성교육이란 것을 사회성 교육, 정서교육까지 포함시켜 놓고 과거의 바른 생활, 도덕 교육, 윤리 교육과 비슷하게 쓰면서 세상을 혼란스럽게 만들어 놓고 있는 교육개혁위원들과 교육 지도자와 행정가들의 인성과 인성 발달이 의심스럽기까지 하다.

이 글의 주제와는 거리가 있는 이야기이지만 지금까지 발표된 교육개혁안에는 '열린교육'에 관한 항목과 과제가 들어있지 않다. '열린교육 체제', '열린교육 사회'가 있을 뿐이다. 교육방법이나 내용으로서의 '열린교육'과 '열린교육 체제'와는 완전히 다른 개념이고 다른 내용이다.

교육개혁안 19쪽(열린교육 사회)과 23쪽(열린교육 체제)의 내용과 지금 현장학교에서 요구하고 있는 '열린교육'과는 완전히 다른 개념이란 것을 쉽게 판별할 수 있을 것이다. 교육개혁위원회에서 '열린……' 어쩌고 - 하니까 누군가가 그 개념을 알고 그랬든 모르고 그랬든 슬그머니 '열린교육'이란 방법을 끼워 넣어 가지고 우리나라를 온통 '열린교육' 방법으로 시끄럽게 몰고 가는 것이다.

설사 '열린교육' 방법이 지상 최고의 것이고 만병통치약이라고 (가정)하더라도 어떻게 일시(단기간 내)에 전국의 모든 학교를 열린 학교, 열린 학급, 열린 수업으로 몰아넣을 수 있겠는가? 계획도 없고 전략도 없고 절차도 없이 몰아넣고 평가해서 차등 지원한다고 야단법석이니 이 나라의 교육이 어디로 갈 것인지 한심스럽다.

'열린교육'을 전 국민이 모두 원하는가? 열린교육만은 최소한, 좋아하는 학부모가 선택할 수 있어야 한다. 전 미국 학부모가, 전 영국 학부모가 열린교육을 원하던가? 그래서 전 미국의 학교가, 전 영국의 학교가 모두 열린교육을 하던가? 우리나라의 모든 학교 모든 학급에서 열린교육을 하라고 한다면 그것도 열린교육이 아니라 일종의 획일화 교육이고 폐쇄교육인 것이다.

학교와 교육방법은 다양해야 하고 국민들은 다양한 가운데서 그들이 원하는 것을 선택할 수 있어야 한다. 국민과, 교육자들과, 학자들 간에 충분한 논의와 합의 과정도 거치지 않고 이렇게 국가교육을 흔들어 놓은 사람들은 반드시 국가와 민족 앞에 책임을 져야 한다. 이렇게 교육개혁이란 미명 아래 전국 획일의 열린교육으로 몰고 가는 사람들의 마음이 모두 지시와 명령, 권력, 통제, 조작으로 폐쇄되어 있고 닫혀 있다는 것을 먼저 깨달아야 한다.

열린교육으로 획일화시키겠다는 사람들의 마음이 먼저 열려 있어야 하고 열린교육을 할 것이냐 말 것이냐, 열린교육을 내 자식에게 받게 할 것이냐 말 것이냐에 대하여 교육자들과 학부모에게 선택의 자유가 열려 있어야 한다.

지금은 개발 독재의 시대가 가고 새로운 세기와 새로운 천년대로 넘어가고 있는 시대라는 것을 먼저 인식해야 한다. 우리 교육에서 제발 소란 좀 그만 피웠으면 좋겠다. 인성교육도 마찬가지로 획일로 몰고 가서는 안 되겠다.

부품 조립 생산의 대량교육 산물

전인교육, 인성교육이 제대로 안 되어 있으니 이것을 강화해야 겠다는 것이다. 인성교육의 부실은 현대 사회, 현대 학교의 당연한 산물이다.

현대 사회는 모든 기능이 분업화되고 있다. 그래서 교육의 기능을 모두 교육기관에 분담시킨 것이다. 학부모들은 자녀교육을 학교와 학원에 통째로 맡겨버린다. 심지어는 자녀 교육을 돈으로 해결하려 한다. 핵가족화되고 맞벌이로 살아가야 하는 현대 사회에서 더욱 심해진다.

교육은 학교에 모두 맡겨버리고, 그러고도 안심이 안 되거나 경쟁에서 질 것 같으면 학원과 과외로 자녀들을 모두 내몰아 버린다. 비싼 과외를 하면 자녀 교육이 저절로 잘 될 것으로 기대한다.

우선 여기에 인성교육의 문제점이 있다. 교육적 책임은 가정에 있고 부모에게 있는 것이지, 학교와 학원에 있는 것은 아니다. 가정교육이 교육의 주가 되고 학교교육은 부(副)가 되는 것이다. 학원이나 과외는 부의 부가 되어야 한다. 그런데 우리나라에서는 주와 부, 주객이 전도된 것이다.

특히 전인교육이나 인성교육은 가정과 부모에게 비중이 주어져야 한다. 자녀교육을 어떻게 남에게 맡기고 돈으로 해결하려고 하는 것인가? 학부모는 학교의 교사와 학원·과외 선생님이 자기의 자녀교육, 특히 전인교육, 인성교육까지 책임져 줄 것으로 기대하는가? 현대사회가 아무리 바빠도 내 자식 교육은 내가 해야 하는 것이 원칙이다.

현대 학교의 교육은 산업 사회에 기반을 둔 대량생산, 그것도 조립생산 체제에 의하여 이루어지고 있다. 우선 보통 교육이 유아원·유치원·초등학교·중학교·고등학교의 교육으로 기능이 분화되고 쪼개진다.

그런데 어린이·학생·개인들이 이들 학교를 통과하는 과정에서 학교 간에 협동이 이루어지지 않고 있다. 자동적, 기계적으로 통과하고 있는 것이다. 이들 학교 간에, 교사들 간에, 교(원)장들 간에 협동이 이루어지지 않고 기계적으로 분업을 하고 있는데 인성교육이 이루어지겠는가?

그런데 이들 학교에서는 모두 학급이란 집단을 이루어 집단 교육, 대량교육을 하고 있는 것이다. 이 집단 속에서 개인은 심각하게 고려되지 않고 있다. 교사들은 학급을 가르치는 것이지 학생(개인)을 가르치는 것이 아니다. 이는 마치 공장에서 하나의 틀에 의하여 똑같은 물건을 대량으로 찍어 내는 것과 같은 획일 교육이다.

이런 현대 교육의 틀을 가지고는 학교에서 아무리 인성교육 행사를 많이 해도 그것은 진정한 의미의 인성교육이 될 수가 없다.

학생들이 1년마다 학년이 올라가 6년, 3년, 3년이면 졸업을 하게 된다. 왜 꼭 1년마다 학년이 바뀌어야 하는가? 왜 꼭 6년, 3년, 3년을 지나가야 졸업을 하게 되는가?

모든 학생들이 인성교육을 위하여 이만한 시간을 꼭 필요로 하는 것인가? 1년마다 바뀌는 선생님들 사이에 학생 개인을 위한 교육에 협동과 협력이 거의 없다. 그 학년에 해당하는 지식의 파편을 던져 주는 것으로 책임이 끝나는 것이다. 공장의 조립 생산 라인만도 못한 조립생산 교육 체제이다.

공장에서는 그래도 전 단계에서 잘못되면 다음 단계의 조립에 이상이 생겨 확인되기라도 하는데, 학교에서는 잘되든 못되든 그냥 지나가기만 하면 된다. 잘못되어도 책임지는 사람은 아무도 없다. 잘못되어도 책임지지 않는 직업은 아마 교직 이외에는 없을 것이다. 이런 무조건 통과하기만 하는 현대 학교의 체제로는 인성교육을 할 수 없게 되어 있다.

학생들을 가르치는 것은 교과목으로 또 나누어지고 쪼개진다. 교과별로 지식을 쪼개어 학생들에게 지식의 파편을 던져 놓는다. 중·고등학교에서는 교과목별로 교사까지 달라진다. 공장에서 각 부품을 조립하여 하나의 완제품을 만들어내는 것과 똑같은 방법으로 한 사람의 인간을 교육시키겠다는 것이다. 각 교과 교사들이 던지는 지식의 파편들을 학생들이 무슨 재주로 조립하여 전인이 되고 사람다운 사람이 될 수 있겠는가?

산업 사회에 기반을 둔 산업 사회, 현대 학교의 대량 조립 생산 체제의 학교 교육으로는 학생의 전인교육, 바른 인성교육을 제대로 하기가 아주 어렵게 되어 있다.

그래서 학교에서는 부모 교육의 필요성을 느끼게 되고, 가정교육과 연계하여 인성교육을 하려고 시도하게 되는데, 이는 어느 정도 바른 방향이라고 할 수 있다.

그러나 근본적으로 학교 교육도 대량조립 생산 체제를 고수하려고 하지 말고 학생 개인에 초점을 맞추려고 노력해야 할 것이다. 학교에서 교사는 학급과 교과목을 가르치려고 하지 말고 학생 개인을 가르치려고 하고 정부는 그런 교육 체제를 만들려고 해야 할 것이다.

인성교육의 부재는 산업 사회의 대량 조립생산 공장체제 교육의 산물이다.

가정에서의 인성교육

가정에서의 인성교육에 대하여 이야기해야 할 차례가 되었다.

인성교육에서도 먼저 알아야 하는 것이 기본이다. 즉 지식이 필요한 것이다.

지식교육은 모든 교육의 기본이 된다. 단순히 알려 주기만 하는 것이 아니라 이해시키고 깨우쳐 줘야 하는 것이다.

남의 이야기를 하기보다는 부끄러운 내 얘기를 먼저 해야겠다. 나는 초등학교에 입학하기 전까지 아무것도 모르고 잘못이란 것도 모른 채 20살 가까이 차이가 나는 장형에게도 반말을 했었다. 어려서부터 습관으로 그렇게 해 왔던 것 같다. "그랬어", "저랬어"하는 식이었다.

어린아이에게 어려운 존댓말을 가르치기 어렵다고 생가해서였는지 아니면 동네 모든 아이들이 그래서였었는지 모르지만, 부모나 나이 차이가 나는 형님에게 존댓말 쓰는 것을 나에게 가르쳐 주시지 않았던 것 같다.

그런데 이것이 잘못이란 것을 초등학교에 들어가서야 비로소 알게 되고 느끼게 된 것이다. 나는 나의 언어 습관을 고쳐야겠다는 결심은 하였으나 하루아침에 반말 습관에서 존댓말로 바꾸려니 얼마나 쑥스러웠는지 모른다. 얼굴이 빨개지고 목구멍까지 말이 나왔다가 다시 기어들어가는 것이었다. 그때 나는 존댓말을 일찍 가르쳐 주시지 않은 형님들과 부모님을 원망하기까지 했었다.

그래서 내가 부모가 되어서는 자식들이 아주 어릴 때부터 부모에게 존댓말을 쓰도록 가르쳤다. 그래서 내 자식들은 어려서부터 자연스럽게 부모에게 존댓말을 쓰게 되었다. 가끔 남의 집에서 부모에게 "이랬어, 저랬어", "이랬수, 저랬수" 하는 말투를 듣게 되면 그렇게 귀에 거슬릴 수가 없다.

아이들에게 우선 알려 주고 가르쳐 주고 이해시켜 줘야 한다. 지금 아이들, 젊은이들이 몰라서 잘못하는 경우도 너무 많다. 몰라서 못하고, 잘못하는 것은 가르쳐 주지 않은 사람의 책임이다. 예의, 도덕도 윤리도 우선 가르쳐 주고 알려 줘야 한다. 예의 없다, 도덕이 깨졌다고 한탄만 하고 있어선 안 된다. 인간답게, 사람답게 사는 것도 아름답게 사는 것도 우선은 가정에서 일일이, 철저하게 알려 주고 가르쳐 줘야 한다. 알려 주었는데도 잘못을 할 때는 엄하게 혼낼 필요가 있다. 말로 이해시킬 수 없으면 혼내고 벌을 줘서라도 올바르게 가르쳐야 한다. 물론 시간이 걸리더라도 말로 가르치는 것이 좋겠지만 그만한 시간이 없거나, 말로 가르칠 자신이 없다면 어떤 극적 연출도 필요한 것이다.

알고도 바르게 살지 못하는 것은 본인의 책임이지만 알려 주지도 않은 것은 부모의 책임이요, 어른의 잘못이다.

한번 알려 줘도 안 되는 경우는 지속적으로 반복할 수밖에 없다. 그야말로 침이 마르도록 말해야 하는 것이다. 가르친 것이 몸에 배어 행동으로, 인격으로 굳어질 때까지 가르쳐야 한다. 그래서 인간 교육이 힘든 것이 아닌가?

지금 젊은 부모들 중에는 자녀들을 자유스럽게 키운다는 생각으로 방임하는 것과 같은 행동을 많이 보게 된다. 자유도 제한된 자유일 뿐만 아니라, 자유와 방임은 완전히 구별되어야 한다. 자유도 남에게 폐를 끼치지 않고 남과 어울려 사는 범위 내에서의 자유를 가르쳐야 한다.

아이들을 일부러 억압할 필요는 없지만 방임으로 그야말로 '놔먹여도'되는 것은 아니다. 이는 부모 노릇의 포기에 해당되는 것이다. 자녀 교육에서 부모 노릇의 포기는 나중에 사회에 해악으로 되돌아올 뿐만 아니라 부모 자신도 반드시 배반으로 그 업보를 받게 될 것이다.

대부분의 아이들은 부모들이 알려 주는 대로, 일러 주는 대로 살아가게 된다. 일러 주지도 않고 잘되기를 바라거나, 가르쳐 주지도 않고 잘못한다고 한탄하는 것은 전적으로 부모의 잘못이다. 부모가 가르치는 데 게으르기 때문에 지금 문제가 많이 생기고 있는 것이다. 알려주는 것도 어린이와 청소년의 발달 단계에 맞게 해야 한다. 발달 단계에 따라 필요한 발달 과업이 있다.

알려 주는 것이 인성교육의 첫 번째라고 한다면 행동으로 보여 주는 것을 두 번째로 꼽고 싶다. 부모가 모범으로 보여 주는 것이다. 이것을 모델 학습이라고 해도 좋다.

어떤 초등학교에서 교통 규칙에 관한 아동 조사를 한 적이 있다고 한다. 이 조사에 의하면 건널목에서 빨간불일 때 혼자 교통 규칙을 어기고 건너간 경우는 10% 미만인데 비하여 부모와 함께 교통규칙을 어기고 건너간 경우는 34% 정도 되더라는 것이다. 부모가 행동으로써 교통 규칙 어기는 것을 아이들에게 증명으로 보여 주고 있는 것이다.

사실 혼자서 교통 규칙을 어겼던 10%의 어린이들 중에서도 자기 부모로부터 교통 규칙을 어기는 것을 행동으로 배우고 실천한 아이들이 포함되어 10% 정도로 높게 나타났을지 모른다. 부모나 어른들이 빨간불일 때 교통 규칙을 어기고 건너는 것을 한 번도 보지 않고 자기 스스로 판단하여 교통 규칙을 어긴 어린이는 거의 없을 것으로 본다. 대개의 어린이는 배운 대로 살아가려고 하는데 부모나 어른, 사회가 법을 어기도록 행동으로 가르치고 있는 것이다.

행동으로 몸으로 가르치는 것은 말로 입으로 가르치는 것보다 몇 배나 더 강력한 힘을 갖는 것이다. 그래서 교사가 모범을 보여야 하기 때문에 교사교육을 사범교육이라고 했던 것이다. 말로 가르치는 것과 행동으로 보여 주는 것이 다르다면 자녀들을 바로 가르칠 수가 없다.

초등학교 1년생이 어버이날 꽃을 사오다가 건널목에서 교통사고로 사망한 사건이 있었다. 그 길이 바로 입학식 날부터 어머니와 손잡고 바쁘다는 핑계로, 그리고 지각한다는 구실로 교통규칙을 어기고 다닌 길이었다.

자식 죽은 다음에 후회해봐야 아무 소용이 없다. 부모들이 나쁜 짓 하는 것을 행동으로 보여 주고 말로 가르치려고 해야 아무 소용이 없다. 부모가 행동으로 나쁜 짓 가르친 것을 학교에서 선생님이 말로 가르치려고 하니 교육의 효과가 올라갈 리 없다.

자식 잃고 후회하는 것이나 자식 망쳐놓고 후회하는 것이나 마찬가지이다. 부모와 어른들이 먼저 행동을 바르게 해야 한다. 지금 인성교육을 한다고 떠들어대는 사람들이 먼저 바르게 행동해야 한다.

행동으로 보여 주기는 정말 어렵다. 시어머니가 며느리 시집살이를 시키려면 먼저 시어머니가 제대로 바르게 행동해야 한다. 사실은 시집살이하는 며느리보다 시집살이를 시키는 시어머니의 삶이 더 고달팠던 것이다.

지금은 젊은 사람들 편하게 살게 하기 위해서라기보다도 부모들이 먼저 고달프게 살기 싫으니 결혼한 자식들을 따로 살게 하는 것이다. 그래서 젊은 부부들이 살림살이를 배울 기회조차 갖지 못하게 된다.

나는 '우리의 교육, 몸으로 가르치자'라는 책을 쓰면서 옛날 양반들이 양반 노릇하기가 얼마나 어려웠을까 하고 상상도 해보고 이해도 해보려고 애쓴다. 상놈으로 살면 편할 걸 양반 체통을 지키느라고 오히려 불편하고 어렵게 산 점도 있었을 것이다.

지금 우리나라는 지도층에 문제가 있다. 양반, 상놈의 계층은 없어졌지만 그래도 지도층이 행동으로 모범을 보여야 나라의 기강이 잡히는 것인데, 윗물이 흙탕물을 일으키니 아랫물이 맑아질 수가 없다.

나라가 어렵다고 하면서 과소비하는 것도 가진 자, 지도층이요, 큰 부정부패 하는 것도 그들이요, 사교육비 많이 소비하는 것도 모두 자기들 지도층에게 해당되는 말이다. 안보 의식은 누구에게 더 해당되는 말인가? 자기들이 믿지 못하게 행동해 놓고도 믿어 달라고 한다. 이제 우리 사회에는 더 이상 말이 필요 없다. 행동으로 보여 주는 길밖에 없다.

나는 교육자로서, 교육학자로서 많은 회의를 느낀다. 우리 사회에서 못된 짓 하는 사람들이 모두 못 배워서 못된 짓 하는 것인가? 가만히 관찰해보면 많이 배운 사람은 많은, 큰 못된 짓을 하는 것 같고 못 배운 사람들은 적은, 작은 못된 짓을 하는 것 같다. 나라를 소란하게 하는 사람들이 지위가 낮아서 나쁜 짓을 하는 것인가, 아니면 박사학위가 없어서 고약한 짓을 하는 것인가? 명문대학을 못 나와서 나쁜 짓을 하는 것인가?

아는 것 따로 있고 살아가는 것 따로 있는 데 문제가 있다. 배웠으면 배운 대로 살아가야 할 것 아닌가? 배운 것은 시험 볼 때만 써먹고, 명문대학 들어가는 데 다 써먹어 버리고 살아가는 것은 또 별도로 배워야 하는 것인가? 부모가, 어른이, 지도층이 먼저 '앎과 삶'이 일치하도록 해야 한다. 자녀의 인성교육은 먼저 알려 주고, 일러 주고, 다음엔 행동으로, 모범으로 보여 주어야 한다.

자녀와 같이 보내는 시간을 가져야

말로 가르치든 행동으로 가르치든, 우선 부모와 자식이 같이 보내는 시간을 가능한 한 많이 가져야 한다. 그래서 대화도 많이 하고, 행동으로 보여 줄 기회도 많이 가져야 한다.

낳자마자 애기 보는 사람, 유아원, 유치원에 자녀 교육을 통째로 맡겨 버리고 초등, 중·고등학교와 학원, 과외, 독서실에 떠맡겨 버리고 도대체 자녀들이 가정에 붙어 있을 틈을 다 빼앗아 버리니 가정교육은 부재일 수밖에 없다. 초등학교만 마치면 그때부터 아이들은 부모와 담을 쌓기 시작한다. 또 결혼하자마자 내쫓아 버리니 가정의 교육적 기능은 사라지지 않을 수 없다.

가정교육이 모든 교육의 기본이 되는데, 가정의 교육적 기능을 살리려면 우선 부모와 자녀가 대화를 나누고, 함께 느끼고, 고민하고, 문제를 해결해 나갈 수 있는 시간과 기회를 많이 갖도록 노력해야겠다.

가정이 교육의 중심이 되어야 한다. 지금은 학교와 학원이 내 자녀교육을 책임져 줄 수 없는 때다. 인성교육은 더욱 그렇다. 더구나 돈만으로 자녀 교육을 해결하려고 하는 생각은 너무나 위험하고 잘못된 것이다. 남을 위해서, 사회와 국가를 위해서 자녀의 인성교육을 하는 것이라고 착각해서는 안 된다. 내 자녀를 위해서, 부모인 내 자신을 위해서 철저한 가정교육을 해야 하는 것으로 생각해야 한다. 잘못된 가정교육, 부실한 가정교육의 폐해는 남들이나 사회, 국가보다 먼저 내 자식, 부모, 우리 가족이 심각하게 받을 것이기 때문이다.

장기적 전망에서 자녀의 인성교육을 해야 한다. 입시가 급하다고, 출세가 급하다고 기초적인 인성교육을 제대로 해놓지 못하면 장기적인 면에서 인생 자체가 실패하게 된다. 인생은 마라톤이지 단거리의 연속이 아니다.

인성이라는 사람의 바탕 위에 다른 지식들을 쌓아 올릴 생각을 해야 할 것이다.

또, 당장 인성교육의 효과가 나타날 것으로 기대해도 안 되고, 설사 당장 효과가 나타났다고 해서 안심해서도 안 된다. 몸에 배어 내면화되고 인격으로 굳어질 때까지 지속적으로 실천되어야 한다.

가정에서의 인성교육은 장기적 전망에서 내 자녀, 나 자신을 위해서 부모가 자녀와 많은 시간을 갖고 밀도 있게 말로써, 행동으로써 몸으로 가르쳐야 한다. 가르쳐도 자녀가 배우지 못하면 아무 소용이 없다. 배워서 몸에 밸 때까지 계속해야 한다.

소란스럽게 떠들어댄다고 될 일이 아니라 인성교육은 차분하게 가라앉은 가운데 착실하게, 철저하게 이루어져야 한다. 학교는 가정에서의 인성교육이 철저하게 이루어질 수 있도록 도와줘야 할 것이다.

학교가 교육을 도맡겠다고 설쳐대지 않는 것도 가정교육을 도와주는 것이 된다.

한국교육의 장점은 튼튼한 가정교육에 있었다. 한국의 힘은 가정교육, 부모의 자녀 교육에서 나온다. 지금 우리 가정에 부모가 필요하다. 우리 사회에 어른이 절실히 요구된다. 우리 민족에게 별과 같은 지도자가 필요하다.

부모가 먼저 부모 노릇 제대로 하고 어른이 어른 노릇 제대로 하고, 지도층이 지도자 노릇을 제대로 해야 우리 사회는 발전한다. 부모, 어른, 지도자이기를 포기하고 제멋대로 살려고 하면서 가정과 사회, 국가가 잘되기를 바랄 수는 없다. 이제 모두가 제자리를 찾아야겠다.(『私學』 1997, 여름, 대한사립중·고등학교장회)

12년 전 이 글을 썼던 때나 지금이나 크게 변한 게 없다. 여전히 교육개혁을 한다고, 사교육비 줄인다고 소란스러우나 이루어지는 것과 변하는 것은 하나도 없다. 가정이 먼저 중심을 잡아야 한다.

IV

교육 생존전략, 질의 교육

- 교육 생존전략, 질의 승부
- 교육의 질 관리 운동, 기업경영으로부터 배워 와야
- 전환적 교육의 질 관리
- 질 교육에의 변화 압력
- 교육의 질 향상을 위한 학교문화

잘 사느냐 못 사느냐, 돈을 많이 버느냐 조금 버느냐가 문제가 아니라, 이제는 이 지구상에 살아남을 수 있느냐 없느냐 하는 생존 자체가 문제이다. 이것은 국가나 기업체, 조직이나 기관뿐만 아니라 개인에게도 똑같이 적용된다.

지금 국가도 민족별로 갈라지고 독립하여 새로 태어나는 나라가 있는가 하면 흔적도 없이 사라지기도 한다. 옛 소련은 이 세상에서 생존하지 못하고 스스로 국기를 내린 대표적인 나라이다. 이제 국가 간에는 이념 대결을 버리고 살아남기 위해서 노력하고 있다. 이념대결, 정치대결, 군사대결을 버리는 대신 경제적 힘겨루기를 하고 있다. 정치적·군사적 국경은 높이 쌓도록 인정해 주는 대신 경제적 국경은 허물라는 것이다. 우루과이 라운드다, WTO다 하여 전 세계를 국경 없는 하나의 시장으로 하여 자유경쟁을 하자는 것이다. 말하자면 샅바도 없이 놓고 치기 씨름을 하자는 것이다. 이렇게 되면 강대국에게 유리할 것은 뻔한 사실이다. 세상은 강자의 논리에 의하여 돌아가고, 약자는 항상 생존 자체에 위협을 느끼게 된다.

기업체들도 돈 벌기를 포기하다시피 하고 생존과 유지에 더 신경을 써야 할 판이다. 우리나라 기업의 평균 생존율은 그동안 20%

정도였다. 80%가 사망률인 셈이다. 1960년대의 10대 재벌 중 현재 2개만이 생존을 유지하고 있고, 1965년을 기준으로 할 때 당시 100대 기업 중 겨우 16%만이 생존하고 있으며, 1975년을 기준으로 할 때는 25%가 살아남았다는 것이다. 1996년도에 우리나라에서 하루 평균 30개씩 중소기업이 망했다고 하더니 1997년 5월에 들리는 소식에 의하면 하루 평균 49개 기업체가 망했다는 것이다. 중소기업뿐만 아니라 거대 건설회사도 쓰러졌고 한보그룹도 한신공영도 부도를 냈다. 기업체들도 이 세상에 간판을 걸어 놓을 수 있는 자체를 다행으로 여기고 있는 실정이다. 대기업 도자기 제품을 만들어 팔아 돈을 벌기를 이미 포기하고, 다른 나라 물건을 국내로 수입해 들여와 팔아서 돈 벌기에 매달리고 있다.

이제 양의 시대는 가고 대신 질의 시대가 왔다. 저질의 물건을 만들어 싼 값으로 팔아 고수익을 남기던 시대는 가고, 이제는 고품질을 만들어 고가로 팔아 고수익을 남기는 전략을 쓰지 못하면 망할 수밖에 없다. 소품종 대량생산이 아니라 다품종 소량생산, 주문생산으로 고객의 입맛에 맞춰야만 살아남을 수 있게 된다. 세계인의 입맛이 변하여 양에서 질로, 배 채우기에서 맛으로, 서비스로, 분위기로 돌아섰다. 돌아선 고객의 입맛에 맞추지 못하면 기업이나 조직은 생존할 수 없게 된다.

그런데 우리의 기업체들은 양에서도 밀리고 질에서도 밀리는 샌드위치 신세가 되어 생존의 어려움을 겪고 있다. 기업을 하자니 땅값 비싸고 금리·임금 모두 비싸고 또 행정규제도 많고, 뇌물이 들어가야만 하니 자유경쟁의 벽을 넘기 어렵게 되어 있다. 어떻게 든지 질의 벽을 뚫어야 살아남을 수 있게 된다.

개인도 살아남기 위해서 몸부림치지 않으면 안 된다. 대학을 나와도 많은 사람들에게 나아갈 길이 막혀 있다. 지난 30여 년 동안 성장위주의 경영으로 일자리가 많이 있었으나, 이제는 줄여 매기 경영으로 가지 않으면 기업이 쓰러지게 되었다. 그래서 조기퇴직, 명예퇴직으로 떨려나가는 사람이 생기게 되었다. 평생직장인 줄 알고 일해왔는데 어느 날 갑자기 나가라니 하늘이 무너진 것 같지 않겠는가?

떨려나간 사람뿐만 아니라 남아있는 사람까지도 불안을 느끼게 되고 충성하고 싶은 마음을 사라지게 하는 것이 더 문제이다. 남아있는 직원들도 심리적으로 미리 떠날 준비를 하지 않으면 안 된다. 더 큰 문제는 우리나라 사회 전체가 불안에 떨게 되었다는 점이다. 개인도 조직 속에서 살아남고 봐야 한다.

이제 교육도 생존교육을 해야 한다. 지금까지 교육부문과 학교 교직은 가장 안전하고 바람타지 않는 무풍지대였다. 그러나 이제 교육도, 학교도, 교직도 자유경쟁의 시장경제원리에 나서야 한다. 학부모에게 학교선택권을 주는 나라에서는 학부모와 학생이 학교를 선택해 주지 않으면 그 학교는 망하게 되고, 그 학교에서 근무하던 교직원은 직장을 잃게 되고 있다. 또 외국에서는 사립학교와의 경쟁에서 공립학교는 밀리게 되고, 심지어는 영리 사설 학교가 생겨나 학교운영위원회와 계약을 맺고, 교육을 도맡아 하게 되는 일이 많이 생겨나 공립학교의 존립에 위협을 느끼게 되고 있다. 교육의 주인이면서 소비자인 학교운영위원회는 자기의 자녀를 잘 가르쳐 줄 것이라 확신을 갖게 되는 교육회사와 계약을 체결하게 된다. 공립학교에서 질의 교육을 보장해 주지 못하면 학교의 존재 이유 자체를 거부당하게 된다. 심지어는 자기 자녀를 학교에 보내지 않고 자기 집에서 자기 자신이, 아니면 다른 사람을 고용하여 가르치겠다고까지 한다. 교사의 입장에서는 일단 자기가 근무하는 학교가 이 세상에 존재하고 봐야 한다. 학교가 없어지고 나서는 어떤 변명을 해도 아무런 의미가 없다.

이제 우리나라의 교직도 성과급제다. 교장 초빙, 교사 초빙제다, 명예퇴직제다 하여 차차 자유경쟁의 무대로 나가고 있다. 학생 수가 줄어드는 곳에서는 교사도 줄어들 수밖에 없다.

그리고 내 교육, 우리 학교의 교육, 내 나라의 교육을 받고 나간 학생들이 직장에서, 사회에서, 국제무대 경쟁에서 살아남을 수 있어야 한다. 학교에서는 경쟁에서 패배하는 사람을 교육시켜 내놔봐야 아무런 의미가 없게 된다. 생존에서 지지 않으려면 질 높은 교육을 해야 하고, 질의 교육이 곧 생존교육이 된다.

우리나라의 교육은 그동안 양적으로는 성공하였으나 질적으로는 실패했었다. 국가가 6·25 등 어려운 시기에 놓여 있었음에도 불구하고 초등교육을 의무교육으로 하여 그렇게 많은 학생을 다 가르쳐 내놓고, 지금은 고등학교까지 거의 의무교육화되는 정도에 이르렀다. 그리고 대학교육까지 해당 연령 인구의 54.6%까지 취학하게 되었다. 그러나 대량교육에서 성공한 것만큼 질의 교육에서 실패한 것은 부인할 길이 없다. 학생들의 학교생활은 수용소 생활, 감옥소 생활에 비유될 정도이고 질식할 정도이다. 교사 대 학생의 비는 높고, 학교의 시설은 19C시설에 비유되고, 교사의 교수방법은 분필과 칠판의 장벽을 넘지 못하고 있다. 학생들은 배우기 위해 학교에 가기도 하지만 거기서 살고 있는 것이다. 학교교육의 질이 곧 그들의 삶의 질이 된다. 배우고 난 후의 삶의 질보다도 배우는 동안의 삶의 질이 더 절박하다.

우리나라의 정치수준, 기술수준이 떨어졌다고 우려하는 목소리가 높은데 이보다 더 걱정되는 것은 우리의 낮은 의식수준과 정신수준인 것이다. 이것도 교육의 질을 가지고 높여 주지 않으면 안 된다. 문화수준, 예술수준, 윤리·도덕수준이 곧 선진국의 중요한 척도일 것이다.

이것들도 교육이 뒷받침해 주지 않으면 안 된다. 우리의 교육은 생존경쟁을 위해서도 삶의 질 향상을 위해서도 선진국 진입을 위해서도 질의 교육에 초점을 맞추지 않으면 안 되게 되어 있다.

기업체에서 물건 만들기에 질 관리 운동을 벌이고 있는데, 이런 질 관리 운동은 기업체에서 먼저 할 일이 아니라 교육에서 먼저 했어야 할 일이다. 질 높은 사람을 교육 해 놓으면 물건의 질을 높이는 것은 누워 떡먹기였을 것이다. 물건의 질이 문제인가 아니면 사람의 질이 더 문제이겠는가? 불량인간을 양산하는 거친 교육을 가지고는 모든 것이 허물어질 수밖에 없다. 다리가 무너지고 백화점이 무너지고 기차가 떨어지고 비행기가 곤두박질치고 배가 가라앉는 것보다 우리나라에 있어서 윤리·도덕, 사회기강이 무너지는 것이 더 문제이다.

더 좋은 교육(better teaching)만이 국가 생존의 유일한 해답이라는 신념을 갖고 교육의 질 향상을 국가의 최우선 과제로 삼아야 할 것이다.(경기도 의정부교육청 교육의 질 연구회 강의 원고, 1995)

질의 교육이 생존교육이다.

21. 교육의 질 관리 운동, 기업경영으로부터 배워 와야

질 관리 운동은 인간 교육 분야에서 먼저 시작되고 중시했어야 하는데 안타깝게도 물건 만드는 기업계, 산업계, 경영계에서 먼저 일어났다. 기업체에서의 질 개선운동을 교육계, 학교가 배워 와야 할 입장이다.

2차 대전이 끝났을 때 미국이 보기에는 일제 물건의 질이 형편 없었다.

일본인들이 식민지 시대에 우리를 조센징이라고 놀려댔듯이 미국인들은 일본인들을 Jap이라고 업신여겨 불렀다. 일제 물건은 ① 싸구려, ② 저질, ③ 금방 망가지는 것의 대명사였다. 그러면서 미국인들은 'Export or Die(수출 아니면 죽기(망하기))'라고 가르쳤었다.

그리고 Deming과 Juran은 일본 전역을 돌며 질 개선 강연을 하고 다녔다. Deming의 질 관리운동의 순환적 과정은 ① 계획→ ② 실천→ ③ 연구→ ④ 행동→ ⑤ 다시 계획이었다. 대개 모든 일이 계획-실천-평가의 과정을 거치지만 여기서는 특히 계속적인 연구(Study)에 의한 질 개선이 강조된다.

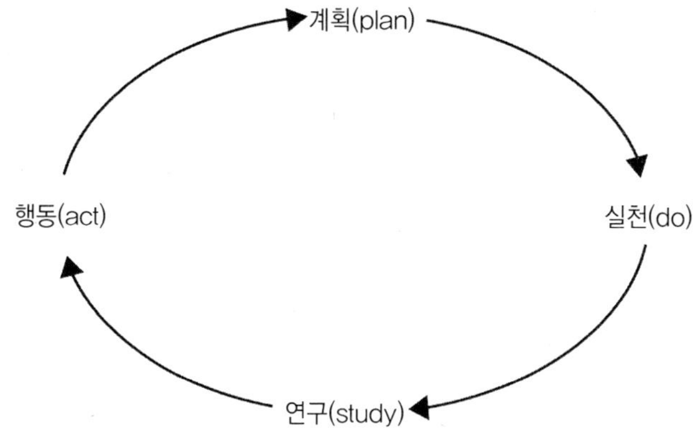

〈그림 4-1〉 데밍의 질 관리의 순환적 과정

또 Deming은 조직과 행정을 전환시키고, 개선시키기 위한 14개의 관리 원리를 제시한다[1].

첫째, 항구적인 개선목표를 정하라. 계속적인 질 개선 목표를 추구해야 한다.

둘째, 새로운 철학을 채택하라. '근로정신의 기쁨을 통한 주인의식의 기쁨'을 갖게 하는 것이다. 계속적인 질 개선에의 기쁨을 맛보게 하는 것이다.

셋째, 질의 달성 정도를 검사하고 평가 매기기를 그만두라. 평가만 한다고 질이 개선되는 것은 아닌데 지금 우리나라 교육현장에서 평가광신병 환자처럼 몰아세우고 있는 것은 큰 문제이다.

넷째, 가격표에 근거하여 기업에 시상하고 있는 제도를 중지하라. 대신 전체 비용을 최소화하라. 충성심과 신뢰에 바탕을 둔 장기적 관계성을 생각하여 어떤 한 품목을 위한 단일 공급을 지향하

---

1) Deming, W. E(1986). Out of the Crisis, Cambridge, Mass. MIT Center for Advanced Engineering Study.

라. 무엇인가 특성화하여 세계 최고를 만들어야지 싼 가격 가지고는 승산이 없다. 한국교육도 싸구려 교육을 할 생각을 버리고 특성화된 세계 최고의 교육을 해야 한다.

다섯째, 질과 생산성을 개선하여 계속적으로 비용을 절감하기 위하여 생산과 서비스 체제를 계속적으로 그리고 영원히 개선하라. 교육에서 서비스 체제를 개선하기 위해서 조금이라도 눈을 돌려 보기라도 했는가? 생산 체제와 서비스체제의 개선은 기업체에서만 할 일이 아니다. 교육에서 더 필요하다.

여섯째, 직무훈련을 제도화하라. 교직연수가 있으나 더 철저를 기하고, 직무 그 자체에 초점을 맞출 필요가 있다. 지금의 교원연수는 기업체의 연수 수준도 못 따라가고 있다. 교육과 연수에 관한 한 교육기관이 앞서 가야 하는데 우리는 기업체 수준을 따라갈 엄두도 못 내고 있다.

일곱째, 지도력을 발휘하라. 감독의 목적은 사람과 기계, 어떤 장치로 하여금 보다 나은 직무를 수행할 수 있도록 돕기 위한 것이다. 교육에 있어서의 장학이야말로 교사로 하여금 교직에서 보람과 자아실현을 돕기 위한 것이라는 것을 알아야 한다.

여덟째, 두려움을 제거하라. 그래서 모든 사람으로 하여금 직장을 위해서 효과적으로 일하게 하는 것이 훨씬 더 낫다.

아홉째, 부서 간의 장벽을 허물라. 학교에도 너무나 많은 부서가 있고 부서 간에 장벽이 두껍고 높다. 산업사회 구조 관료제는 분업화란 명분 아래 쪼개기를 업으로 했다. 그러나 앞으로는 교육의 질 향상을 위해서 하나의 팀으로서 협동해야 한다.

열 번째, 종업원들 보고 무결점 생산과 새로운 수준의 생산성을 요구하면서 내세우는 슬로건과 훈계, 숫자적 목표를 모두 제거하라. 교육계에서도 표어와 슬로건, 교육방침, 각종 지표를 만들어 액자에 넣어 신주처럼 모시고 있는 데 무의미한 일이다.

열한 번째의 a, 직무의 표준(할당량)을 제거하라. 대신 지도력으로 대치하라.

열한 번째의 b, 목표관리(MBO)도 제거하라. 숫자, 수적 목표에 의한 관리도 집어 치워라. 대신 지도력을 발휘하라.

열두 번째의 a, 근로자의 근로에 대한 자부심을 강탈해 가는 모든 장애물을 제거하라. 감독자의 책임은 낮은 수준의 수작에 불과한 숫자놀음으로부터 질로 전환되어야 한다.

열두 번째의 b, 관리직에 있는 사람과 기술직에 있는 사람에게도 근로자의 자부심에 대한 권한을 빼앗아 가는 모든 장애물을 제거하라. 이것은 특히 성과급과 목표관리의 폐지를 의미한다. 공장이나 기업체에서도 이 원리가 강조되는데 교직에서는 자기들이 하는 일에 대한 자부심이 얼마나 더 중요하겠는가? 자부심은 직업인의 권리이다. 교사와 교육행정가로 하여금 먼저 그들이 하는 일에 자부심과 긍지를 갖게 하라.

열세 번째, 교육과 자기개선을 위한 강력하고 활발한 프로그램을 제도화하라. 계속적인 교육과 자기개선 노력이 무엇보다 중요하다.

열네 번째, 조직 내 모든 사람으로 하여금 전환적 사고와 행동을 하도록 하라. 교육에서도 고정관념과 틀을 깨는 전환이 요구된다. 특히 산업사회 사고와 행동에서 정보사회 사고와 행동으로 빨리 전환하지 않으면 안 된다.

Juran은 고객으로부터 출발하여 고객으로 끝나는 계속적인 순환적 과정의 나선형 질 개선 모형을 제시하였다. 이는 마치 교육에서의 나선형 교육과정과 비슷한 모형이다. <그림 4-2>에서 보면 ① 고객을 먼저 생각하여 ② 제품을 생산개발 하고 ③ 이를 운영하여 ④ 시장에 내놔 자유경쟁을 하고 ⑤ 고객의 반응과 의견을 들어 ⑥ 계속적으로 개선된 생산개발을 하는 것이다. 어느 회사의 광고에서 "우리 회사에서는 사장의 결재란 위에 결재란이 하나 더 있다. 그것은 '고객'이라는 결재란이다."고 하는 것은 Juran의 질 개선 운동에 근거한 '고객만족', '고객감동' 운동의 하나라고 볼 수 있다.

학교에서의 1차적 고객은 학생이다. 우리나라의 학생은 학교생활, 수업, 교사에게 얼마나 만족하고 있을 것인가? 학교는 학생과 학부모를 고객이라고 생각만이라도 해본 적이 있는가?

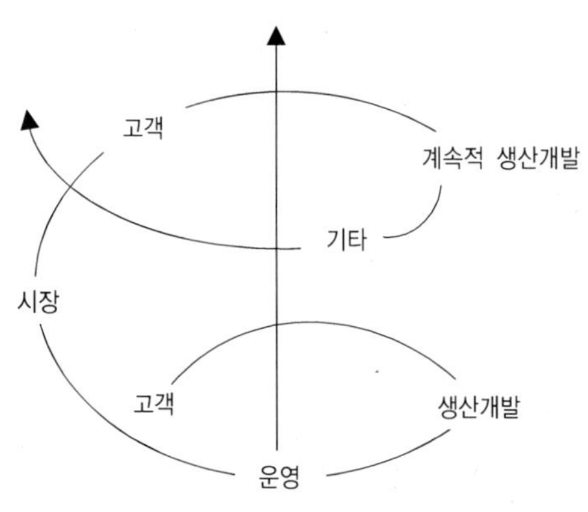

〈그림 4-2〉 Juran의 질 개선 나선형

Deming과 Juran 등 미국인들이 가르쳐준 대로 착실히 질 개선 노력을 한 일본 제품은 오늘날 ① 싸구려, ② 저질, ③ 금방 망가지는 것의 불명예를 말끔히 씻어냈을 뿐만 아니라 오히려 비웃던 미국을 능가하는 제품들을 만들어 내게 되었다. 오늘날 일본의 과제는 모방에 의한 세계 2등 국민의 신세를 넘어 창의에 의한 세계 1등 국민이 되어 세계최선두주자가 되는 것이다. 그것을 그들은 교육개혁으로 풀어 가고 있다. 교육이 옛날처럼 기업을 가르쳐 주거나 선도하기는 이미 늦었고, 오히려 기업경영으로부터 배워 와야 한다.

첫째, 질 관리 집단이 필요하다. 기업체에서 QC(Quality Circle)을 두어 계속적으로 계획을 세우고 확인·연구하여 질 개선에 노력하듯이, 학교나 교육, 교육행정기관에 교육 품질관리팀을 설치 운영할 필요가 있다. 어떤 곳에서는 발음이 같은 것을 이용하여 S-team이라고 하는데, '존경'이란 뜻이 들어 있는 'Esteem'을 염두에 두고 붙인 이름이다. 물건의 질보다 사람의 질이 더 중요한데 사람을 길러내는 교육에서 품질관리팀도 없었고 이에 신경도 쓰지 않았다는 것은 너무나 불행한 일이었다.

둘째, 고객만족운동을 벌여야겠다. 학교 또는 교육의 내적고객은 학생이다. 외적고객은 주민과 국민이라고 할 수 있다. 이들 고객을 생각하여 교육체제를 고안하고 이들을 만족시킬 수 있는 교육의 질을 보장해야 하겠다. 한국교육은 이들의 의심을 받다가 이제는 아주 불신을 받게 되어 학생과 학부모, 국민들은 교육에 등을 돌리기 시작하고 있다. 과외로, 학원으로, 사설기관, 해외로 눈을 돌리고 오히려 학교보다 이들을 더 신뢰하고 있다.

고객을 만족시키려면 권한을 계속 밑으로 내려 보내고 마침내

고객이 주도하게까지 해야 한다. 그것이 최근에 강조되는 학습자 주도(학습)가 되고 학부모 참여 학교 운영의 형태로 나타난다. 교육의 질, 학습의 질의 문제라는 차원을 넘어 삶의 질을 보장해 주는 교육이 되어야겠다. 학생으로 살아가는 동안의 삶의 질과, 학교를 떠났을 때의 삶의 질까지 보장해 주는 교육이 되어야겠다. 대한민국 교육을 받은 사람들의 삶의 질이 보장되도록 해야겠다.

우선 학생들이 배움에서 희열을 느껴야겠고, 학교생활이 즐겁고 신나게 되어야겠다. 학교가 지겹지 않고 공부가 재미있어야 한다. 학교를 떠난 다음의 행복을 위해서 학생시절의 행복을 희생하거나 유보할 수는 없다.

셋째 과정지향 - 평가지양이 되어야 한다. 과정을 바르게 하고, 과정에 열중하고, 그 결과인 평가는 가능한 한 하지 않는 방향이 되어야 질적인 생활이 되고 질이 향상된다는 것이다. 결과지향적이고 평가로 위협하게 되면 삶의 질, 배움의 질도 보장되지 않고 질 향상도 이루어지지 않는다. 평가에 성공한 사람도 실패한 사람도 모두 질 개선 노력을 포기하게 된다는 것이다.

학습에 있어서 앞에서 설명한 Deming의 PDSA사이클을 응용한 지각→ 개념화→ 사고→행동→반응적 행동의 질 관리 사이클이 필요하다. 오관을 통해서 지각한 것을 개념화하고 사고의 과정을 거쳐서 행동해야 올바른 행동을 하는데 여기서 그치지 말고 반성적 사고를 하여 반응적 행동을 함으로써 질 개선을 하게 된다.

넷째, 효과적인 학교운동을 고려할 필요가 있다. 지금 미국에서는 학교 효과성, 효과적인 학교운동이 강력하게 대두되고 있다. 그래서 효과적인 학교라고 알려진 학교를 찾아가서 연구해보면 다음과 같은 몇 가지 공통점이 있다는 것이다. ① 효과적인 학교에는 강력한 질 관리 지도력이 있다는 것이다. 교육의 질 향상을 위해서 지도자(교장)는 강력한 지도력을 발휘해야 한다. ② 명료하고 야심적인 목표를 설정하고 이를 위해 협동적 노력을 한다. ③ 효과적인 학교에는 강력한 학술적(academic) 프로그램이 있다. 미국에서는 비학술적인 생활, 예·체능프로그램에 학생들의 인기가 높은 것으로 알려져 있으나 효과적인 학교는 학술 지향적이라는 것이다. ④ 전문직주의(professionalism)가 효과적인 학교의 공통점으로 나타난다. 모든 교직원이 각자의 일에서 전문지향적이다. ⑤ 상호 영향적이고 상호 의존적이다. 분업과 분파, 칸막이, 독립·고립적이기보다는 상호 협동적이어야 한다.

다섯째, 기초교육의 강조이다. 튼튼한 기초 위에 고도의 질도 쌓아올릴 수 있는 것이다. 이와 아울러 개성존중교육, 평생(생애)교육, 변화대응교육, 윤리·도덕의 바탕 다지기를 해야 한다.

어쨌든 우리의 교육은 기업의 경영방식으로부터 배워와서라도 교육의 질을 세계수준으로 향상시켜야겠다.

우리나라에서 교육개혁 운동을 벌이고 있는데 교육의 양을 자꾸 여는 열린교육 체제에 목표를 두기를 좀 미루어 두고 우선 교육의 질 향상에 초점을 맞춰야 한다고 본다.

적은 교육재정을 가지고 자꾸 교육을 열기만 하면 우리의 교육은 점점 더 거칠어질 것은 뻔한 사실이다. 선진국의 교육개혁이 교육의 질 향상에 집중하고 있다는 사실에 주의를 기울일 필요가 있다.

질을 다루는 교육에서야말로 질 관리 운동이 절실하다.

질 관리에서 중요한 측면은 일의 과업과 일하는 개인이다.

이 두 측면에서 각각 6개씩 중요한 차원을 정하여 관습적, 전통적 경영과 질 관리의 전환적 경영을 기업계와 학교 상황을 비교해 보면 <표 4-1>과 같다. 이 표 전체를 설명하기엔 너무나 시간이 짧으므로 학교에서의 전환적 질 관리에 대해서만 간단히 설명하고자 한다.

과업

(가) 문제의 성격 - 과거에는 원인과 결과를 단순하게 보았으나 이제는 복잡하게 연결되어 있다는 것을 인정하고 학생들이 체계적으로 사고를 하게 해야 한다.

(나) 일에 대한 동기 - 과거에는 높은 성적과 교사의 인정을 받기 위하여 동기 유발되었으나 이제는 내적 동기, 자아존중, 위신, 협동심, 호기심, 배움에의 즐거움 등을 타고난다고 본다. 데밍은 학생의 성적평가 자체를 하지 말라고까지 한다. Show(보여 주고) - Explain(설명해 주고) - Self - evaluate(자기

평가를 하고) - Improve(계속적으로 개선노력 하고) - Repeat
(평가와 개선의 반복)의 주기를 학생들에게 맡기는 것이 낫
다고 한다.[William Glasser, *The Quality School Teacher*(N. Y:
Harper Collins), 1993]

(다) 시간적 틀 - 과거에는 학년 말까지 끝내야 할 단원과 장(章)
에 시간 수, 주 수로 배분했으나 전환적 학교에서는 학생
성장에 따라 한 학년 이상으로 종합적, 협동적으로 시간적
틀을 짠다. 과목과 교사에 따라 쪼개질 수 없다. 학생 학습
에 있어서 목적의 항구성이 중시된다.

(라) 해결책의 성격 - 과거에는 문제해결 기법을 배울 기회가 없
거나 있다고 해도 단순한 해결책을 찾았으나 전환적 학교에
서는 문제의 불확실성과 모호성을 고려하도록 한다. 오늘의
해결책이 내일의 문제가 될 수 있다.

(마) 활용하는 인간 능력 - 가장 유일한 능력을 기억력이라고 보
았으나 사회적 구성의 관점이 강조된다. 집단 내에서 의미
적 상호작용으로부터 의미를 도출해내고 정보와 전망을 공
유하고 아이디어를 개발한다.

(바) 결과의 평가 - 지금까지는 교과서와 좁은 행동목표 달성에
의하여 성적을 매겼으나 전환적 학교에서 학습의 산물은
문제해결의 지식을 이해하고 관련짓고 적용하는 것이다. 하
나의 학습은 새로운 학습을 낳는, 학습하는 방법을 학습하
는 순환적 과정이 되어야 한다.

〈표 4-1〉

차원	기업계		학교	
	관습적 경영	전환적 질 관리	관습적 경영	전환적 질 관리
課業(과업) 문제의 성격 일에 대한 동기 시간적 틀 해결책의 성격 활용하는 인간 능력 결과의 평가	사람, 규정, 상황 비난보수와 유인가에 의한 직무수행 분기별 보고 Boss를 기쁘게:해답은 단순하게 통제, 1인 정점의식, 토의 반성없이 계획·실천	90%이상이 체제 사람은 일을 잘하길 원함, 일에 대한 자부심 목적의 항구성(일관성) 5~10년 주기 전환 근본원인, 복잡성, 이해찾기(추구) 책임있는 팀 정신, 미결의 가정하에 대화 유통 계속적인 순환적 과정으로서의 계획·실천·연구·행동 (PDSA)	단순한 원인가 결과 성적과 인정에 의한 직무수행 상호관련없는 쪼개진 일하는 동한 내용 맞추기에 급급함 단순한 해답 가장 유용한 능력에 필요한 기억:학습을 형성하는 집단부재 Test를 위한 학습, 다음엔 망각	체제적 사고 활용 내적동기유발, 호기심, 배움에의 기쁨 개념적 변화에 서서히 적응, 장기적 전망의 주제 모호성과 복잡성의 가치 아이디어에 타당한 기준을 가진 지식의 사회적 형성 순환적 과정으로서의 새로운 학습을 생성하는 학습
個人(개인) 학습자로서의 자아 동료/전문가로부터의 학습 한 인간으로서의 자아의 관점 성공, 도전, 실패 면회/불확실성 안정에의 욕구	과정 찾는 도전, 자신감부족: Boss가 원하는것 실천전문가로부터 해답 구함, 동료에 대한 신뢰부족 충섬심 시샘, 누가 진정으로 보살펴주느냐를 묻는다 성공감·도전감 부재:실패는 비난의 대상 사고와 부정에의 경직, 모든 것 반복, 사물을 정확히 계산 안정을 보장받기 위해 요구 약속	체제적 사고와 집단 내에서의 자신감 전문성 공유, 증거할용 기꺼이 바치고자 하는 회사의 최고의 자산 복합적 해결책, 다각도 고려, 모험감행 계속적 적용, 계속적변화, 대부분 안 밝혀져 공포체거로 신속성·융통성 신장, 안정보장	누가적 정보:교사가 원하는 것 발견(찾기) 집단의 무시: 전문가 명령 직무수행의 기반으로서의 자아 능력과 행운으로 돌림, 노력으로 성공못해; 불안과방어;직무요구에 무언의 약속 무변화;무기력한 기억 은행에 정보 저장;정답찾기 Test 통과 방법을 앎으로 안정	패러다임 전환의 패턴, 단계 찾기, 전략사용, 반복적 추구 사회적 형성(대화로부터의 의미);전문성 역시 계속 성장 천부적 가치, 창의성, 호기심 노력으로 성공할 수 있다고 이해, 도전, 실패를 학습으로 간주 개념적 변화의 적응에 개방; 복잡한 결정이다 각도에서 불확실시됨 천부적 존중감 속에서 안정감;융통적 해결책 강구

출처: Randy Schenkat, Quality Connections. ASCD, 1993. p.24.

개인

(가) 학습자로서의 자아 – 지금까지 많은 학생들이 학습 활동을 가능한 한 많은 정보를 축적하는 것이라고 보고, 교사가 원하는 것을 알려고 하고, 좋은 기억이 중요하다고 보았다. 기본적으로는 독서도 이미 알고 있는 것에 자세한 학습을 추가하고 검증하는 것에 불과했다. 그러나 전환적 학교에서는 학습을 제한하고 치우치게 했던 패러다임을 뛰어 넘는 능력을 개발하기 위한 개인적 전략을 알게 하는 것으로 본다.

(나) 동료/전문가로부터의 학습 – 전문가 교사가 지식을 나눠주고자 하는 것, 말하는 것을 배우면 되고 동료로부터 얻어지는 학습의 장점을 경시했다. 그러나 전환적 학교에서는 학습의 중요한 형태가 의미의 사회적 형성이 된다. 의미는 동료와 함께 도전하고 대화함으로써 형성된다고 본다. 전문가는 불확실성에 대한 깊은 이해를 갖는 개인으로 본다.

(다) 한 개인으로서의 자아 – 지금까지 학습에서는 업적 수행에 초점을 맞춰 업적 수행 중심의 자아개념 개발에 노력해왔다. 그래서 좋은 성적을 얻는 학생만 자아 가치감을 느꼈다. 그러나 질적, 전환적 학교에서는 내적 동기, 자아존중, 위신, 협동심, 호기심, 배움의 기쁨과 같은 개인으로서의 천부적 권리에 초점을 맞춘다. 학생의 천부적 잠재력의 신장에 더 초점을 맞춘다.

(라) 성공, 도전, 실패 – 지금까지는 성공을 행운이나 능력으로 돌리고 어려운 과제에 도전하려면 불안했고 실패의 위험이 있

으면 방어기제를 쓰거나 퇴행적 행동을 했다. 그러나 전환적 학교에서는 학생들로 하여금 성공을 노력의 탓으로 돌리고 도전적 과제를 더 원하고 실패의 가치를 귀중하게 여긴다.

(마) 변화와 불확실성 - 관습적 학교에서는 학생들로 하여금 개념적 변화에 적극적이도록 하는 데 실패하고 오히려 무기력한 기억 은행에 새로운 정보를 저축하게 하고 "하나의 최선의 정답"을 찾도록 하였다. 전환적 학교에서는 갈등하는 정보에 대한 의식이 학습에 포함되고 중요한 결정이 불확실성 속에서 이루어진다.

(바) 안정에의 욕구 - 현재의 학교에서는 정답을 앎으로써 학업적 안정감을 느낄 수 있는데, 전환적 학교에서는 학생의 개인적 천부적 가치감을 느끼게 한다. 이를 종합하면 <표 4-1>과 같다.

질 관리의 기준

학교에서 질 관리를 잘 하기 위해서는 <그림 4-3>과 같이 ① 지도성, ② 생산과 서비스의 질 보장, ③ 인간자원 개발과 관리, ④ 전략적 질 향상 계획, ⑤ 정보와 분석, ⑥ 질과 운영적 결과, ⑦ 고객에의 초점과 만족을 위한 노력이 있어야 한다. 이는 질 관리 평가의 기준도 될 수 있을 것이다.

최고의 교육의 질이 최고의 인간과 최고의 국가를 보장한다.

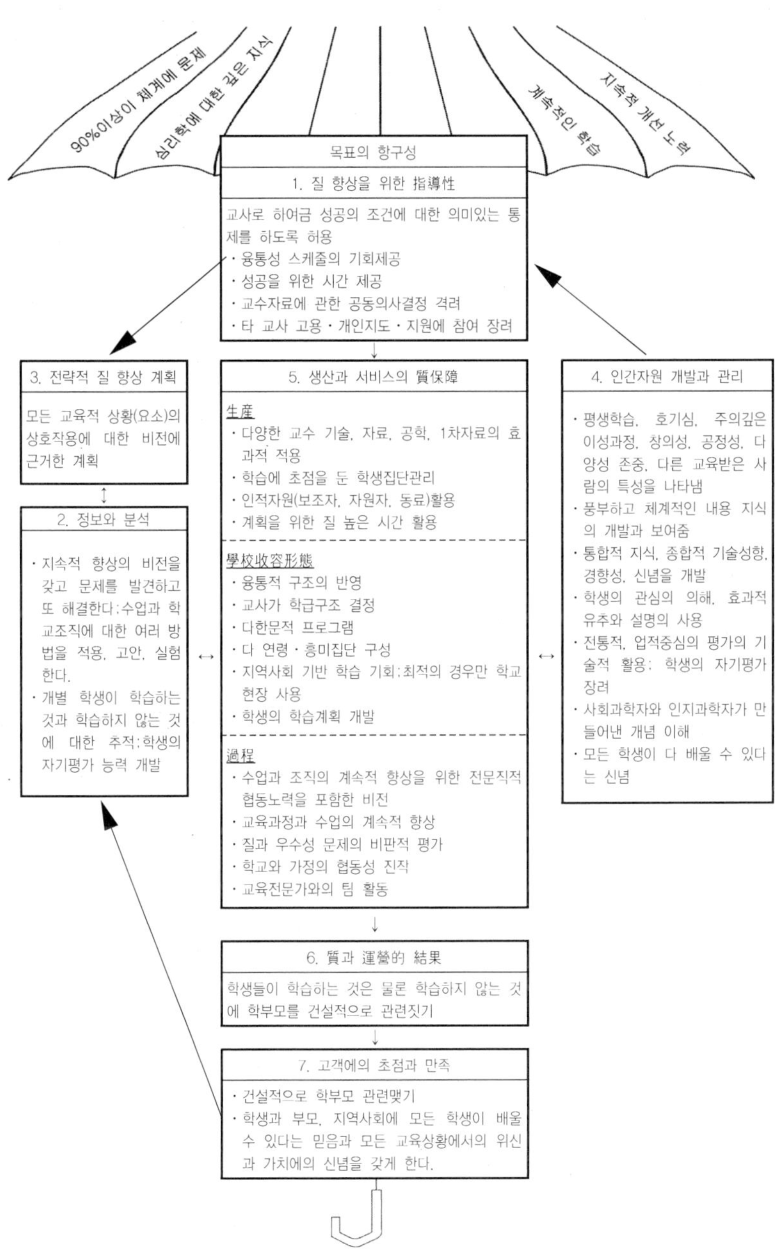

〈그림 4-3〉 교육 질 관리 모형

학교교육 변화에의 압력

근대 학교는 산업혁명에 의하여 대량생산을 위한 대량교육의 필요성에 의하여 디자인(설계)되었던 것이다. 그 이전에는 동서양 어디나 개별화 교육이었다고 할 수 있다. 그리고 그 이전에는 국가의 지도자, 관리의 양성이 교육의 주요 목적이었고 또 귀족들이 즐기기 위해서 공부를 위한 공부를 했을지도 모른다.

현대의 학교도 근대학교의 모습에서 별로 변한 것이 없다. 발달했다는 선진국이라는 나라에서도 19세기는 농경사회에서 산업사회로 넘어가던 시기이고 우리나라의 경우는 1세기를 뒤져서 농경사회에서 산업사회로 진입했다. 우리의 현대 학교도 19세기를 기반으로, 근거로 하여 설계된 것이다.

우선 전지전능한 1인의 교사가 알고 있는 모든 것을 학생들에게 가르쳐 준다는 생각으로 학교가 설계되었다. 그런데 이제 교사가 알고 있는 모든 지식을 학생들이 100% 다 배워 전수받는다고 해도 21세기를 살아갈 학생들에게는 별 의미가 없다.

둘째, 정보 저장의 유일한 수단이 겨우 인쇄술의 발견으로 학생들에게 필요한 것을 모두 교과서에 나누어 저장하여 가르치는 것으로 설계되었다. 그런데 교과서에 있는 모든 것을 다 100% 외우고 안다고 해도 21세기를 살아가는 데 별로 도움이 되지 않는다. 교과서를 CD나 디스켓, 컴퓨터에 저장한다고 하면 한 귀퉁이도 채우지 못한다. 바이블처럼 모시는 교과서도 별 의미를 갖지 못한다.

셋째, 대량교육을 위해서 같은 나이의 또래들을 모아놓고 가르칠 필요성에 의하여 학년, 학급으로 설계되었으나 나이라는 것도 이제는 별 의미가 없어졌다. 생육연령이 문제이고 과목과 분야에 따라 정신연령도 달라지고 또 학습 속도도 모두 다르다. 이제는 집단보다 개인이 중시되고 대량보다 질이 중시되는 시대가 되었다.

넷째, 19세기 교통통신이 어려웠던 시절에 학생과 교사를 학교에 오게 하여 교육할 필요에 의하여 학교가 설계되고 교실이 규격화 되었는데, 이제는 통신과 정보전달 수단이 바뀌어 반드시 학교에 집단수용할 필요성도 줄어들었다. 가정에서도 얼마든지 배울 수 있게 되었다. 가정이 교육의 주가 되고 학교가 부(副)로 보조적 위치가 되어야 할지 모른다. 학교와 교실이 규격화될 필요도 없다.

다섯째, 학생을 피동적 존재로 보고 교육하도록 설계되었으나, 이제 학생 주도의 학습이 되고 교사 보조의 수업이 강조되고 있다. 교사는 학생들에게 유익할 것으로 생각되는 가능한 모든 정보를 모아놓고 학생의 필요에 의하여 빼내어 조합, 활용하는 식이 되어야 할 것이다. 학생의 정보처리 능력이 중시된다. 학생은 학습방법을 학습하여 자기주도적 학습을 해야 평생학습이 가능해 진다. 성인교사의 학습방법이 같을 수 있느냐의 문제이다.

여섯째, 학교의 이동도 연령에 의하여 초등학교, 중학교, 고등학교, 대학교로 주문하였으나, 평생학습으로 보면 보통교육, 고등교육으로 나누어져야 할지도 모른다. 1인의 교사가 가르치는 것도 협동에 의한 접근으로 바뀌고, 교사, 학부모, 다른 성인들과 같이 팀을 이루어야 할지도 모른다.

일곱째, 실업과 직업, 그리고 상급학교의 그 트랙도 바뀌어야 할 것이다. 다양한 트랙을, 다양한 시점에서 출발해야 할 것이다. 다양성에 대한 학교의 대처, 대응이 있어야겠다. 국경 있는 교육, 국경 없는 교육이 동시에 진행되어야 할 것이다.

여덟째, 정보사회에서 정보처리는 기계에 맡길 수 있지만 인간봉사, 인간관리, 인간접촉은 여전히 인간에게 맡겨져야 한다. 인간교육은 여전히 인간에 의하여 이루어져야 한다.

19세기를 기반으로 설계된 학교에서 20세기에 길러진 교사들이 21세기를 살아갈 어린이를 길러내기에는 너무나 어려움이 많다. 학교도 교사도 미래형으로 재구조화되고 변신하지 않으면 안 되겠다. 그러려면 학교가 앞서가고 교사가 열리고 트여야겠다.

질 교육을 위한 교사의 변화

교사는 학생의 Boss가 아니고 Leader이거나 촉진자(Facilitator)로 역할이 확실하게 변해야 한다. 인간관리체제가 변해야 한다.

① Drives(밀고 나가기)→ Leads(지도해 나가기), ② 권위 의존→ 협조(협동) 의존, ③ 두려움 조성(겁주기)→ 자신감 부여, ④ How (방법) 알기→ How 보여 주기, ⑤ 분개시키기→ 열중(열정) 일으키

기, ⑥ 비난에 고정→ 실수 교정, ⑦ 따분하게 만들기→ 흥미 일으키기로 변신해야 하겠다.

이것을 기본으로 질의 교육을 하기 위하여 교사는 다음 몇 가지 측면에서 변해야 한다.

첫째, 먼저 학생으로 하여금 친밀감을 느끼게 해야 한다. 가르치려고 들기 전에 먼저 따뜻하고 지원적인 수업환경을 만들어야 하는데, 그러려면 학생으로 하여금 교사 자신을 알게 하고, 좋아하게 만들고, 믿고 감사하게 만들어야 한다. 자신을 싫어하게, 미워하게, 무서워하게 만들어 놓으면 출발점부터 비뚤어지게 된다.

① 내가 누구인지(아이들은 사적인 것까지 교사에 대하여 알고자하는 데 굶주리고 있다), ② 무엇을 원하는지(지지하는 것, 좋아하는 것, 신봉하는 가치, 신조), ③ 학생들이 무엇을 해 주기를 원하며, ④ 학생들에게 무엇을 요구하지 않을 것인지(위협, 처벌 안 할 것), ⑤ 학생들을 위해서 무엇을 해 줄 것인지(학생의 친구처럼 학생 편에서 조언해 줄 것), ⑥ 학생을 위해서 해 주지 않을 것에 대하여 미리 명확하게 밝힐 필요가 있다.

둘째, 학생들에게 유용한 일(교육내용, 교육과정)을 하라고 해야 한다. 쓸데없는 것을 강요하고 쓸데없는 것으로 아이들을 바쁘게 만들어서는 안 된다. 읽기, 쓰기, 말하기, 계산하기, 문제 해결하기는 살아가기 위한 기초 생활 기능으로 유용하지만 아는 것, 외우는 정보는 별 의미가 없다. 오히려 직업기술, 예능, 운동 등 비학술적 기술을 더 배우고자 할 것이다.

셋째, 학생들로 하여금 그들이 가지고 있는 능력 범위 내에서 최선을 다하게 동기를 유발시키는 일이 중요하다. 노력할 수 있는 기회와 시간을 주고 기다려줘야 한다.

넷째, 학생들로 하여금 자신이 한 일을 스스로 자체평가(自體評價)하고, 개선(改善)을 위해서 노력하게 해야 한다. 학생으로 하여금 ① 자기가 한 일을 Show(보여 주고), ② Explain(설명하고), ③ Self - evalute(자기평가하고), ④ Improve(계속적 개선 노력하고), ⑤ Repeat(반복적 평가, 개선하고)라고 SESIR의 순환적 주기를 갖게 한다. 무서운 시험 공포로부터 벗어나게 해야 한다.

다섯째, 학생들로 하여금 항상 기쁨을 느끼게 해야 한다. 질의 학교에 소속된 기쁨, 수많은 사람 중에서 선생님과의 만남의 기쁨, 자신에 대한 자랑과 자부심, 지적 자신감과 능력감을 느껴야 한다. 배움의 기쁨, 가르침의 기쁨, 행정의 기쁨으로 가득 찬 학교, 교실을 어떻게 만들 것인가?

교사는 교육의 질에 인생의 승부를 걸어야 한다.

질 교육을 위한 교육지도자의 역할 변화

교장의 역할은 너무나 많고 이 역할 수행을 위한 자질도 너무나 많이 요구되고 있다. Bennis(August 1984, "The 4 Competencies of Leadership". Training and Development Journal 38,8: 15 - 19.)는 ① 의미의 관리, ② 주의의 관리, ③ 신뢰의 관리, ④ 자기관리의 4영역으로 나누어 지도력의 자질을 제시하고 있다. 이는 흔히 보기 드문 분류이다.

흔히 나누는 역할이 ① 빌딩 관리자, ② 행정가, ③ 정치가, ④

변화대리자, ⑤ 경계확장자, ⑥ 수업지도자 등이다. 특히 교장은 학생의 학업성취에 책임이 있으므로 수업지도자의 역할을 강조하고자 한다. 과거에 교장, 교육행정가가 되면 수업과는 결별하는 것으로 흔히 생각했으나 이는 특히 잘못된 것이다. 이런 잘못으로 교장직이 오늘날 도전받고 있는 것이다.

훌륭한 강력한 지도자는 모든 구성원으로 하여금 공유된 사명을 수행하도록 참여시키는 것이다. W. Rutherford(1985, "School Principals as Effective Leaders." *Phi Delta Kappan* 67:31 – 34)에 의하면 효과적인 지도자는 ① 비전을 제시하고, ② 이 비전을 학교의 목표와 교사, 학생, 행정가에 대한 기대로 전환시키고, ③ 진전상황을 확인하고, ④ 지원적 또는 올바른 방법으로 매개시켜주더라는 연구결과를 얻었다.

Persell과 Cookson(C. Persoll and P. Cookson,1982, "The Effect of Principals in Action." in The Effect Principal: A Research Summary Reston, Va.: National Association of Secondary Pricipals)은 75편 이상의 연구를 고찰하여 강력한 교장의 공통적 특징을 밝혀냈다. ① 학업목표에 대한 헌신성 보여 주기, ② 높은 기대의 풍토조성, ③ 수업지도자로서의 기능발휘, ④ 강력하고 역동적인 지도자의 기능, ⑤ 효과적으로 자문하기, ⑥ 질서와 기강 확립, ⑦ 자원 동원, ⑧ 효과적인 시간 활용, ⑨ 결과에 대한 평가를 특징으로 한다는 것이다.

수업지도력은 수업을 담당하는 교사와의 전략적 상호작용을 통해서 가능한데, 중요한 것은 ① 자원제공자로서의 교장, ② 수업자원으로서의 교장, ③ 의사소통자로서의 교장, ④ 가시적인 참석자

로서의 교장을 들면서 한 권의 책을 구성하는 사람도 있다(Wilma
F. Smith and Richard L. Andrews(1989). Leadership. Alexandria, Va:
ASCD).

최근에는 지도자의 전환적(변형적) 지도력이 강조되고 역설적 지
도력이 제시되고 있다.

학교의 중요한 기술적 측면, 상징적 측면의 양면성과 양면적 지
도성 역할, 조화와 균형의 지도성 철학, 역설적 지도력 등은 <표
4-2>와 같이 요약될 수 있다.

〈표 4-2〉 역설적 지도성

기술공학자의 초상	정신적 예술가의 초상
· 치밀하게 조직되고 잘 운영되는 체제 · 학교운영위원회의 참여적 의사결정 · 학교업적의 다양한 측정 · 분명하고 조직적이고 공정한 생활 · 질서감 · 임상장학 모형 · 교육청 지침에 의한 교수 · 동료장학 대안 · 스케줄 결정 위원회 · 응원단장 선정의 공정 · 분석기술, 기강문제 · 효율적·협동적 학교 · 산출 측정 · 예산편성 과정 · 혁신정보 보급　　· 직원회 · 교사선발　　· 엄숙한 졸업식 · 학교소식　　· 청결	· 꽃 가꾸기 · 청바지 · 상징적 기관으로서의 학교 · 공유적 자부심 · 매력 초점의 학교 · 학교의 정신 · 학교의 로고(기, 배지, 색, 동물, 꽃, 교가, 글자체) · 영웅만들기 · 이야기 만들기 · 의식의 활용 · 자신을 상징적 인물로 인식 · 중요한 사건과 가치의 회상으로 상징 활용
기술공학자의 초상	정신적 예술가의 초상
계획자, 자원배분자, 조정자, 장학자, 정보보급자, 판단자, 문지기, 분석가.	역사가, 인류학적 탐구자, 비전 제시자, 상징자, 도예사, 시인, 영화배우, 치료자

주심환(2009). 리더십 패러독스. 서울; 학지사 참고.

학교는 학생을 가르치고, 학생이 배우기 위해서 존재하는 기관이다. 앞으로 다가올 정보사회에서는 교육의 질에 의하여 승부가 결정된다. 양의 시대가 가고 질의 시대가 도래한 것이다. 그래서 각 나라는 교육의 질 향상에 열을 올리고 있다.

학교의 전 구성원이 교육의 질에 최우선 순위를 두고 최고의 가치를 두는 학교문화가 형성되어야 교육의 질적 향상에 도움이 될 수 있다. 그래서 좋은 학교문화의 형성에 전 구성원이 노력해야 한다.

학교교육의 질

민주적 학교경영의 결과는 학교교육의 질 향상으로 나타나야 한다. 학교교육의 질 향상을 가져오지 못하면 민주적 학교경영의 의미는 반감될 수밖에 없다. 학교교육의 질 향상 없이 민주적 학교경영을 해야 한다는 논리를 펴기 어렵다.

학교교육의 질을 향상시키려면 ① 교사, ② 교육과정, ③ 교재·교구·교육시설과 환경, ④ 학생의 4변인에 변화의 초점을 맞

취야 한다. 사실은 이번 교육개혁안도 여기에 초점이 맞춰졌어야
한다.

먼저 각 학교는 학교 나름대로 그 학교에 헌신할 수 있는 능력
있는 교사를 확보할 수 있어야 한다. 신규채용부터 한 학교단위로
계약채용 하는 방안을 시도해볼 필요가 있다. 각 학교단위로 능력
있고 열성 있는 교사를 보상해 줄 수 있는 방안을 찾아야 한다.

유능한 교사를 채용했어도 계속 성장하고, 발전하고, 능력을 발
휘하도록 노력해야 한다. 신바람 나서 일하게 하는 방안을 교장과
학교운영위원회는 강구해야 한다.

무엇보다도 교사들이 소속 학교에 대하여 주인의식, 소유의식,
애착심을 갖도록 해야 한다. 한 학교단위 기간계약채용, 평생계약
채용제를 검토해볼 필요가 있다. 뭐니 뭐니 해도 교사에게 최고의
대우를 해 줄 수 있어야 한다. 교직원에게 국가를 위해 충성하라
고 하기 전에 한 학교를 위해 충성하라고 하는 게 더 실질적이다.
공립학교의 교사는 지방자치단체의 교원이어야 한다.

학교의 교육과정은 학생들에게 유용하고 쓸모 있는 것으로 구성
되어야 한다. 학생에게 쓸데없는 것을 배우는 데 열심히 하라고
하기 때문에 학교가 재미없고 지겨운 것이다. 학생들은 입시를 위
해서 학교에 가는 것이 아니라 생활에 유용한 것을 배우기 위해서
학교에 가는 것이 되어야 한다.

학교에 교육과정 구성권이 많이 내려오고, 학교 재량시간이 확
대되면 각 학교는 학생에게 유용한 것을 가르치려는 데 노력을 집
중해야 한다. 특별활동을 통해서라도 학생들로 하여금 학교에서 좋
아하는 일, 재미있는 일을 하면서 그들의 귀중한 시간을 보내게

계획해야 한다. 왼쪽 뇌만 쓰는 아이들만 활개치게 만들지 말고 오른 쪽 뇌, 손기술·발기술 쓰는 학생, 따뜻한 가슴을 가지고 있는 학생들도 살판나게 해 줘야 교육의 질이 향상된다. 학교별로 교육과정이 달라지려면 획일적인 대학입시제는 사라져야 한다. 대학에도 학생선발권이 자유스럽게 주어져야 한다.

교육시설, 교재·교구, 학습 환경이 최소한 우리나라 국민총생산량에 걸맞게 개선되어야 하고, 나아가서 선진국이 되려면 GNP 비례 이상으로 앞질러 교실에 돈을 집어넣어야 한다. 더 큰 것을 얻으려면 더 많이 앞질러 투자해야 한다. 학교운영위원회에서 학교 나름대로 방안을 마련하여 교실환경을 개선할 수 있도록 제도적 구속, 법적 구속의 틀을 벗겨줘야 한다. 학교별로 차이가 나는 것은 교육청·교육부의 자금으로 조정하는 균형투자를 하면 된다.

학생들이 학교생활에서 기쁨이 넘치게 되어야 한다. 학생이 모두 한 사람 한 사람으로 존중되고, 쓸모 있는 것을 배우는 데 즐겁게 되면 학생들은 가지고 있는 능력의 범위 내에서 최선을 다하게 되고 그렇게 되면 학교 교육의 질은 저절로 향상되지 않을 수 없다. 또 학생 자신들의 생활에 대하여 스스로 자기평가할 수 있는 기회를 주면 이 자기평가를 바탕으로 하여 스스로 개선 노력을 하게 된다. 민주적인 학교경영은 학생에게도 똑같이 참여와 분권, 자율과 책임, 전문화 노력이 기울여져야 한다. 학생들의 인간적인 학교의 삶, 이를 바탕으로 한 학교교육의 질 향상이 민주적 학교경영의 궁극적 목적이 되어야 한다.

학교교육의 질 향상을 위해서는 학교의 저변에 깔려 있는 학교문화가 질의 학교로 바뀌어야 한다.

이제 세상은 양의 시대에서 질의 시대로 바뀌었다. 세계 여러 나라는 교육의 질에 나라의 운명을 걸고 교육개혁을 하고 있다. 많은 사람에게 많은 것을 가르치려고도 노력해야겠지만 이에 못지않게 질의 교육을 보장해 줘야 한다. 학생들은 학생이기 이전에 한 인간이므로 학생들이 학교에서 먼저 인간 대접을 받아야 한다. 학생들이 학교에 공부하러 가기도 하지만 학교에 살러 가기도 한다. 학생들의 공부의 질, 학습의 질 이전에 삶의 질을 따져 봐야 한다. 학생들은 그들 생의 많은 시간을 가정과 사회가 아닌 학교에서 살고 있는 것이다. 왼쪽 뇌를 잘 못 써서 외우지 못하는 것이 무슨 원죄나 타고난 것처럼 너무 다그치지 말았으면 좋겠다.

학교단위에서 교사, 교육과정, 시설과 환경, 학생들 하나하나의 변인에 대하여 심각하게 살펴보고 자율·책임을 할 수 있게 되어야 한다.

교육의 질 향상을 위한 학교문화의 형성

민주적 학교경영을 위해서는 ① 참여와 분권, ② 자율과 책임, ③ 전문성이 바탕에 깔려야 한다. 민주적 학교경영도 결국 학생을 잘 가르치기 위한 것, 즉 교육의 질을 향상시키고 보장해 주기 위한 것이다. 교육의 질 향상을 위해서는 ① 교사, ② 교육과정, ③ 교육시설·환경, ④ 학생에 변화를 줘야 하는데 이들 4변인에 관한 권한이 교육이 이루어지고 있는 현장인 학교수준으로 내려와야 한다. 특히 ① 교육과정, ② 인사권, ③ 재정권이 학교수준으로 내려와 학교단위 자율책임경영제가 되어야 하는데 이것이 곧 민주적 학교경영의 출발점이 된다. 학교에 내려온 권한을 민주적으로 행사하기 위하여 참여와 자율, 전문성이 존중되어야 한다. 학교에 내려온 권한은 다시 교사, 교실, 학생에게로 넘겨져야 한다.

교육의 질 향상을 위해서는 이를 위한 새로운 학교문화로 형성되고 바뀌어야 한다.

① 관료적 의사결정 체제로부터 참여적 공동의사결정 체제로 바뀌어야 한다. 학교운영위원회와 전문프로그램 운영위원회로 대별될 수 있을 것이다. 프로그램 운영위원회 안에 앞에서 언급된 교육과정위원회, 학교경영 기획평가위원회, 인사위원회, 재무위원회, 교육자료·시설위원회 등을 두어서 전문가에 의하여 학교가 경영되도록 할 수 있다.

② 수락과 순응을 강요받던 학교문화에서 창의와 비판적 사고가 존중되는 문화로 바뀌어야 한다. 창의와 비판은 민주화의 촉진제인 동시에 질 향상의 열쇠이기도 하다.

③ 굳어진 계층적 구조로부터 전문적 동료적 구조로 바뀌어야 한다. 상하수직적 계층개념보다 전후수평적 전문성개념이 강조되어야한다.

④ 고립체제로부터 협동적 공동체로 바뀌어야 한다. 학년·학급·교과로 갈라져 별도의 칸막이 속에서 고립되어 조각난 지식을 학생들에게 각자 가르치던 고립체제에서 공동운명이라는 인식 아래 협동적으로 가르치고 배우는 체제로 바뀌어야 한다. 전문직은 고립성보다 협동성을 더 요구받고 있었다는 것을 교육자들은 잊고 있었다.

⑤ 교사와 학생의 수동적 태도가 적극적, 열정적 태도로 바뀌어
야 삶의 의미도 있고 성과도 올라갈 수 있다.

⑥ 전통지향의 학교로부터 혁신지향의 학교로 바뀌어야 한다.
그러나 개혁을 위한 개혁, 보여 주기 위한 개혁은 위험천만
이다.

⑦ 기관과 개인을 비난하지 말고 기관과 개인의 책임을 강조해
야 한다. 책임에 대하여는 자율과 책임에 대하여 말할 때 이
미 강조한 바 있다. 최근에 기관과 개인을 평가하려는 경향
이 많이 나타나고 있는데 이것이 비난하기 위한 것으로 쓰여
서는 안 된다.

⑧ 경쟁으로부터 협동의 문화로 가야한다. 그동안 학생들만 지
독하게 경쟁시키더니 이제는 공급자경쟁이라고 하여 교사,
학교, 교육청, 대학을 모두 경쟁으로 몰고 가려고 하는데 여
기에도 부작용이 심각할 수 있다. 교육에서는 경쟁보다는 협
동이 더 강조되어야 한다. 경쟁시키며 협동하라고 하면 어렵
게 된다.

⑨ 획일성으로부터 다양성으로 가야 한다.

⑩ 분리로부터 통합성으로 새로운 학교 문화를 형성해야 한다.
지도자는 이러한 학교 문화를 창조하고 형성하면서 민주적
학교경영을 실천으로 옮겨 학교교육의 질 향상, 삶의 질 향
상에 지도력을 발휘해야 한다.

민주적 학교경영을 위해서는 먼저 분권화, 자율·책임에 의하여
학교단위 자율책임 경영제가 되어야 한다. 교육과정과 인사, 재정
에 관한 권한이 학교에 위임되는 것이다. 학교에 내려온 권한은

다시 참여와 분권, 자율과 책임, 전문성에 의하여 민주적으로 경영되어야 한다. 학교운영위원회의 비전문 의사결정기구와 프로그램 운영위원회의 전문경영기구 설치가 중요한 기능을 한다. 이러한 민주적 학교경영으로 교육의 질 향상을 가져와야 하는데 이를 위해서는 교사, 교육과정, 학습 환경, 학생의 변화에 초점을 맞춰야 한다. 또 이를 실현하기 위하여 학교지도자는 새로운 학교문화 형성에 노력해야 한다.

유목시대 → 농경사회 → 산업사회 → 지식정보사회를 거쳐 이제는 문화창조의 사회에 접어들었다고 한다. 문화창조의 사회에서 교육이 더 더욱 중시되고 문화리더십(Cultural Leadership)이 요구되는 것은 너무나 당연하다.

V

교육행정가의 윤리와 철학

- 민주적 학교 경영, 잘 가르치기 위한 것
- 학교경영, 자율과 책임의 기쁨
- 학교교육의 변화
- 교육행정가의 윤리와 철학
- 교육행정 실제에서의 윤리
- 의미의 발견

25. 민주적 학교경영, 잘 가르치기 위한 것

민주라는 것은 국민·주민이 주인 노릇을 하는 것이다. 교육에 있어서의 주인도 국민이다. 교육의 민주화는 근본적으로 국민이 필요로 하는, 국민에 유익한 교육 서비스를 제공해 주는 데 있다. 교사들의 의견만 많이 들어서 다수결에 의하여 학교경영을 하는 것을 민주적 학교경영으로 오해하거나 착각해서는 안 된다. 오히려 국민과 주민, 학부모와 학생을 복되게 하는 교육이라는 믿음과 신념·확신을 갖는다면 교장은 어떤 난관을 무릅쓰고라도 이를 실현하는 학교경영을 해야 한다.

학교는 학생을 잘 가르치기 위해서 이 세상에 태어나고 존재하는 기관이요, 조직이다. 민주와 민주적 학교경영도 학생을 잘 가르치기 위한 민주요, 민주적 경영이라는 근본적인 것을 꿈에도 잊어서는 안 된다. 민주를 위한 민주, 민주화의 탈을 쓴 민주를 해서는 안 된다.

민주를 한다고 하다가 학교교육의 목표를 달성하지 못하거나, 학교의 존재이유를 잊어서는 안 된다. 교육의 민주화, 학교경영의 민주화도 결국 학생을 잘 가르치기 위한 것이다. 민주적으로 학교경영을 하면 학교경영의 목표를 잘 달성하고 학생을 잘 가르칠 수 있을 것이라는 가정과 전제가 민주적 학교경영의 밑바탕에 깔려 있는 것이다. 그렇다면 학생을 잘 가르칠 수 없거나 학생을 진정으로 복되게 해 주지 못하는 일은 민주가 아니거나 민주를 가장한 허위 민주라는 것을 알게 된다.

민주적인 학교경영의 요체로 여러 가지를 생각할 수 있겠으나 우선 ① 참여와 분권, ② 자율과 책임, ③ 전문성의 세 가지를 강조하고자 한다.

참여와 분권

어떤 위대한 한 사람이 모든 일을 결정해 주고 다수의 다른 사람들은 이를 실천하기만 하면 된다고 생각하던 시대는 지나간 것 같다. 계획하고 지시하는 사람 따로 있고 지시받아서 일 하는 사람 따로 있어야 능률과 효율이 올라간다는 생각도 이제는 바뀐 것 같다. 부족하더라도 관련자들이 참여하여 함께 지혜를 짜내서 결정해야 좋은 결정을 내릴 수도 있고 또 협동과 자발성·열성도 끌어내어 일의 성공률도 높아지게 된다. 아무리 위대한 사람이라 하더라도 혼자서 결정을 할 수는 있을지라도 그 일을 모두 혼자서 다 추진·집행까지 할 수는 없다. 조직구성원, 다른 사람들의 도움을 받아야 일을 해낼 수 있는 것이다. 교장 혼자서 결정을 할 수는 있어도 교사들의 도움 없이는 학교조직의 목적을 달성할 수는 없기 때문에 의사결정 시 관련 교사와, 학부모 심지어는 학생까지도 참여토록 해야 한다.

의사결정, 학교경영에의 참여가 참여를 위한 참여가 되어서는 안 되고 실질적 참여가 되어야 한다. 교사나 학부모, 학생도 항상 모든 일에 다 참여하려고 해서는 안 된다. 무조건적 참여는 참여를 위한 참여이고, 일종의 낭비이며 참여 공해이다. 의사 결정에의 참여에는 참여기준이 있어야 한다. ① 이해관계가 있는 사람, ② 결정하려고 하는 분야에 전문성이 있는 사람, ③ 자원과 지원을 제공하는 사람이 참여해야 한다. 참여의 정도, 참여 방식, 참여의 시기 등은 상황에 따라 알맞게 고려되어야 참여의 효과성과 효율성을 높일 수 있다. 불필요한 참여, 과도한 참여, 참여 결핍증 등도 모두 문제이다. 참여 속에서 구성원들의 주인의식, 소유의식, 애착심, 책임감과 협동심도 끌어낼 수 있어서 목표달성이 용이해 진다.

참여 없는 민주화는 허구이다. 참여는 참여자를 위한 것이 아니라 오히려 지도자와 조직을 위한 것이다. 참여는 교사를 위한 선심이 아니라 교장 자신과 학교를 위한 것이라는 사실을 알아야 한다. 민주적 학교경영은 참여행정·참여경영이다.

민주화는 곧 분권화로도 통한다. 모든 권한이 계속 밑으로 내려와 조직구성원과 학생, 학부모, 주민의 피부 가까이에서 경영과 행정이 이루어지는 것이다. 작은 정부 지향으로 교육부의 조직과 기능은 줄어들고 지방교육청 책임하에 그 지역 교육과 교육행정을 하게 하는 것이다. 이것이 지방교육자치이다. 원래 공립학교는 지방자치단체의 것이다. 교육청은 다시 교장에게 학교경영권을 맡기고(학교단위 자율책임경영제), 교장은 다시 교사에게 권한을 주어(교사권한 확대, teacher empowerment) 학생을 가르치게 한다. 교사는 다시 학생 스스로 배워가도록 학습의 주도권을 주어 자기주도적 학습을 해 나가게 한다. 이것이 교육의 분권화 현상이다. 중앙 집권적, 획일적, 원격조정적 행정과 경영은 아무리 좋은 것이라도 민주라고 할 수 없고 민주적이 아닌 것은 실패할 수밖에 없다. 전국(전교) 획일적인 것을 일시에 심으려는 정책(방침)은 실패를 전제로 한 것으로 봐야 한다.

분권화는 곧 다양화, 특성화와도 통하는 것인데 이를 민주화의 요체라고 믿는다면 이제는 죽이 되든지 밥이 되든지 밑에다 믿고 맡기려는 경영 태도를 가져야 한다. 믿고 맡길 때 밑에서도 나름대로 잘 하려고 노력하고, 그런 속에서 밑에서 사람이나 조직도 클 수 있는 것이다. 모든 것을 위에서 틀어쥐면 밑에서 클 수도 없고, 또 큰 사람이 나올 수도 없게 된다.

참여와 분권에 의한 학교경영 방안을 구상하길 권고한다. 이를 자유방임으로 착각하거나 오해해서는 안 된다. 참여와 분권에 의한 경영을 하려면 경영자는 과거보다 더 노력하고 더 공부하고 연구하지 않으면 안 된다. 민주적 학교경영을 위해서 참여와 분권화를 위한 의사결정 체제를 만들 필요가 있다. 학교운영위원회도 그중의 하나이다. 학교운영위원회 외에 가르치는 전문 영역에서의 의사결정 기구나 조직도 고려할 수 있다.

자율과 책임

또 다른 민주경영 요소의 하나는 자율과 책임이다. 이는 분권과도 통하고 참여와도 통하는 말이다. 스스로 정해 놓은 규율과 기준에 의하여 판단하고 행동하고 자신의 행동에 대하여 스스로 책임을 지는 것이 자율이다. 또 남이 시켜서 행동하는 것이 아니라 자기 스스로 행동하기 때문에 자발성, 자기 주도성이 자율성 속에 내포된다.

그래서 자율 속에는 자기기율, 자기관리, 자기통제, 자기통치, 자기지시, 자기주도의 의미가 포함되어 있어 자기 자신에게 엄격하게 된다. 자율을 하려면 자신과 타인에 대한 강한 신뢰와 믿음이 있어야 한다. 자신과 남을 믿지 못하면 자율을 할 수도 없고 자율을 주거나 받을 수도 없다.

자율은 자신에게 대하여 엄격하고 또 자기 행동에 대하여 책임을 지기 때문에 자유방임이나 방종과 구별된다. 타인의 지시를 받아서 한 행동에는 책임이 작으나 스스로의 판단에 의한 행동에는 무거운 책임을 져야 한다. 책임이 보장되지 않는 자유나 자율은 허용될 수 없다. 자율이 주어질 때 일이 재미도 있고 성과도 높아질 수 있다. 특히 가르치는 일은 자율성이 많이 요구되고 또 교사들은 자율성의 욕구가 상당히 높다. 교사들은 자율성이 욕구와 존경의 욕구에 많은 결핍증을 느끼고 있다.

자율적이지 못한 조직은 변화무쌍한 상황에 적절히 대응하고 적응하기 어려워 성장, 발전하기 어렵고, 심한 경우는 생존에 위협을 느끼기까지 한다. 중앙의 지시나 타인의 허락을 받으려고 기다리는 동안 기회를 놓쳐버리기 때문이다. 자율과 책임에 의한 학교경영을 하려면 분권화의 원리에 의하여 학교장에게 대폭적인 권한을 넘겨줘야 한다. 중요한 것은 교육과정, 인사, 재정이다. 무엇을 어떻게 가르칠 것인가를 대부분 학교단위에서 결정할 수 있어야 한다. 교육과정이나 교과서 결정권과 선택권이 학교단위에 있어야 학교의 자율경영이 가능하다. 물론 교과서도 종류가 많아지고 다양해지고 또 독특하고 다양한 학교가 생겨나게 된다. 학교에 내려온 교육과정, 교과서, 교육 프로그램 결정권은 전문 교사집단의 공동의사결정 노력에 의하여 행사된다.

학생 선발권과 졸업에 관한 것도 학교단위에 맡겨지고 학부모도 어느 정도 학교선택권을 행사할 수 있어야 한다. 학교와 학부모의 선택권, 쌍방 계약에 의하여 학생이 입학·졸업할 수 있어야 자율경영·책임경영다운 학교경영이 가능해진다. 지금은 학교도, 학부모도 선택권이 없기 때문에 학교에 대한 주인의식도, 소유의식도, 애착심도 없게 되어 모두 남의 학교처럼 생각하고, 남의 학교처럼 무책임하게 경영하고, 또 교사들은 무책임하게 순환근무제로 떠나게 된다.

이로 인한 비능률과 낭비는 이루 표현하기 어려울 정도이다.

학교에 필요한 교장, 교사, 직원 등 인사권도 단위 학교로 내려와야 한다. 특별한 이유가 없는 한, 한 학교에서 평생을 바쳐 자율적으로 학생을 교육하고 또 책임을 지게 해야 한다. 책임을 다하지 못하면 다른 학교로 떠나는 것이 아니라 교직 자체를 그만둬야 한다. 교장 초빙제, 교사 초빙제가 그 시작이다. 초빙된 교장·교사·직원은 그 학교에 생을 바쳐 교육과 경영을 하고 무능하다고 판단되면 직업 자체를 바꾸게 되어야 한다. 교장은 같이 일할 교사 팀을 구성하여 책임지고 학교경영을 할 수 있도록 해 줘야 책임경영을 할 수 있게 된다. 서무계통 직원도 교장이 인사권을 가져야 한다. 만일 교장이 잘못 경영하면 팀 전체가 책임을 지고 물러나게 되어야 실질적 책임경영제가 된다.

지금 미국 일부에서는 공교육의 사립화 현상이 일어나고 있다. 사립교육(학교)회사가 교육과정, 교과서, 교육 프로그램을 개발하고 교사 팀을 구성하여 학교운영위원회와 계약을 맺어 일정기간 동안 이들과 함께 한 학교의 교육을 전적으로 책임지고 경영하는 제도이다.

그런데 이런 계약제가 확대되고 있다. 공립학교 제도에 위협을 가하고 있는 것이다. 나태하고 안일한 교원은 발붙일 여지가 없다. 학교운영위원회가 사립교육회사에 운영을 맡기면 공립의 교장을 비롯한 교직원은 모두 일자리를 잃게 된다.

학교의 자율책임경영이 되려면 인사권 외에 실질적인 재정권이 학교에 넘겨져야 한다. 교육청은 학생 수 등을 고려해서 일정한 공식에 의하여 공정하게 재정을 배분하는 일만 하고, 배분받은 돈을 어디에 어떻게 쓸 것이냐는 각 학교에 맡겨야 한다. 각 학교의 돈 쓸 곳을 가장 잘 아는 것은 각 학교 자신이다. 교육청은 계획서와 연말 보고서에 의하여 감독하면 된다. 일종의 도급경비 식으로 학교재정을 운영하게 되는 것이다.

전문성

민주, 민주적 경영은 골고루 나누어 먹기 식은 아니다. 전문가에 맡겨 일을 효과적, 효율적으로 하는 것도 민주화이다. 이 전문성은 앞에서 언급된 자율성, 책임성과도 연결된다. 교직을 전문직이라고 한다면 전문성에 의하여 학생을 교육하고 전문성에 의하여 학교가 경영되어야 한다. 분권화에 의하여 권한이 대폭적으로 학교로 넘어오게 되면 교장과 교사는 더욱 고도의 전문성을 갖고 학생을 교육하고 학교를 경영하지 않으면 안 된다. 학교 수준에서 전문성이 약하면 분권화하지 않고 중앙집권적이고 획일적인 교육을 하는 것만 못하게 된다.

교육과정과 인사권, 재정권이 학교로 넘어오면 교사와 교장은 전문교육과정 운영자가 되고 전문경영인이 되어야 한다. 교사와 교장은 연구자의 수준으로 격상되게 된다. 주어진 것을 시키는 대로 하는 시대를 마감하게 된다.

학교운영위원회가 학교운영의 중요한 일을 하게 되지만 이는 어디까지나 비전문가 집단이다. 교육위원회처럼 비전문가들이 교육을 통제하고(비전문가통제, lay control), 전문가 교육감이 교육청에서, 그리고 전문가 교장이 학교수준에서 전문적 경영(professional management)을 하게 되어 있다. 학교운영위원회가 예산, 결산, 주요방침을 결정해 주면 교육과정운영 등 가르치는 문제는 전문교사단(프로그램 팀)에 의하여 전문적으로 운영되어야 하는 것이다. 학교운영위원회라는 비전문정책(방침)결정단의 의견도 존중되고 이를 집행·실천하는 전문교사단(프로그램 팀)의 의견도 존중되어야 한다. 이렇게 전문성에 대한 기능과 역할의 분담이 상호 존중되는 것이 민주이다. 학교운영위원회와 전문교사단 사이를 연결해 주고 조정하는 연결핀의 역할은 교장과 교사대표 학교운영위원들이 담당하게 된다. 이들이 비전문적 학교 운영위원회로 하여금 비교육적 의사결정을 하지 못하도록 전문적 조언을 해야 하는 것이다.

학교가 전문가에 의하여 전문적으로 운영되기 위해서는 우선 교장의 경영 전문성을 길러야 한다. 교장은 지금까지 학생을 가르치면서 생활해 왔지 전문경영인의 수업을 해오지 못했다. 학교도 이제 전문경영인에 의한 경영이 어느 정도 요구되고 있다. 그래서 미국에서는 학교 전문경영 회사까지 나타나고 있는 것이다. 교사의 전문성도 높아져야 하고, 교사의 참여가 필요하다는 것이다. 학교에서 전문가로 구성된 전문위원회가 활발하게 활동해야 한다. 교육과정위원회, 특별 활동운영위원회, 학교경영 기획평가위원회, 인사위원회, 재무위원회, 교육자료·시설위원회, 장학위원회 등을 생각해볼 수 있다. 소규모 학교에서는 교사회로 통합 운영할 수도 있을 것이다.

민주적 학교경영을 위해서도 전문성이 인정되고 존중되어 전문적으로 교육이 이루어지고 경영되어야 한다.(『충남교육』 제17호 1996. 9. 가을호)

지도자에게는 무서운 책임이 요구된다. 무서운 책임을 요구하지 않기 때문에 서로 교장을 하고 싶어 하는 지도 모른다. 지금 미국에서는 교장 부족 현상이 벌어지고 있다. 무서운 책임과 이로 인한 스트레스 때문이다.

"자율"이란 자기 스스로 정해 놓은 책임과 기율에 의하여 행동하고 자기 행동에 대하여 스스로 책임을 지는 것으로 성숙한 인간이나 조직만이 누릴 수 있으며 매의사결정 체제 슬로우 욕구체계의 상층에 해당하는 높은 수준의 욕구에 해당된다. 자기기율, 자기규범(Self – discipline)에 의하여 행동한다는 점, 또 책임이 따른다는 점에 있어서 방종과는 엄격히 구별된다. 사전적 풀이로는 "스스로 자기의 방종을 억제함"이라고 하여 소극적, 부정적인 면을 강조하고 있다. 즉 스스로 무엇을 할 수 있는 점을 내세우기 보다는 스스로 무엇을 할 수 없다는 점을 내세우고 있는 것이다. 또 사전에서는 "실천이성이 스스로 보편적 도덕법을 세워 이에 따르는 일(이성 이외의 외적 권위나 자연적 욕망에는 구속되지 않음)"이라고 하여 "이성"에 의하여 행동하고, 또 만인이 받아들일 수 있는 자기자신이 정한 "보편적 도덕법"에 의하여 행동한다는 적극적, 긍정적 해석도 제시하고 있다. 여기서 "이성"과 "보편적 도덕법"이 앞에서 말한 자기기율, 자기규율과 책임에 해당된다. 교장과 학교, 학교행정뿐만 아니라 교사와 학급, 수업에서, 또 학생과 학습에서도 가장 바라고 또 존중되어야 하는 것이 바로 이 자율이며, 또 교사들이 제일 많이 욕구결핍, 욕구결손을 느끼는 것이 자율이기도 하다.

"책임"은 자율에 자동적으로 따라붙다시피 하는 것으로 권리, 권한이라기보다는 임무이다. 그래서 사전에서도 "도맡아 해야 할 임무", "불법행위를 한 자에게 법률상의 불이익 내지 제재가 가해지는 일"로 풀이하고 있다. 영어로는 "Responsibility"로 "Response(대응, 반응)" 할 수 있는 "Ability(능력, 힘)"로 자기행동에 대하여 대응으로 보여 줄 수 있어야 한다는 뜻에서 나왔다. "책무성(accountability)"이란 말도 자기 행동에 대하여 설명(account for)할 수 있는 힘(ability)이 있어야 한다는 뜻에서 나온 것으로 책임보다 더 구체적으로 보여 주고 설명해 줘야 한다. 재정에 대한 설명력, 교육, 성적에 대한 행정적 설명력, 사회적 설명이 절대적으로 요구되는 것이 책무성이다. 책임에는 법적, 도덕적 책임 모두가 다 포함된다.

"자율은 자기기율(Self-discipline), 자기관리(Self-managing), 자기통제(Se1f-control), 자기통치(Self-governing), 자기지시(Self-directing)와 통하기 때문에 우선 자기 자신에 대하여 엄격해야 한다. 자율 할 수 있는 사람은 남에 대하여는 관대하고 자신에 대하여는 엄격해야 자율이 가능하며 방종하고자 하는 욕망을 억제할 수도 있다.

또 자율에는 자발성이 있어야 한다. 외부의 권위나 지시, 통제가 있기 전에 자발적으로 판단하여 행동해야 한다. 또 자기 주도성(initiative)이 있어야 진정한 자율이 가능하다. 그리고 앞에서 말한 책무성이 따라붙어줘야 한다.

그래서 자율은 우리가 진정으로 원하는 것이기도 하지만 누리기도 어려운 것이기도 하다. 자율을 위해서는 타인도 믿어야 하지만 자신에 대해서도 믿음이 있어야 한다. 믿지 못하면 자율은 겁나는 것이다. 자율은 강화력을 갖는다. 자율을 해봐야 자율을 더 잘 할 수 있는 것이다. 자율의 기회가 주어지지 않으면 영원히 자율의 능력은 길러질 수 없을지도 모른다. 특히 교육과 행정에서는 자율력을 길러 주는 일이 중요하다.

 지금은 시간적으로도 세기적(20C→21C) 전환기인 동시에 모든 면에서 전환이 요구된다. 성장위주의 양으로부터 안정의 질로의 전환, 획일성, 통합성으로부터 다양성, 선택의 자유로의 전환, 중앙집권으로부터 지방분권으로의 전환, 관리행정으로부터 봉사, 지도행정으로의 전환, 획일적 평등으로부터 능력에 따른 차등적 평등으로의 전환이 요구되고 있다. 이런 다양한 전환적 거대한 흐름은 정치, 경제, 사회, 문화, 교육의 모든 영역에서 동시에 일어나고 있다.

 자율경영은 중앙집권으로부터 분권으로의 거대한 흐름의 한 맥락에서 파악된다. 중앙에서의 획일적인 원격조정은 더 이상 효과를 볼 수 없다. 미국 교육개혁도 1983년 이래 그렇게 열을 올렸으나, 주정부 중심의 중앙집권적 접근(제1의 물결)이었기 때문에 실패했다는 평가이다. 학교 중심의 학교 재구조화가 미국 교육개혁의 제2의 물결이었다가 이제는 문화변화의 제3의 물결이 강조되고 있는 실정이다. 우리나라 교육개혁이 중앙집권적 하달식인 것은 철저하게 실패를 전제로 한 것이나 다름없다. 현장의 교원과 교육행정가를 교육개혁의 구경꾼으로 만들어놓고는 성공할 수 없다. 자율성, 자발성을 바탕으로 하지 않은 어떠한 계획이나 개혁, 정책은 1960년대 개발의 연대에도 성공하기 어려웠던 것이다. 새마을운동, 88

올림픽이 성공적일 수 있었던 것은 중앙계획을 지방계획으로 전환시켜 자율과 참여를 끌어낼 수 있었기 때문이었다. 이제 학교도 자율경영의 방향으로 빨리 전환하여 주어야 한다.

기업에서도 정치에서도 도막내기의 경향으로 가고 있다. 공룡 같은 거대기업, 거대정부는 극심한 생존경쟁에서 살아남을 수 없다는 것이다. 그래서 모두 도막내어 책임경영으로 현장에서 살아남기 위한 생존전략을 쓰고 있는 것이다. 작은 정부, 중소기업, 작은 것이 아름다운 것이고 작은 것이어야 살아남을 수 있는 것이다. 교육행정도 학교단위의 책임경영제로 가야 하는 것이다. 지방교육자치가 기초단위에서 활발하게 발달한 영·미국에서까지도 이에 만족하지 못하고 학교단위의 자치, 자율경영 수준으로 내려가기 위해서 학교운영위원회가 생긴 것이다. 여기에도 고객들은 불만을 갖고 학교선택권 보장으로까지 터져 나간 것이다. 학교운영위원회, 학교선택권 보장에도 만족하지 못하고 심지어는 학교 운영을 사설 교육회사에 계약에 의하여 책임경영으로 맡기는 과감한 변화까지 일어나고 있다.

자율, 책임경영이 성공적이려면 우선 조직구성원에게 강력한 주인의식이 있어야 한다. 내 것이 아닐 때는 자율도 존재할 수 없다. 또 학교문화가 바뀌어야 한다.

① 관료적 의사결정→ 참여적 공동의사결정, ② 수락과 순응→ 창의/비판적 사고 ③ 계층적 구조→ 동료적 구조, ④ 고립→ 공동체, ⑤ 수동적→ 적극적/열정적 ⑥ 전통지향→ 혁신적, ⑦ 기관/개인 비난→ 기관/개인 책임, ⑧ 경쟁→ 협동, ⑨ 획일성→ 다양성, ⑩ 분리→ 통합성으로의 새로운 학교문화 형성으로 바뀌어야한다.

교원 순환근무제는 주인의식, 학교문화 형성, 자율과 책임 어디에도 맞지 않는다.

원래 학교경영과 학교교육의 책임은 교장에게 있다. 다만 그 감독권이 교육감이나 교육부장관에게 있을 뿐이다. 그런데 어쩌다가 학교 경영권이 상급관청에 있는 것 같이 비쳐지게 되었다. 그것은 주요 권한이 상부에 가 있고 교장도 수시로 주인의식 없이 상부의 권한에 이동하게 되어 있기 때문이다. 자율, 책임경영이라고 하려면 최소한 주요권한과 책임이 학교와 교장에게 있어야 한다.

첫째, 인사권과 재정권이 학교에 있어야 한다. 학교에 필요한 실질적 인사를 학교에서 하고 교육청은 형식적 고무도장만 찍게 되어야 한다. 그리고 교직원은 특별한 이유가 없는 한 학교에서 평생을 바칠 수 있어야 한다. 교장 초빙제, 교사 초빙제가 위와 비슷한 생각이다. 대체로 계약제의 경향이다.

자율, 책임경영을 하려면 재정 자립이나 자율권이 있어야 한다. 자립, 독립이 어렵다면 교육청은 학생 수에 비례하여 총액만 배분해 주고 학교에서 자율적으로 책임지고 경영할 수 있어야 한다. 그리고 계획서와 연말 보고서만 제출하고, 상급 관청은 부정만 감독하면 되게 되어야 한다. 인사권, 재정권이 학교에 있으면 공립학교도 사립학교처럼 운영된다. 그리고 사립학교도 학생 수에 비례하여 공금을 배분받게 되어 사립학교의 준공립화 현상이 벌어지게 된다.

둘째, 교육과정, 교과서의 개발, 수정, 보안 결정권이 학교에 있어야 한다. 학교마다 교육과정을 달리 개발, 결정할 수 있어야 자율, 책임경영이 가능해진다. 이 자율, 책임경영을 위해서 첫째의 인사, 재정의 자율, 책임은 조건과 전제가 되는 것이다. 교육과정의 자율권은 교육 프로그램과 수업의 자율과 책임으로 연결되게 된다. 교장과 학교의 자율, 책임이 교사와 수업의 자율과 책임, 학생과 학습의 책임으로 연결, 확대될 수 있는 것이다.

셋째, 통치 또는 경영 기구가 학교단위에 있어야 한다. 교육청의 교육위원회를 대체할 의사결정기구가 학교에 있고 조례와 같은 법, 규칙 제정권이 있어야 자치가 가능하다. 학교운영위원회가 교육위원회의 기능을 대체할 수 있어야 한다. 그러나 학교는 아직 경영의 단위이지 자치의 단위는 되지 못하고 있다. 학교운영위원회가 우리나라의 역사, 전통, 문화에 맞추는 일이 중요하다.

넷째, 학교구성원의 자율과 책임, 능력과 자질의 신장이 중요한 조건이 될 것이다. 법적, 제도적으로 학교의 자율권을 이양해 주는 일은 선결 조건인 것은 말할 필요도 없다.

문제는 이러한 학교의 자율경영과 책임경영이 학생 교육의 질 향상에 도움을 주지 못하면 아무런 의미가 없다. 이를 검증해야 한다.

경영에 관한 한은 그 일부를 기업으로부터 배워올 필요가 있다. 특히 품질관리, 품질보증, 품질개선을 위한 경영과 노력을 우리는 기업으로부터 배워 와야 한다. 사실은 인간교육의 질 문제가 물건의 품질보다 더 중요하고 심각한데 사실은 부끄럽게도 기업의 물건 품질관리만큼도 관심을 기울이지 못하고 거칠게 다루어 왔던 것이다. 성수대교, 삼풍백화점 등의 사고는 물건의 질 관리가 잘못된 것이 근본 원인이었는가? 아니면 인간교육의 질 관리가 잘못된 것에 더 문제가 있었다고 생각되는가?

기업에서도 상품과 서비스의 질에 생존과 사활의 운명을 걸고 있지만 그것도 결국은 인간교육의 질에 있다고 보아 교육의 질 개선에 교육개혁의 초점이 맞춰지고 있다. 이런 면에서는 우리의 현 교육개혁의 초점은 완전히 빗나가고 있다.

일본은 제2차 세계대전에 패한 후 미국 학자(예. 데밍, 주랑)들이 가르쳐 준대로 미련스럽게 지속적으로 질 개선에 투자하고 노력한 결과 많은 부분에서 일제가 미제를 누르고 세계시장을 점유하고 있다. 이제는 1984년부터 일본교육의 질 개선에 달라붙어 10여 년이 지난 이 시점에서 일본은 세계 1등 국가가 될 수 있다는 자신감에 차 있다.

Deming(데밍)은 ① 문제점의 90% 이상이 체제에 있고, ② 조직 목적의 향상성이 필요하고, ③ 깊은 체제적 지식, 변화, 심리학 지식이 발전을 안내해 주고, ④ 지도력에 의하여 위기로부터 탈출할 수 있다는 근거에 의하여 ① 질 관리 팀을 두어 지속적이고 순환적인 질 관리 노력을 하는데, ② 고객에 초점을 두어 고객으로부터 출발하여 고객으로 끝나는 고객만족 운동을 벌이고, ③ 계획 – 실천 – 연구 – 행동 주기의 결과, 평가보다는 과정 중심의 질 관리 모형으로 노력한 것이다.(서울시 교육연수원 초등교장직무연수, 1996)

21세기에는 21세기에 맞는 교육을 해야 한다. 지금 우리는 쓸데없는 교육에 어린이와 젊은이, 교원의 정력을 모두 탕진시키고 있다.

우리의 학교는 19세기 시대상황을 기반으로 하여 조직되었다. TV가 나오기 전, 컴퓨터 전 시대, 대중·고등교육기관 이전에 나온 것이다. 모든 것을 다 아는 교사 1명이 학생을 지도한다는 조건하에서 학교가 설계된 것이다. 그러나 어린이, 가정, 사회 모두가 변하고 있다. 또 앞으로 더욱 변할 것으로 예측된다. 이런 속에서 학교의 기능과 역할도 변해야 한다.

학교와 교사의 위치

우리는 흔히 가르치는 일은 학교만의 전유물로 생각해 왔다. 그러나 이제 교육은 학교만으로는 불가능하다는 것을 확인하게 되었다. 가정교육과 사회교육, 평생교육의 몫이 더 크다는 것을 알게 된다. 학교는 인간의 교육을 도와주는 위치에 서게 된다.

교사의 위치도 학생의 학습을 도와주는 위치에 자리 잡게 된다. 교사는 필요한 자료와 정보를 준비해 놓고 학생이 주체적으로 공부해 나갈 수 있도록 도와주는 위치가 된다. 교사에게는 수업시간보다 수업시간 이전에 자료를 제작하고 준비하는 일이 더 중요하다. 수업시간은 질문에 답하고 곤란에 부딪힌 학생 곁에서 도와주기만 하면 된다.

학교와 교사가 학생교육의 모든 것을 다하겠다는 생각은 버려야 한다. 학습자는 수동적 존재가 아니라 학습의 적극적 주인으로 자기지향학습을 하고 자유의 학습을 해 나가는 존재로 보아야 할 것이다.

어린이도 알고자 하는 기본욕구를 가지고 있고 많은 능력을 가지고 있다고 보면 다양한 프로그램에 의해, 다양한 기구의 도움으로 어린이의 개인적 욕구를 충족시켜주는 방법으로 수업방법이 바뀌게 될 것이다. 어린이는 학습의 주체자이고 주인이라는 인간관, 아동관, 학습관을 갖는 것이 변화하는 시대의 인간교육의 출발점이 된다.

교사는 지식의 정보원이 아니라 학습 프로그램을 설계·운영·평가하는 학습조직의 관리자이고 지식·정보의 관리자로 인식된다.

학교와 교사가 학생교육의 모든 것을 도맡아 다하겠다는 생각은 이제 버려야 할 것 같다. 괜히 학생교육을 책임지지도 못하면서 학부모나 학생으로 하여금 지나치게 학교의존, 교사의존으로 몰고 갈 필요가 없다.

가정교육의 보완

교육의 주인은 가정이고 학교는 가정교육을 보완해 주어야 하는 위치이다. 학교는 학생의 장래를 책임져주지 못한다. 그러나 가정

기능의 약화를 학교는 가능한 범위에서 보완해 주어야 한다. 때로는 부모·형제의 역할을 보완해 주고 학교에서 부모교육의 프로그램을 운영할 필요도 있을 것이다. 특히 결손가정, 불리한 조건에 있는 어린이에 대한 학교의 배려는 필요하다.

새 학교 구조

굳어져 있는 과거의 학교구조로는 변화하는 상황에 적절히 대처할 수 없다

4세부터 배우기 시작하여 4년씩 교과별로 무학년제의 3층 구조를 생각해볼 수 있다. 학생은 각자 자기 페이스대로 자기 트랙을 갈 수 있게 해 주어야 한다. 300~400명의 학생을 12~20명의 교사가 팀을 이루어 지식과 기술을 공유하며 1수준을 가르치고 3개의 수준이 함께 공동으로 계획하고 적응하고 작업하는 학교공동사회를 생각해본다. 교사와 학부모, 보조교사가 성인 팀이 되어 지도하고, 상급생이 하급생을 도와 지도하는 공동사회도 생각해본다. 이런 학교는 우리의 전통적인 서당식 학교와 비슷해진다.

초등, 초급중등, 고급중등의 세 수준의 행정가가 행정 팀을 구성하여 학생의 보통교육 전 과정을 함께 생각하면 어떨까?

학생은 3수준을 옮겨가는 데 개인차에 의하여 자유스럽게 되어야 한다. 늦은 사람은 늦은 대로 빠른 사람은 빠른 대로 각 단계별로 옮겨간다. 개인차가 인정되고 존중된다.

새 학교 구조에서는 정보에 기반을 둔 학교가 된다. 좋은 정보

를 저장해 주면 학생은 주체가 되어 정보를 활용하여 배운다. 교사는 필요하다면 학습을 위한 학습, 정보를 찾고 활용하는 학습으로 학생을 도와주게 될 것이다.

다양성에 대한 학교의 대응

현대는 다양성이 존중되어야 하는 사회이다. 다문화, 다가치, 다양한 욕구, 학문적 다양성, 다(양한)지능, 다양한 능력, 다양한 학습형태가 인정되고 존중되어야 한다. 이러한 다양성, 복합성에 대한 요구에 학교는 빨리 대응을 해 주어야 한다.

다문화교육 프로그램, 특수교육 프로그램, 천재·수재교육 프로그램, 국제교육 프로그램, 다양한 취미·소질개발 프로그램을 마련하여 다양성의 요구에 대응해 주어야 한다. 굳어진 행정조직, 교원조직, 교육과정과 교육 프로그램을 가지고는 민감하게 대응하기 어렵다. 교사도 한 학급·한 교과 내에서도 다양성에 대하여 대응해 줄 수 있어야 한다. 교사는 일단 다양한 차원을 알아야 한다.

인간적 상호작용

인간교육은 인간적 접촉과 상호작용 속에서 이루어진다. 기계와의 접촉, 정보와의 접촉도 앞으로의 세계에서 중시되고 강조되지만 가장 확실한 인간교육은 인간미 넘치는 인간적 접촉에 의하여 이루어진다. 가정·사회·학교에서 인간적 접촉의 빈도와 밀도, 질을 높이는 노력이 뒤따라야 한다. 인간적 접촉은 민주적 접촉을 통해서 이루어져야한다.

이제 학교는 자리매김을 분명히 하고 다양성을 수용할 수 있는 새 구조를 모색하여 끝까지 인간적 접촉을 통한 인간교육을 추구해야 할 것이다.

어린이도 어제의 어린이가 아니고 가정도 사회도 과거의 것이 아니다. 현대의 어린이는 지적·정서적·사회적·신체적으로 고달프다. 조기에 정보에 노출된다고 해서 모두 좋은 것은 아니다.

문명이 발달할수록 가정과 사회의 교육적 기능은 한편으로는 유리하겠지만 어떤 면에서는 불리해지고 있다.

어린이와 가정·사회는 학교와 교사에 대하여 변화를 요구하고 있다.

학교와 교사가 인간교육을 도맡아 책임질 수 없다는 선언을 하지 않을 수 없다. 다양한 문화와 가치·욕구·능력을 갖고 모두 이를 인정받고 존중받고자 학교와 학급에 오는 어린이들에게 우리 학교와 교사는 다양하게 대응을 해 주어야 한다. 다양한 프로그램으로 다양한 기회를 제공해 주어야 한다.

첨단공학과 정보에 의한 교육이 기대되지만 가장 확실한 인간교육은 인간미 넘치는 인간적 접촉과 상호작용에 의한 교육이다.

인간미를 갖춘 교사와 교육환경은 변화의 시대에도 우리의 선결과제가 된다. 가정과 사회의 교육적 기능을 회복하고 교사와 학교는 좀 더 겸손한 자세로 돌아가 봉사해야 하겠다.

우선 학교의 구조와 체제를 21세기형으로 뜯어 고쳐야 한다.

인간의 행동은 도덕성과 윤리를 떠나서는 조금도 생각할 수 없다. 교육행정 행위도 도덕과 윤리의 바탕 위에서 이루어지게 된다. 그런데 그동안 교육행정과 교육행정학에서 도덕과 윤리적 측면을 너무 등한시 하고 또 행정가 양성이나 연수에서도 한마디 언급조차 없었던 실정이다. 그래 놓고서는 어떤 사고가 발생했을 때나 부정부패현상이 벌어졌을 때 '도의적 책임'이니 '교육자로서 그럴 수 있느냐'는 식으로 비난하기에만 바빴다.

윤리·도덕은 비슷한 말로 섞어 쓰기도 하고 또 같이 붙여 쓰기도 하지만 좀 구별하여 쓰기도 한다. 구별하자면 도덕성(morality)은 인간으로서의 의무와 책임에 대하여 역사적으로 조건화되고 체제적으로 만들어진(개발된) 이론이다. 그래서 도덕성은 자기이익에 중심을 둔 사회적으로 받아들여진 규칙이라고 할 수 있다. 예를 들면 "청색 신호 시에 건너야 한다."와 같은 것이다. 이성적 관념 체계라기보다는 인간사회의 일반적 생활양식이다.

이에 비하여 윤리는 인간 성장과 문제 상황에 적용되는 개인적 동의(commitment)와 도덕이론의 비평이라고 할 수 있다. 그래서 윤리는 다른 사람을 고려한(other - oriented) 규칙이다. 예를 들면 "자기 것이 아니면 갖지 말라."와 같은 것이다. 윤리(ethics)라는 말은 'ethos'에서 나온 것으로 사람이 지켜야 할 행위규범, 행위준거를 제공해 준다.

엄격한 의미에서 전문적, 학문적으로는 이렇게 구별되겠지만 여기서는 혼용해서 쓰기로 한다.

교육행정 연구에서의 윤리

그동안 교육행정에서의 연구가 지나치게 논리 실증주의에 빠져 있었다. 가치배제 또는 가치중립을 내세워 사실만이 믿을 수 있는 지식이고 관찰가능하고 측정, 가능한 것만 지식이라고 생각하였다. 객관화, 과학화를 내세워 경험적으로 검증하는 일이 연구라고 했었다.

경험주의에 의한 합리성·논리성을 강조하여 계량적·통계적 접근에 치우쳤었다. 그리고 행정에서 눈에 보이는 기교에 편중되어 있었다.

그러다가 1960년대 말 1970년대 초 미국 소장파 일반 행정학자들이 이에 이의를 제기하고 나섰다. 행정에서 눈에 보이지 않는 가치·신념·철학·윤리가 오히려 눈에 보이고 겉에 드러난 행정 행위보다 더 중요하다는 주장이다. 행정철학과 행정윤리도 이런 흐름과 함께 강조되기 시작한 것이다. 논리 실증주의에 대항하여 현상학이 강력하게 대두된 것이다. 일반 행정학에서는 이를 신행정학(파)라고 하였다. 그래서 객관적 연구가 아닌 주관적 접근, 질적 연구가 활발해지기 시작한 것이다. 이들은 통계적·수학적 접근만 하는 사람들을 통계광신병 환자라고 불렀다.

그런데 교육행정은 일반 행정보다도 더 가치의 문제를 다루고 있음에도 불구하고 일반 행정에서의 이러한 변화와 흐름을 외면한 채 사실과 가치를 이분법에 의하여 분리하고 가치배제·가치중립적 계량적 접근만을 해왔던 반성이 있다.

이제 전자와 후자 간에 균형과 조화가 요구되고 있다. 필요에 따라 논리 실증주의에 의한 가설연역적 연구도 해야겠지만 현상학에 의한 사례연구, 비교연구, 역사적 연구로 질적 접근도 해야겠다. 행정윤리나 행정철학은 후자의 접근이 더 알맞을 것이다.

교육행정에의 價値개입

이제 우리는 교육행정에서 가치를 배제할 수 없다는 것을 알았다.

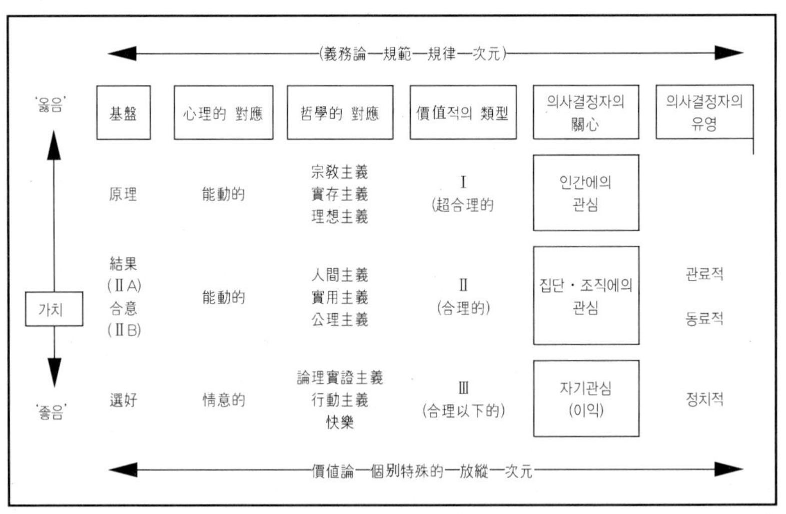

<그림 5-1> 가치개념의 분석적 모형

가치배제적이기보다는 오히려 가치전제적이고 가치실현을 목적으로 한다. 특히 정책이라는 것은 '권위적 가치의 배분'이며 정책과 가치는 합동이라고 한다.

교육행정가는 <그림 5-1>의 왼쪽에서 '좋음'과 '옳음'이라는 가치연속선상의 어느 지점을 선택하여 행동하는 것이다. 연속선의 밑에 비중을 두면 자기의 선호 정의적, 자기이익과 자기관심으로 기울어져 합리 이하의 가치유형 Ⅲ을 선택하는 것이다.

중간지점을 선택한다면 행동의 결과와 집단과 조직·사회적 합의를 인지적으로 고려하여 집단과 조직에 관심을 두고 가치유형 Ⅱ의 합리적 결정을 하게 되는 것이다. 연속선의 위 부분 옳음·정의 쪽을 선택하면 원리와 원칙을 능동적·의지적으로 찾는 것으로 조직 이상의 인류와 인간에 관심을 두고 초합리적 결정을 하게 된다.

결국 교육행정가는 행정행위를 할 때 가치선택을 하는 셈이다.

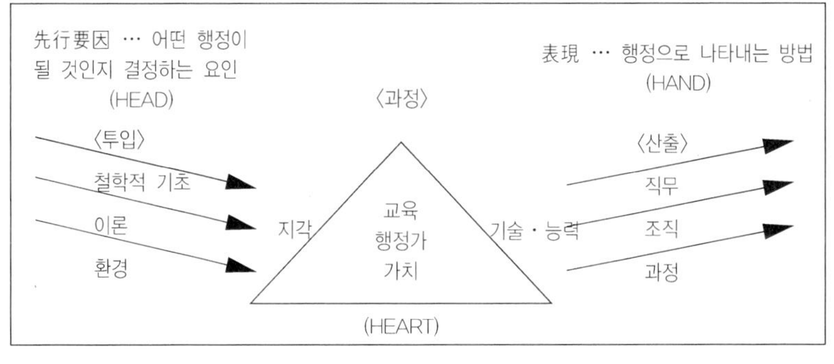

〈그림 5-2〉

교육행정가의 가치관에 의하여 <그림 5-2>와 같이 산출되는 행정행위가 달라진다. 물론 행정가의 지각이나 기술과 능력에 의해서도 달라진다.

교육행정, 철학의 표출

　교육행정행위는 교육행정가의 철학이 밖으로 뛰쳐나온 것으로
설명할 수도 있고 교육행정의 과학적 측면과 직관적 측면을 철학
으로 걸러내서 행정행위로 나타나는 것으로 설명할 수 있다. 어쨌
든 둘 다 행정행위 밑바닥에는 철학이 있다는 것을 전제한다.

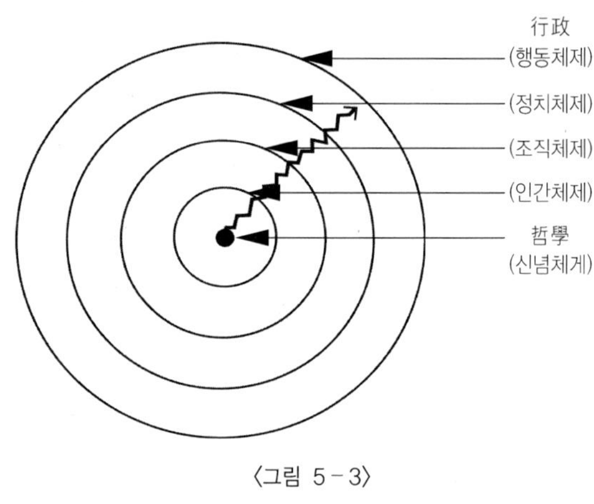

〈그림 5-3〉

　<그림 5-3>에서 ① 교육행정의 철학에 해당하는 신념체제가
② 행정가 개인의 욕구·욕망, 이해관계로 얽혀 있는 인간체제를
뚫고 ③ 학교나 교육행정 조직의 상황과 여건에 해당하는 조직체
제를 통하여, ④ 여러 이해집단 간의 권력투쟁, 압력, 정치활동의
정치체제를 넘어서 나온 ⑤ 행동체제가 교육행정이라고 할 수 있
다. 이러한 여러 체제를 통과해서 행정을 하려면 신념대로 곧장
직선으로 나오지 못하고 약간 굴절을 하게 된다. 그렇더라도 교육
행정가의 철학, 신념, 소신, 윤리성과 도덕성은 여전히 중요하다.

214

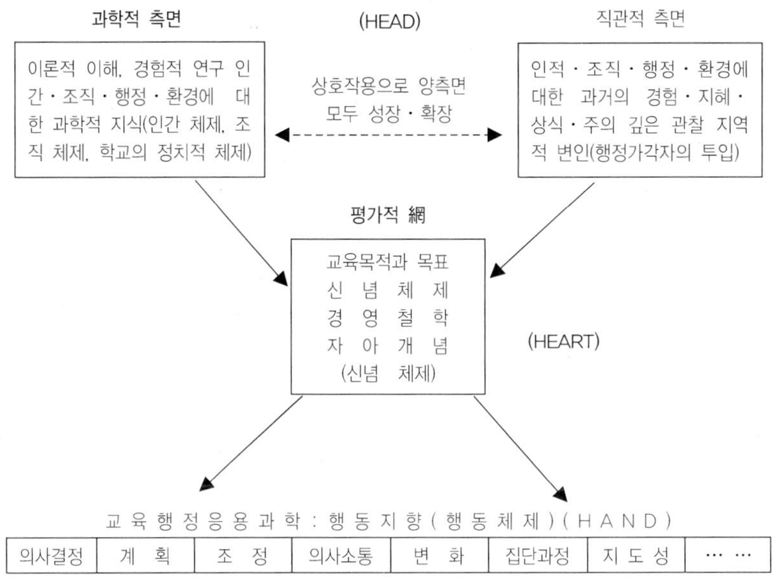

〈그림 5-4〉 행정효과성 모형(Sergiovanni & Carver, 1980, p.54. 약간수정)

<그림 5-4>는 교육행정의 과학 측면에 해당하는 과학적 지식과 연구와, 직관적 측면의 경험·지혜·상식(Head)등을 교육목적·신념·철학·자아개념으로 짜여 있는 평가적 망(Heart)으로 걸러 내서 의사 결정, 계획, 조정, 의사소통, 변화, 집단과정, 지도성 등의 행정행동(Hand)을 해야 효과적인 행정을 하게 된다는 것을 나타내려는 것이다. 왼쪽 Heart에서 우러난 아이디어를 Head에 해당하는 과학적 측면과 오른쪽 Head에 해당하는 직관적 측면을 거쳐 Heart에 해당하는 철학으로 걸러내서 손·발(Hand)을 움직이는 행정을 잘 하게 된다고 할 수 있다. 손발을 움직인 행정행동(Hand)은 다시 철학(Heart)에 비추어 보아 평가해야 한다.

행정가의 가치와 신념에 해당하는 Heart가 어떤 사고의 과정에

해당하는 Head를 거쳐 결정, 행위와 행동을 하는 Hand가 움직이
고 이것이 각각 Heart와 Head에 피드백 되는 3H의 지도성으로도
모색해볼 수 있다.

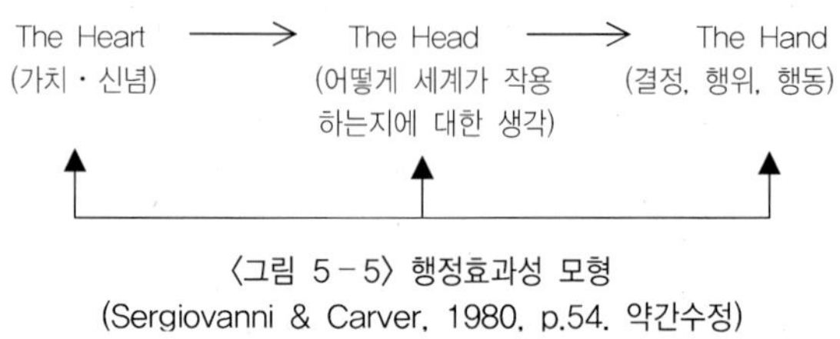

〈그림 5-5〉 행정효과성 모형
(Sergiovanni & Carver, 1980, p.54. 약간수정)

아직은 이렇게 저렇게 여러 가지로 모색하는 단계이지만 행정은
철학이 스며 나온 것이라는 생각만은 확실하다. 그러므로 교육행정
가에게는 올바른 철학이 있어야 하고 그래서 교육행정가 양성과
연수 프로그램에 교육행정철학이 들어가야 한다는 것이다.

그리고 교육행정가는 자신의 철학을 행정으로 펼칠 때 행정하는
보람이 있다. 교육행정가로 하여금 어느 정도 철학을 펼 수 있도
록 자율권이 주어져야 한다.(경북 안동 교육청 초·중등교감 충남
대방문연수 1995. 12. 11)

따뜻한 마음에서 우러나 찬 머리로 걸러내서 과감한 실천으로
행정을 해야 한다.

행정행위는 곧 윤리적 행위이고 행정실제는 윤리적 실천이라고 할 수 있다. 그래서 행정행위는 윤리와 도덕성을 빼놓고는 도저히 설명이 안 된다. 행정가와 행정인은 개개인의 윤리관과 가치관, 사고방식에 의하여 행정에서의 윤리구현에 영향을 받는다. 그리고 행정가는 자신의 행정행위에 대하여 윤리성과 책임성을 확보하지 않으면 그 행정행위는 정당화될 수 없다.

Achilles, Keedy & High(1994)는 행정을 도덕적·윤리적 행동으로 <그림 5-6>과 같이 설명하고 있다.

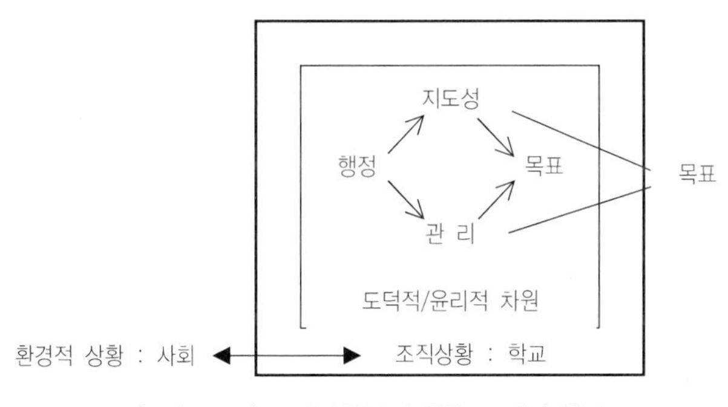

〈그림 5-6〉 도덕적/윤리적 행동으로서의 행정

교육행정에서 달성하고자 하는 목표 자체가 윤리성을 가지고 있다. 더 좋은 국가와 살기 좋은 사회를 만들고자 한다든지, 바람직한 인간을 육성하고자 한다든지, 문화유산과 가치·규범을 유지·보존·발전시키고자 한다든지 하는 이 모두가 윤리적 방향성을 가지고 있었던 것이기 때문에 교육행정에서 윤리성이 강조되지 않을 수 없다.

행정윤리에서 소극적 측면으로 부정부패의 제거와 공직윤리의 확립문제가 있다. 과거의 행정윤리는 이 소극적 측면에 주로 관심을 가졌었다. 공직자가 지켜야 할 규범적 기준, 개인의 존엄성과 생활향상이란 행정 목표와 사명을 지향하는 가치와 당위, 행정가의 행동규범으로서의 올바른 판단과 선택, 행정행위에 필요한 능력, 정책관리자의 도리·도덕·규범·책임의 적극적 측면도 있다. 교육행정 전문직 윤리 문제 등을 가볍게 넘길 수 없는 중요한 문제들이다.

교육행정가의 개인도덕, 조직도덕, 더 나아가서 환경 – 사회적 책임으로 넓혀 나가면서 행정실제에서의 윤리적 문제를 따져 볼 수도 있다.

교육행정에 있어서의 윤리적 측면에 대하여 생각해보기로 한다.

행정윤리는 교육행정가의 일상적인 일

행정윤리는 어떤 특수한 일이 아니라 행정가들이 항상 부딪히고 있는 일상적인 일이다. 윤리성이 개입되는 일이 너무나 많다. 한 학년에 2개 반이 있는데 학부모 중 유력인사들이 보다 더 유능한

김 교사의 반에 배정해 달라고 교장에게 부탁을 하다가 마침내 압
력을 넣는다. 어느 교사에게서 자녀를 배우게 할 것이냐는 학부모
의 정당한 권리라는 것이다. 그리고 교사와 학생이 조화를 이루어
야 하고 학생은 잘 맞는 교사에게서 배워야 한다는 논리이다. 한
국에서도 최근에 소비자 선택권 보장이 대두되면서 공개적, 노골적
으로 이런 요구를 하게 된다.

여기에 교장으로서는 공정성의 윤리적 문제에 부딪히게 된다.
공정성에 의하면 불리한 학생을 유리하게 하고 유리한 학생을 불
리하게 배치해야만 한다. 개별학생의 행복을 보장해 줄 것인가 아
니면 다수학생을 위한 공정성을 고수할 것인가?

교육행정에 있어서 이런 윤리적 문제는 너무나 많다.

표현의 자유와 윤리적 의사결정

한 국어 교사가 지역 신문에 교육청 내 행정가와 교사들의 약점
을 지적하는 글을 투고하였다. 이 일로 행정가와 교사들 사이에
불화가 생기게 되고 교육위원회와의 협상에서 교육자들이 많은 손
해를 보게 되었다. 여기에도 두 가지 입장이 있을 수 있다. 국민에
게는 기본적으로 표현의 자유가 있고 자유언론·언론의 자유가 보
장된다. 그리고 있는 약점을 지적한 것이지, 없는 것을 거짓 보도
한 것도 아니다. 그리고 이렇게 글을 쓴다는 것은 개인의 성장을
위해서 오히려 권장되어야 한다. 또 약점이 자꾸 지적되어야 시정
되고 발전한다.

이에 대하여 교사의 언론보도로 타인의 복지에 손상을 준 것이 과연 옳은 행동이었느냐는 반론이 제기된다. 공리주의 입장에서 이익 극대화의 원리로 보면 한 교사의 지적으로 많은 교육자들이 임금협상이나 근무조건협상에서 불리한 입장이 되었다면 그 교사의 행동은 옳지 않았다고 볼 수 있다.

그러나 인간에 대한 평등존중 원리라는 황금률에 비추어 보면 아무런 잘못이 없다. 이 문제를 어떤 입장에서 볼 것인가?

개인의 자유와 공익의 문제

어머니의 많은 병원비를 마련해야 하는 한 여교사가 다른 학구의 도시에 나가 야간업소에서 노래를 부르는 아르바이트를 하고 있는 것을 그 학교의 교장이 우연히 발견하게 되었다. 그 여교사는 학교에서 최우수 교사이고 학생들과 학부모의 인기도 대단히 높다.

우리나라에서는 교사에게 겸직 금지라는 법조항이 있지만 아마 미국이나 다른 나라에서는 그런 조항도 없을 것이다. 이것을 품위유지로 걸 것인가? 퇴근 후 시간은 개인의 자유이고 이것으로 인해서 학생들을 잘못 가르쳤다는 증거도 없고 오히려 이 여교사는 교장이 보기에 최우수 교사이다. 또 어머니의 목숨을 구해야 하는 특수한 상황도 고려되어야 한다.

여기에 공익의 문제가 대두된다. 만일 이 사실이 감수성 예민한 학생들에게 알려진다면 어떻게 될 것인가? 이로 인해 다른 부업을 갖는 교사들이 생겨난다면 어떻게 할 것인가?

교장은 어떤 판단을 해야 할 것인가? 사실적 판단에 비중을 둘 것인가? 아니면 도덕적 판단, 가치판단에 의해서 어떻게 할 것인가?

사실적 판단은 사실에 근거하여 "잔디는 푸르다."와 같은 판단을 한다. 도덕적 판단을 도덕원리가 기준이 되어 "우리는 항상 진실을 말해야 한다."와 같은 것이다. 이에 비하여 가치판단은 자신의 선호가 개입된 것으로 "녹차가 커피보다 좋다."와 같은 것이다. 교육행정가는 행정을 하는 동안 수많은 판단을 해야 한다.

교육의 기회균등

교장이 지진아 지도를 위한 특별 프로그램을 만들고 여기에 재정을 배분하려고 한다. 그러나 학교운영위원과 교육위원들은 반대로 영재아 프로그램을 개발하여 여기에 많은 재정을 투자하라고 한다.

이런 상황에서 교장은 어떻게 해야 할 것인가?

돈은 한정되어 있는데 지진아에게도 기회를 주어야겠고 영재아에게도 기회를 주어야 한다. 또 지진아도 아니고 영재아에도 소속되지 않는 학생들에 대한 재정 배분은 어떻게 해야 할 것인가? 이것은 민주주의에서 가장 기본적이고도 중요한 기회균등의 문제로써 간단한 해답을 찾기는 어렵다.

도덕성의 입장에서는 동등한 것은 동등하게 해 주고 다른 것은 다르게 해 줘야 한다는 것이다. 적절성의 입장에서 보면 어떤 요인이 적절하게 다루어지고 있는가 아니면 부적절하게 다루어지고 있는가를 챙겨 봐야 한다. 능률성의 관점에서는 특정한 처치가 바람직한 결과를 초래했는가를 따져 봐야 한다.

교육평가의 문제

3명의 화학 교사 중 어떤 한 교사가 무능하다는 편지가 익명의 여러 학부모로부터 교육장에게 자주 오고 있다. 그런데 교장의 근무평점에는 무능으로 평가되지 않고 있다. 유능하지는 않지만 아주 무능하지는 않다는 것이다. 이 교사가 가르친 반의 표준화 검사 점수는 다른 반에 비하여 낮지만 그 반의 비판력은 높은 것으로 나타나 있다. 교육장이 직접 이 교사의 수업을 1회 관찰했는데 수업은 엉망이었고 화학실험은 화재를 일으킬 정도로 위험한 상황이었다. 교육장은 이 교사를 해고시키려고 한다.

여기에 윤리적 갈등이 있다. 학생을 보호할 것이냐 아니면 교사를 보호할 것이냐의 문제가 있다. 인간적 접근을 할 것이냐 법적 절차를 밟을 것이냐의 문제도 있다. 인간으로서 존중할 것이냐 한 교사로서 대할 것이냐에 대해서도 생각할 수 있다. 익명으로 온 편지를 정당한 절차(due process)로 다룰 것인가, 자신이 1회 수업 관찰한 것을 신뢰할 것인가, 아니면 1차적 감독자인 교장의 교사 평가를 더 신뢰할 것인가? 학생들의 표준화 점수에 비중을 둘 것인가, 아니면 비판력을 높이 살 것인가? 교육장의 전문적 판단과 함께 윤리적·도덕적 판단도 많이 요구된다.

최근에는 교육행정가에게 문화적 지도력과 함께 도덕적 지도력이 강조되고 또 도덕적 지도력이라는 책도 나오고 있다. 그리고 교육적 지도력을 Moral Art라고 하는 사람도 있다. 교사들에게 일의 의의와 의미를 심어 주고 도덕적 참여를 불러일으키는 지도력이 이에 해당될 것이다.

교육행정의 윤리적 실천

교육행정은 도덕적·윤리적 맥락 속에서 이루어진다. 교육행정은 곧 도덕적·윤리적 행동이요 실천이다. 그래서 앞으로 교육행정의 도덕적·윤리적 측면에 대한 연구와 관심이 많이 요구된다.

도덕적·윤리적으로 흠이 있는 사람은 더 이상 교육지도자일 수 없다. 도덕성·윤리성 관리를 잘 해야 할 것이다. 보다 적극적으로는 교육지도자들이 윤리적·도덕적 지도력을 발휘하여 교사들에게 의의와 의미를 심어주고 도덕적 참여를 불러 일으켜야 할 것이다.

앞으로는 교육행정가를 위한 양성·연수교육에서 행정윤리가 중시되고, 교육행정가 선발·임용에 윤리성의 비중을 두어야 할 것이다.

교육행정윤리와 관련하여 하나 특별히 생각해야 할 점은 교육행정이 지나친 정치 장단에 춤을 춰서는 안 된다는 점이다. 교육개혁안이 투표일 며칠 앞두고 발표하여 어떤 극적효과를 거두려고 한다든지, 점수 따기 위하여 일선학교에 방과 후 활동을 강요한다든지, 교육부 교육과정 시간배당 기준령을 어겨가면서 자율학습, 보충학습을 시킨다든지, 학생들로부터 방학을 몰수하는 행위는 모두 불법일 뿐만 아니라 비윤리적, 비도덕적 행위이다. 전국 획일의 열린교육 강제도 윤리적 측면에서 검토해봐야 한다. 열린교육은 우선 학교 교사, 학생, 학부모에게 선택의 자유가 열려 있어야 한다.

윤리는 입으로는 안 된다. 행동으로 몸으로 보여 줘야 한다. 교육 행정가의 윤리도 몸으로 보여 줌으로써 지도력을 발휘해야 한다. 행정은 입으로 하는 것이 아니라 윤리적 행동으로 하는 것이다. 우리의 교육, 몸으로 가르치자.

선진국은 문화예술, 윤리와 도덕이 선진인 나라이다.

참고문헌

김영종, 『행정철학』, 서울: 법문사, 1995.

김항규, 『행정철학』, 서울: 대영출판사, 1995.

유종해, 『행정의 윤리』, 서울: 박영사, 1992

주삼환 역, 『행정철학』, 서울: 법문사, 1986.

주삼환 역, 『지도자의 철학』, 서울: 법문사, 1989.

Cooper, Terry L. Handbook of Administrative Ethics, N. Y.: Maroel Dekker, 1994.

Hodgkinson, Christopher, Administrative Philosophy, N. Y.: Pergamon, 1996.

Hodgkinson, Educational Leadership: The Moral Art, Albany: State University of New York Press, 1991.

Hughes, Larry W. The Prinoipal as Leader, N. Y.: Macmillan, 1994.

Sergiovanni, Thomas J. Moral Leadership, San Francisco: Jossey-Bass Publishers, 1980.

어려운 시기에 우리나라 교육의 기초를 닦고 틀을 짜고 교육뿐만 아니라 우리나라 자체의 건설과 발전에 크게 기여한 겨레의 영원한 스승이신 삼락회 여러 어른을 모시고 저의 부족한 생각이나마 나누게 된 것을 제 생애 최고의 영광으로 생각한다. 그리고 저는 특히 서울시 초등교육이 키워주시고 길러주신 사람이기 때문에 항상 감사하는 마음을 갖고 있으며 이렇게 저를 격려해 주신 여러 어른들을 뵙게 되어서 반갑다. 사실 저는 여러 선생님들로부터 계속 배워야 할 입장이지 뭐 드릴만한 좋은 의견이나 생각은 별로 없다. 임원 선생님께서 잊지 않고 저를 불러 주시고 간청하시어 마지못해 나왔으나 드릴 말씀이 별로 없더라도 어쨌든 뵙고 보니 반가울 뿐이다.

제가 오늘 여러분과 나눌 이야기의 주제는 "의미의 발견"인데 여기서 '의미'라는 말은 최소한 두 가지 측면에서 생각할 수 있다. 그 하나는 '사물의 뜻'이라고 하여 개념에 해당하는 것이고, 둘째는 의의, 가치, 보람, 중요성에 해당하는 것으로 쓰고자 한다. 오늘 여러 선생님과 이렇게 만난 것이 의미 있는 시간이 되길 바라면서 이야기를 시작하고자 한다.

교육의 의미의 상통과 공유

선생님이 한 어린이에게 사무실에 가서 '분필'을 좀 가져오라고 심부름을 시켰다. 이 어린이는 선생님이 자기에게 심부름을 시켜준 즐거움에 교실 밖으로 나오긴 했으나 '분필'이란 말의 의미를 몰라 선생님께 무엇을 갖다드려야 할지 망설이다가 '색연필'을 갖다드렸다.

이렇게 선생님이 사용하는 말이 무엇을 의미하는지 모르거나, 선생님이 의미하는 것과 학생이 의미하는 것이 서로 달라 선생님은 열심히 가르쳤지만 학생은 배우지 못하는 것도 많다. 특히 빈민지역의 경우 교사의 표준말과 학생의 사투리 사이에서 의미가 안 통해 성적이 저조한 경우가 많다는 것이다.

솔직히 저는 학교에 들어가기 전까지는 '뒷간'이란 말밖에 몰랐다. '변소'라는 말을 몰랐고 '화장실'이란 말은 아마 고등학생이 되어서나 알았을 것이다. 어떤 절에는 '해우소'라고 간판을 붙여 놓았더군요. 저는 중학교 마칠 때까지도 학교 화장실을 정확하게 사용하는 방법을 몰랐었다. 집에 있는 화장실 구조와 학교의 화장실 구조가 다르기 때문이었지요.

선생님이 내일 토요일은 책가방을 가져오지 말라고 하셨다. 그런데 한 1학년생은 집에 와서 책을 보자기에 싸 가지고 간다는 것이다.

이유는 선생님이 책가방을 가져오지 말라고 했지 책을 가져오지 말라는 말은 안했다는 것이다. 이 아이의 어머니가 선생님이 책가방을 가져오지 말라는 말의 의미와 의도를 아무리 설명해도 이 아이는 고집을 부리며 기어이 책만을 가지고 갔다. 학교에 간 이 아이는 얼마나 실망했을까요? 선생님을 얼마나 원망했을까요? 선생님은 이 아이를 바보라고 했을까요, 아니면 선생님이 이 아이에게 사과했을까요?

이러한 상황이라면 선생님들이 내는 시험문제의 의미와 의도를 모르거나 잘못 이해하여 답을 못 쓰거나 틀린 답을 쓰는 수험생들은 너무나 많을 것이다.

우선 교육에 있어서 교사와 학생 사이에 의미가 상통하고 또 공통의 의미를 가져야만 되겠다. 교사와 학생 사이, 학생과 학생 사이, 교장과 교사 사이, 남녀 연인 사이, 외국인과의 사이에 의미를 통하게 하는 일이 우선이다. 젊은 세대와 연로한 세대 사이에도 의미를 통하게 하는 다리를 놓는 작업이 앞서야겠다.

의미상통은 곧 의사소통이다. 의사소통이 안 되면 교육은 이루어질 수도 없고 인간이 어울려 살기도 어렵게 된다. 이것은 곧 정보통신이고 정보처리에 해당된다. 정보사회에서 정보통신이 안 이루어지면 살기 어렵게 된다. 책가방 가져오지 말라는 정보를 얻은 어린이는 다른 방식으로 정보를 처리한 것이다.

컴퓨터를 가지고 있는 사람과 컴퓨터를 사용할 줄 모르는 사람과는 의사소통을 하고 정보를 나눌 길이 없다. 모두가 컴퓨터를 가지고 있을 때 내가 안 가지고 있으면 정보 접근에서 제외되고 소외되기 마련이다.

옛날 시골 학교에서 소지품 검사를 해보았다. 아이들 주머니에서 별의별 물건들이 다 나왔다. 딱지와 구슬은 물론 총알껍질(6·25 전쟁 후라서), 못, 쇳조각, 돌멩이 등 하찮은 것들이 많았다. 선생님은 도저히 이해할 수가 없었다. 딱지, 구슬, 총알껍질 같은 것이라면 모르겠는데 무거운 돌멩이를 여러 개의 주머니가 떨어지고 터지도록 넣고 다니는 것을 이해할 수 없었다. 친구와 함께 나가서 냇물에다 버리라고 했다. 그 어린이는 그 돌멩이들을 버리는 것을 애통해 하는 것이다. 그 아이에게는 돌멩이가 의미 있는 물건이었던 것이다. 사람마다 의미를 부여하는 데 따라 중요도가 달라진다. 교사의 의미부여와 학생의 의미부여가 다르면 좋은 사제관계가 되기도 어렵고 좋은 교육이 이루어지기도 어렵다.

　이런저런 생각을 하면 저도 교사생활을 하면서 아이들에게 알게 모르게 많은 죄를 졌을 것 같다.

학교와 교육의 의미 변화

　돌멩이에 의미를 두었던 어린이도 어른이 되어 다른 것들에 의미를 두는 것으로 바뀌었을 수도 있고 계속 돌에 의미를 두어 유명한 석공예가가 될 수 있었을 수도 있다. 옛날에는 조가비가 아주 의미 있는 돈이었을 텐데 오늘날은 종잇조각으로 바뀌었다. 이제는 플라스틱 조각이 아주 의미 있는 신용카드로 바뀌고 돈으로 바뀌었다. 돈이 필요 없는 사람에게는 돈이 종잇조각 이상의 아무 의미도 없는 것이다.

　학교의 의미도 바뀌어 간다. 인간은 결국 교육을 통해서 발전해 온 것인데 아주 옛날에는 말을 통해서 하는 개인교수 형태였다. 그러다가 문자가 나오면서 시공을 넓혔을 것이다. 동양이나 서양이나 옛날에는 절간, 교회, 서당식 개인교수였을 것이다.

228

그러다가 산업혁명에 의하여 인간의 힘을 기계로 연장, 확대하면서 공장의 대량생산체제를 갖추었다. 부품들을 분업에 의하여 조립하여 대량생산으로 물질시대를 이룩했다. 산업사회는 과학이 뒷받침해 줬다. 과학은 곧 전문가를 의미했고 전문성은 곧 분업, 분리, 분석, 나누기, 쪼개기였다.

근대, 현대 학교는 산업사회에 기반을 두고 산업사회에 맞게 설계되었다. 공장과 마찬가지로 대량교육, 분업에 의한 쪼개진 지식조립의 교육이었다. 그래도 우리나라에서는 대량교육으로는 성공했던 것이다.

그 어려운 시기에도 국민 전원을 문맹에서 퇴치시키고 초등의무교육을 완수하고 이제는 거의 고등학교까지 모두 마칠 수 있게 되었다. 대학도 해당연령인구의 54.6%가 간다. 초·중·고·대학교로 학교를 쪼개고 학년으로 쪼개고 학급으로 쪼개고 쪼개진 사이에서는 연결이 안 되었다. 여러 교과로 쪼개고 단원으로 과로 시간으로 쪼개어 가르쳐야 했다. 학년, 학기, 주간, 일간, 시간으로 쪼개어, 쪼개진 지식의 파편들을 가르쳐 전인(全人)이 나올 수 있었겠는가?

이제 공장도 대량생산의 체제로는 지탱이 안 된다. 다품종 소량생산이라야 하고 세계에 하나밖에 없는 수공예품이 인기가 있다. 우리의 교육도 양에서 질로 가야 한다. 고도의 교육 질을 보장하는 개인교수의 방향으로 가야 할 것이다.

산업사회, 공장사회에 알맞게 설계되었던 학교를 정보사회에 맞게 완전히 틀을 바꾸어 새롭게 설계해야 한다. 과거에는 교사와 교과서가 정보를 독점했었으나 이제는 정보가 열려있고, 노출되어 있고, 누구나 정보를 공유하게 되었다.

학교와 교사가 학생에게 제공해 줄 수 있는 정보의 양은 극히 제한되어 있다. 교사의 위치는 정보 확보·조직·활용자인 학생을 보조하고 자문·코치하는 위치로 내려오게 된다. 정보를 학교에서만 얻는 것이 아니고 가정·사회에서도 마음대로 얻을 수 있으므로 학생들이 학교에 오래 머물 필요가 없다.

지금까지는 교사가 학급을 가르치고 학생을 가르치지 못하고, 교사가 교과목을 가르치고 학생을 가르치지 못했는데 이제는 학생과 학습에 초점을 맞추어야 한다. 교사가 가르치는 일보다 학생이 배우는 일에 초점을 맞춰야 한다.

학급을 가르치는 데서 더 나눌 수 없는 존재인 개인(individual)이 배워야 하고 교과를 가르치던 데서 지구촌 의식(Global)으로 넓혀나가야 한다. 지구를 쪼개 나누어 가질 생각을 말고 하나의 지구관을 갖도록 해야 할 것이다.

학교의 의미, 교사의 의미, 가르친다는 의미가 정보사회에서는 달라지고 있다. 과거에 의미 있다고 가르친 것들이 21세기에 살아갈 아이들에게는 무의미한 것이 되고 있다. 무의미한 일에 열심히 하라고 하면 신이 날 리 없다. 의미 있는 일에 교사와 학생이 지금처럼 열심히 가르치고 배운다면 정보사회에서는 한국이 판을 칠 것이다.

우리가 지식중심·편중의 교육을 정말 제대로 해 왔다면 21세기 정보사회에서는 한국의 시대가 될 뻔했다. 산업사회에서는 공장·기업·경제가 주도하고 물질이 판을 쳤지만 21세기 정보사회에서는 지식과 정보를 생산해내는 학교가 주도하는 사회가 되어야 할 것이다. 한국이 진정 교육을 중시하는 교육 국가였다면 정보사회에서는 태양이 한국을 위해서 비칠 뻔 했다. 정보사회에 의미 있는 학교와 교육을 만들어야 할 것이다.

지금 선진 여러 나라에서는 학부모에게 학교 선택권을 주고 정부에 냈던 세금을 자녀가 다니는 학교에 지불해 주는 지불보증제도를 택하고 있다. 공립, 사립, 영리사설 교육기관 어디에 등록해도 좋다는 식이다. 공립학교는 경쟁에서 밀려 존폐위기에 몰릴지도 모른다. 사설영리교육회사가 학교운영위원회와 계약을 맺어 교사진과 교과서, 교육과정을 몽땅 가지고 학교에 들어가 학생 교육을 담당하게 되는 데 이런 교육회사가 늘어난다. 이렇게 되면 공립학교 교사들은 직장을 잃게 된다. 사설방송이 교육의 일부를 담당하고 돈을 벌겠다고 한다. 학생들만 잘 배울 수 있도록 하면 된다는 생각이다. 심지어는 학생을 전혀 학교에 안 보내고 집에서 가르치겠다고 하는 경우도 생겨난다. 학교의 의미도 달라지고 있다. 공장이미지의 학교를 가지고는 더 이상 정보사회에서 버틸 수가 없게 된다.

의미의 위기

여러 어른들이 젊은 시절에는 좀 밑진다고 생각되더라도 선배나 어른에게 고개를 숙였고, 또 후배가 으레 잔심부름을 다 했었다. 그런데 이제는 똑같이 나누기 식이다. 이것이 민주주의를 의미한다고 생각하는 것이다. 복잡한 버스 안에서 노인이나 어린이에게 자리 양보하기도 어렵고 양보받기도 어렵다. 젊은이도 똑같이 (좌석) 버스표나 지하철 표를 샀다고 생각하기 때문이다. 그런데 옛날에 우리가 선배대접을 하고 어른대접을 제대로 했다면 지금은 당연히 그리고 당당히 선배와 어른대접을 받으려고 해야 한다고 생각한다. 나를 위해서가 아니라 우리 사회의 질서를 위해서이다.

전에는 자신의 손때가 묻은 물건을 버리기가 아까웠다. 고치고 또 고쳐서 썼다. 그런데 지금은 시집올 때 가져온 장롱도 길거리 에 마구 내다버린다. 의미의 혼란, 의미의 위기를 맞고 있다.

전에는 마음에 좀 안 들더라도 조강지처와 함부로 헤어질 수가 없었다. 그러면 사회의 지탄의 대상이 되었다. 그런데 지금은 이혼 도 가정파탄도 핏줄 가르기도 자주 나타난다. 의미의 대혼란이 일 어나고 있다.

국가의 지도층은 큰 나쁜 짓을 하고 조무래기들은 작은 나쁜 짓 을 한다. 누가 누구를 잘못한다고 나무랄 수가 없다. 어른들이 목 소리를 내야 하는데 나라에 어른이 없다. 총을 쏴서 대통령이 되 는 바람에 나라에 질서가 없어졌다. 권력이면 다고, 돈이면 다라고 생각하는 것이다. 그러나 국민의 존경을 못 받으면 권력도, 돈도 무의미하게 된다는 것을 알아야 한다.

의미의 발견

여러 어른들은 어린 시절, 젊은 시절 어디에 의미를 두었었습니 까? 혹시 어린 시절 돌멩이에 의미를 두었던 꼬마였을지도 모른다.

232

젊은 시절 돈 많이 벌고 좋은 집에 살고 싶고 남보다 먼저 높은 자리에 오르는 것에 의미를 두었을지도 모른다. 그러나 이 시점에서는 그런 것들이 모두가 무의미해졌다. 하늘을 우러러 한 점 부끄럼 없이 살았다고 생각하시는 분이 있다면 그 분은 마라톤 인생의 최후의 승자일 것이다. 그분에게 제자나 후배가 찾아오지 않아도 외롭지 않다. 내 스스로 내 마음이 외롭지 않기 때문이다.

그래도 우리 교육자는 의미 있는 일을 한 것이다. 국가가 어려울 때 제대로 대우도 못 받으면서 국민교육에 헌신하여 국가를 이만큼 일으켜 세웠기 때문이다. 이것만큼은 여러 어른들이 자부심을 갖고 의미를 높이 두고 뿌듯하게 생각해도 되리라 믿는다. 그런데 문제는 무엇에 의미를 둘 것인가이다. 의미 있는 시간, 의미 있는 물건, 의미 있는 일, 의미 있는 사람이 되어야 한다. 이것은 각자의 철학과 가치관에 달려 있다. 아직도 삶의 의미, 인생의 의미를 발견하지 못하고 명예욕, 권력욕, 금욕에 사로잡혀 인생에 마지막 봉사의 기회를 갖는다는 명분을 내세워 교육위원이다 뭐다 한다고 하다가 마지막으로 잘 살아온 인생에 먹칠하고 후배들의 손가락질을 당하기도 한다.

한 시간, 한 시간이 의미가 있고 의미를 부여해야겠다. 지금 이 시간도 의미 있는 시간이 되어야 한다. 열광하고, 흥분하고, 매료되고, 몰아의 경지에 들어갈 수 있는 시간이 된다면 분명 의미 있는 시간이 될 것이다. 남에게 도움이 되는 시간이라면 스스로 즐거울 것이다.

독서와 여행은 인생의 시공을 넓혀 넓게, 오래(과거도 미래도 살 수 있으므로) 살 수 있게 하므로 의미가 있을지 모르겠다. 그러나 건강이 허락하지 못하는 분에게는 여행도 무의미한 것이 된다. 산책을 하면서 음미하는 시간이 의미 있는 분도 있을 것이다. 운동을 하여 땀을 빼고 샤워하는 시간이 의미 있는 분도 있을 것이다. 봉사하는 즐거움에서 의미를 발견하는 분도 있을 것이다. 가족들과 즐거운 시간을 많이 갖는 데서 의미를 발견하는 분도 있을 것이다.

어떤 분은 젊은 시절에 누가 돌멩이를 하나 갖다 줘서 만날 먼지만 닦아내느라고 고생하고 아무런 재미도 못 봤는데, 정년퇴임하고 어느 날 그 돌멩이를 닦는데, 아, 글쎄 그 돌멩이가 그때서야 슬그머니 미소를 짓더라는 것이다. 그때서야 그 돌멩이의 의미를 발견한 것이다. 여러분이 젊은 시절에 의미 있다고 추구하던 일들이 별 의미가 없는 것을 이제 발견하고 새로운 의미를 찾고자 하는 분도 있을 것이다.

여러 어른들은 의미 있는 물건들을 많이 간직하고 계실 것이다. 여러분들이 젊은 시절 정성들여 만든 물건, 선물 받은 물건들, 기념품에는 많은 의미가 들어 있다. 그런 물건들에는 더 의미를 부여하고, 기록으로, 역사로 남김으로써 더 의미를 갖게 된다.

무슨 일이 의미 있는 일인가 찾아봐야겠다. 끝까지 가르치는 일에 의미를 두어 서당을 여시는 분도 있고 박물관, 과학관에 가서 자원 봉사하는 분도 있을 것이다. 자원 봉사한다고 해도 세상이 우리를 실망시키는 일에 부닥치게 될지도 모른다. 그래도 의미 있는 일을 포기할 수는 없다. 무엇인가 다른 사람에게 도움이 되는 일을 생각해야 할 것이다.

다른 사람에게 의미 있는 사람이 되어야겠다. 중요한 영향을 주는 사람이다. 손자에게 할아버지가 의미 있는 사람이 될 수도 있고 나쁜 길로 빠질 뻔한 청소년에게 여러 어른이 인생에 있어서 중요한 의미 있는 타인이 될 수도 있다. 후배 교장이나 교사에게 바른 충고를 해 주어 의미 있는 타인으로 남을 수도 있다. 에디슨은 삼촌이 의미 있는 타인이었고, 아인슈타인은 아버지가 가장 중요한 의미 있는 타인이었다.

우리 사회에는 어른이 필요하다. 어른이 어른 목소리를 내야 사회와 국가가 잘 될 수 있다. 교육에도 어른과 원로가 필요하다. 어른이 존경받는 사회가 살기 좋은 사회가 된다. 지난 30년간 너무 짧은 기간에 산업화, 물질시대를 앞당기다보니 정신이 무너지게 된 것이 안타깝다. 서양의 과학은 언젠가는 우리가 따라잡는다. 문제는 튼튼한 정신세계를 지탱하는 일이다. 정신을 잃으면 물질만으로는 행복할 수 없다.

젊은 시절에는 많은 사물에 의미를 두고 또 이를 추구하느라 바빴을 것이다. 정년퇴임을 한 시점에서는 젊은 시절에 의미 있다고 생각했던 것들을 하나씩 하나씩 떨어내고, 버리고, 의미 있는 것들의 수를 줄여나가게 될 것이다. 그때는 건강만이 최고의 가치를 갖게 될 것이다.

인간이 의미 있다고 추구하는 것이 많겠지만 자주 떨어내다보면 궁극적으로 진선미(眞善美)에 귀착되지 않을까? 진실 되고 착하고 아름답게 살고자 하고 또 그렇게 산 사람들은 아쉬움 없이, 후회 없이 살았다고 흐뭇해할 것이다. 결국 우리들 자신이 아이들에게 가르친 그대로 살아온 사람이 성공적 인생을 살 것이다. 지금이라도 내 입으로 아이들을 가르친 대로 살려고 노력해야 할 것이다.

인생의 끝까지 소중히 간직하고 지탱할 것이 있어야 한다. 의미

를 찾고 간직하는 일이다. 의미를 찾고 간직할 때 살맛이 있다. 그
의미는 각자의 분수에 맞아야 한다. 궁극적 의미는 최종적으로 나
를 발견하고 나를 찾는 일이다. 높은 지위도, 재물도 모두 내가 아
니다. 지금까지 나와 같이 붙어 다녀 살아온 것들을 모두 제쳐 놓
은 순수한 나를 한 번쯤 가상해보고 생각해보는 것도 좋을 것이다.
우선 교장, 박사, 장로 등도 나를 따라다닌 것들이다. 양복도, 자동
차도, 집도, 아내도 나와 같이 따라다닌 것들이다.

지금까지 내가 애지중지 의미 있다고 했던 것들까지도 무의미한
것으로 사라지고 정말 의미 있는 몇 가지만 남게 될 것이다. 그것
을 위해서 남은 시간동안 집중 투자·노력해보는 것도 좋을 것이
다. 지금까지 여러 어른들은 충분히 국가, 사회, 이웃, 타인, 가정
을 위해서 의미 있게 살아왔을 것이다. 앞으로도 더욱 의미 있는
삶이 되길 빈다. 건강에도 많은 의미를 두어 건강하시길 빈다.(서
울삼락회 강연원고 1996. 11. 20)

지도자는 조직과 구성원의 '의미'를 잘 관리해야 한다. 구성원의
의미 있는 삶이 되도록 조직과 일에서 의미를 찾을 수 있도록 해
줘야 하는 것이다. 인생의 종점에서는 의미와 보람의 잔고증명을
찾게 된다.

VI

가장 어려운 직업, 그것은 교직

- 변화의 시대, 어려운 교육
- 가장 어려운 직업, 그것은 교직
- 제자를 두려워하는 교사
- 실수의 교육적 활용
- 질의 교육, 신바람을 일으켜야
- 신뢰·학습·자율의 학교문화
- 내가 받은 교육·해온 교육·해야 할 교육

우리는 변화의 시대에 살고 있다. 현대 사회의 특징은 변화라고 할 수 있다. 변화의 흐름, 변화의 파도를 타지 못하면 생존 자체에 위협을 느끼게까지 된다.

우리는 19세기에서 20세기로 넘어가는 세기적 전환기에 변화의 파도를 타지 못해 변화의 파도를 탄 일본한테 당하고 지금까지도 허리가 두 동강으로 잘리어 이 고생을 하고 있는 것이다. 다행히 1960~1980년대 30년간의 개발의 연대라는 작은 파도라도 탔었기 때문에 이런 정도의 정치, 경제, 사회, 문화의 수준을 유지하고 살아가고 있는 것이다.

이제 20세기에서 21세기로 넘어가는 이 전환기는 시간적인 측면에서뿐만 아니라 모든 면에서 완전히 다른 모습의 더 큰 변화의 파도를 맞고 있다. 이 파도만큼은 잘 타서 우리 민족의 운명을 바꾸어 놓고 말아야 한다.

이 변화의 근본, 기반은 교육을 통해서 하지 않으면 안 된다. 파도의 표면에는 정치의 변화, 경제의 변화, 과학·기술의 변화, 사회의 변화, 윤리·도덕의 변화로 나타나겠지만 그 밑바탕은 인간 교육을 담당하는 교육의 변화가 뒷받침을 해 줘야 한다. 지난날

겉으로는 범죄와의 전쟁, 성수대교의 끊어짐, 삼풍백화점의 붕괴, 대구와 아현동 가스 폭발, 서해 페리호의 가라앉음으로 나타났지만 밑에서, 속에서는 인간교육 전쟁에서의 패배, 교육의 부실, 붕괴, 폭발, 주저앉음에 있었던 것이다. 사고의 선증, 예증, 미증을 미리 감지 못했던 것이 안타깝다. 나는 다인수 학교, 과밀학급, 콩나물 교실, 입시지옥이라고 할 때, 그 대가를 단단히 받고 말 것이라 단언했었다. 거친 교육을 하고, 교육을 내팽개친 대가는 앞으로도 무섭고 잔인하게 돌아올 것이다.

문제는 변화를 선도해야 할 분야와 사람이 변화를 따라가기에도 바쁘다는 데 있다. 기능상으로 보아 교육을 통해서 경제, 과학, 기술을 변화시켜야 할 텐데, 산업계, 기업계, 경제계가 앞서가고 교육은 뒤처져 있는 셈이다. 연구소도 기업연구소가 앞서가고 대학연구소는 뒤따라가기도 바쁘다. 연수원도 기업연수원이 발전하고 교원연수원이 뒤처져 있다. 그리고 우리나라에서 제일 발달한 분야는 기업이고 정치가 제일 처져 있다. 기업체는 소나타 자동차를 만들어 수출하는데 교육은 리어카 수준이고, 정치는 아직도 지게 수준을 못 면하고 있다.

어른이 아이들의 변화를 선도해야 하는데 아이들의 변화를 따라잡지 못하고 있다. 아이들, 학생의 변화를 부모와 교사가 따라가지 못하고 있다. 변하는 아이들을 모르고 어떻게 어른이 교육을, 변화를 시도한단 말인가? 쉰세대가 신세대를 lead – 변화하지 못하고 있는 것이다. 교육 지도자들이 지도를 못하고 있는 셈이다.

변화를 본질로 하는 교육 분야에서 그 변화의 기능을 잃고 또 지도층 사람들이 제 기능을 발휘하지 못하는 데서 변화의 시대에 우리의 변화의 파도타기에 고민이 있다.

우리 교육의 대상이요 고객인 어린이는 옛날의 어린이가 아닌 변한 어린이들이다. 어린이들이 자라고 있는 가정환경과 가정의 기능도 바뀌어 있다. 어린이와 가정을 둘러싸고 있는 사회도 변해 있다. 이에 따라 학교교육도 변해야 한다는 압력이 작용하고 있다.

지금의 어린이들은 21세기를 살아가야 하는데, 공해에 시달리고 있으며 한마디로 바쁘고 고달프다. 어린이 입장에서 배우게 하는 것이 아니라 어른 입장에서 가르치려고 하는 것이다.

우선 어린이들은 전례 없이 강력한 감각적 자극에 노출되고 있다. 불빛도 어린이에겐 너무나 강렬하고, 색깔도 어린이가 감당하기엔 지나치게 현란하다. 옛날에는 3색, 5색 영롱, 7색 무지갯빛이 최고였는데 이제는 색깔도 너무 많고 그것도 원색이다. 어린이의 눈은 너무나 피로하고 안경을 안 낀 아이들이 별로 없다. 이제 학교에서 어린이의 눈을 잡아맬 방도가 별로 없다.

귀도 지쳐 있다. 갓난아기에게까지 라디오, TV, 비디오 거리의 소음, 괴성이 무차별적으로 투입되고 있다. 어린이의 귀도 사로잡기 어렵게 되어 있다. 코도, 혀도, 촉각도 모두 무차별적으로 자극에 노출되어 병들거나 지쳐 있다. 감각기관의 발달이 아니라 고장을 일으키고 있는 것이다. 자연의 빛, 소리, 냄새, 맛, 접촉 속에서 자란 우리의 어린 시절과는 너무나 다른 어린이들일 것이다.

둘째, 인지발달, 정서발달도 다를 것이다. 피아제의 인지발달, 에릭슨의 정서발달의 순서와 시기도 재검증해야 할 것이다. 물론 콜버그의 도덕성 발달도 재검토해야 할 것이다. 지능도 다지능론이 제시되어 Howard Gardner는 ① 언어, ② 음악, ③ 논리 - 수학, ④

공간, ⑤ 신체-접촉, ⑥ 대인관계, ⑦ 내적자아의 7개 영역으로 나누고 있다. 한글을 언제 가르쳐야 할 것이냐도 심각하게 연구할 필요가 있다.

셋째, 사회화, 사회성 발달도 달라지고 있다. 형제와 가족들의 수가 적어지고 또 그들과의 접촉이 적어지고 어린이들은 일찌감치 놀이방에 넘겨지기도 한다. 나만 알게 될 수 있고 일찍이 남과 어울려 사는 것을 배우게 될 수도 있다. 이사와 전학, 졸업을 그렇게 두려워하는 것 같지 않은 아이들도 있고 이에 연약한 아이들도 있다. 모든 아이들이 똑같은 조건은 아닐 것이다.

넷째, 신체발달도 달라지고 있다. 걸음마차 덕으로 일찍 서고 걷게 되고 넘어져 무릎이 까지는 시행착오도 있을 리 없다. 엄마 젖 대신 소의 젖을 먹고 자라서 그 덕분에 영양은 좋아지고 신체조건은 나아졌다. 항상 무언가 들고 다니며 먹고 마셔 입을 막아줘야 한다. 성적 발달과 충동은 일찍 일어난다. 그러면서도 공부에 눌려 뒤로 밀려나거나 생략, 건너뛰어야 한다. 緣(연)이 아니라 인위의 조작이 따라붙기 쉽고 만남이 아니라 1회용 스침으로 끝나기도 쉽다.

다섯째, 현대의 어린이들은 다양한 가치에 노출되고 있다. 옛날에는 획일적, 지배적인 단일 가치 속에서 살았으나 이제는 사람마다, 가정마다 신봉하는 가치가 다르니 아이들은 가치혼란, 가치갈등을 느끼게 될지도 모른다. 극단적인 예를 들면 어머니의 가치와 아버지의 가치가 다를 수 있다. 어머니의 가치와 담임선생님의 가치가 다를 수 있고, 담임선생님과 교장 선생님의 가치가 다를 수도 있다. 내 가치와 다른 아이의 가치가 다를 수도 있다. 다문화와 다가치를 존중하고 공존을 인정해야 한다.

여섯째, 다양한 흥미에의 노출이다. 과거에는 가정의 생업 보조와 공부, 자연이 어린이의 흥미 대상의 거의 전부였다. 그러나 이제는 어린이를 유혹하는 흥밋거리가 너무나 많다. 스포츠, 오락, 연예계 등 어린이를 광신도로 끌어들이는 것이 너무나 많다. 선생님과 학교는 이런 바깥세상의 흥밋거리와 경쟁에서 이겨야 하는 부담을 안고 있다.

가정도 변하고 있다. 가정은 삶과 사회생활의 기본단위이다. 전통적으로 ① 합법적, 성적 욕구 충족의 기능, ② 출산과 종족 번식의 기능, ③ 사회화와 교육의 기능, ④ 애정 교환의 기능, ⑤ 지위 부여의 기능, ⑥ 보호 기능, ⑦ 경제적 단위로서의 기능, ⑧ 종교적 기능 등 종합기능을 담당해 왔는데, 이런 기능들이 변하기도 하고 약화되기도 하였다.

첫째, 핵가족화와 가족 수 감소, 한 자녀 낳기 등으로 사회화와 교육기능이 약화되어 문제가 되고 있다. 여러 식구들 속에서 클 수 없고, 독자로 인해서 생기는 문제가 심각해지고 있다. 미국에서도 50% 이상의 가정이 한 자녀만을 두고 있다. 중국에서는 정치적으로 한 자녀만 갖게 되어, 8세 어린이가 달걀을 까먹을 줄도 모른다고 한탄하고 있다. 사랑도 미움도 혼자 독차지함으로써 문제가 생긴다. 독방의 쥐가 먹이 가지고 다른 쥐와 싸우면서 살아가는 쥐보다 수명이 단축되더라는 것이다.

둘째, 일 하는 양부모의 문제도 제기되고 있다. 1995년도에 미국에서도 66%의 어머니가 일을 하는 것으로 추산되고 있다. 한국에서도 하교한 학생이 자기 손으로 아파트 문을 열쇠로 열고 들어가야 한다. 농촌 어린이들도 나 홀로 집에 있어야 한다. 그래서 어떤 학교에서는 온종일 학교방을 운영해야 한다.

셋째, 이혼과 가정 파괴, 결손 가정의 수가 늘고 있다. 이혼으로 중간에 자녀들이 이리저리 옮겨 다니다 보면 전연 핏줄과 상관없는 사람과 가정을 꾸리기도 하고 편부모, 소년소녀가장도 늘고 있다. 외국에서는 아예 부모라는 말 대신 보살펴 주는 사람이란 말을 쓰고 있기도 하다. 미국에서 30～40대 여자가 16～17세 소년과 결혼해서 사는 경우가 늘고 있다는 TV프로를 본 적도 있다. 아들보다 적은 나이 또는 한두 살 차이 나는 남편과 자식들이 한 가정을 꾸리고 사는 것이다.

가정이 바로 되어야 교육이 바로 서는 데 가정이 흔들리고 있다. 즉 가정교육이 주(主)가 되고 학교교육이 부(副)가 되어야 하는데 우리는 지나치게 학교교육에 의존하고 있는 것이 문제이다.

가정교육과 학교교육이 각각 따로따로 노는 것도 문제이다. 가정은 이미 ① 어린이의 탐구심을 제한하는 환경이 되고, ② 언어표현의 취약성을 낳고, ③ 성취동기를 육성하는 조건이 못되고 창의성도 호기심도 불러일으키지 못해 학교만의 몫으로 감당하기엔 너무 벅차다. 학교교육은 과부하에 걸려 있다.

이제 사회도 교육적이기에는 너무나 부적합하게 변해 버렸다. 우선 사회가 너무나 급변하여 지나치게 불안정하다. 생존을 위협하는 요소들이 너무 많다. 성공과 실패도 너무 쉽게 뒤집힌다. 개체도 가정도 기관과 조직도 생존위협을 너무나 많이 받고 있다. 어린이와 청소년을 맘 놓고 사회에 내보낼 수가 없다.

문화유산, 과거의 지식을 많이 알고 있어도 쓸모가 없는 사회가 되었다. 필요한 상황에 맞는, 최소한의 필요 지식만 갖고 있으면 된다. 필요한 곳에서 필요한 정보만 빼서 알맞게 처리하기만 하면 된다.

둘째, 다가치, 다문화, 상대적 윤리가 공존한다고 인정해야 한다. 남의 가치, 남의 문화·윤리를 존중해 주지 않으면 내 것도 인정받지 못한다. 배꼽티를 인정해 주지 않으면 Y셔츠도 인정 못 받는다. 청소부를 하찮게 여기면 교장도 별 것 아닌 것이 된다. 창녀도 전문 서비스 직업으로 인정받게 될 것이다. 내가 가르친 아이가 창녀가 되지 말라는 법은 없다. 다가치, 다문화, 다윤리에 노출된 아이들이 모두 학교로 교실로 몰려오고 있다.

잘못된 권력달성의 욕구가 95%의 풍기문제를 일으킨다고 한다. 부당한 쿠데타도 이런 욕구에서 나온 것일 것이다. 그래서 협동학습의 필요성이 강조된다.

다양한 능력을 모두 인정해 줘야 한다. 머리로 사는 사람, 손으로 사는 사람, 가슴으로 사는 사람, 입으로 사는 사람, 다리 하나 가지고 사는 사람, 몸으로 때우는 사람, 모두 살아가는 방법은 다를 수 있다. 학교가 머리, 그것도 왼쪽 뇌만 칭찬해 줘서도 안 될 것이다.

셋째, 사회의 불평등이 계속 문제가 되고 있다. 사회에는 불평등이 엄연히 존재한다. 자본주의에서는 빈부의 차가 더 심해지는 것이 자연스럽다. 이러한 불평등이 불만으로 이어지고 이런 불만이 학교로 몰려온다. 학교에 대한 요청이 계층에 따라 각각 다르게 된다. 학교는 이들 불만과 각각 다른 요구를 다 만족시켜 줄 수가 없다. 교육과정이 특정계층에 유리하고 어떤 계층에서는 불리하다고 한다. 수업방법에도 유리한 계층이 있고 불리한 계층이 있다고 한다. 학교에 대한 불만이 고조되고 있다. 그래서 발길을 밖으로 돌린다. 학원이나 사설기관에서 욕구를 충족시키고자 한다. 학교가 고객 만족운동을 벌이지 못하고 고객 불만을 촉발하고 있는 셈이다.

넷째, 교직의 3류화는 교육력의 약화를 재촉하고 있다. 옛날에는 교사가 존경받는 사윗감, 며느릿감의 최우선 순위였는데, 다른 전문직이 각광을 받고 떠오르면서 교직은 3류직으로 가라앉고 있다. 3류 교직이 세계 최고 일류의 학생을 길러내야 하는 고민이 있다.

다섯째, 사회의 교육적 기능은 약화의 정도를 넘어 오히려 교악(敎惡)의 방향으로 가고 있다. 학교에서 어렵게 가르쳐 놓은 것을 사회의 각종 매체가 너무 쉽게 망쳐 놓고 있다. 사회의 교실화가 요구되고 있다.(서울시 교육연수원 부장교사직무연수)

오래 전에 했던 강의 원고 이지만 점점 더 지금에 맞는 내용이 되고 있다. 남과 나의 '다름'을 인정하고 존중하는 데에서부터 모든 일이 출발해야 한다. 다문화, 다가치의 존중도 더욱 절실하게 느껴진다.

32. 가장 어려운 직업, 그것은 교직

이 세상에 존재하는 직업치고 어렵지 않은 직업은 없다. 그러나 그 어려운 직업 중에서도 교직은 가장 어려운 직업 중의 하나이다.

첫째, 교직은 사물을 관리하는 직업이 아니라 인간을 관리하는 직업이기 때문에 어려운 직업이다. 사물(things)은 관리자에게 결코 적극적으로 저항하지 못하는데 저항이 없는 일을 하기는 상당히 쉽다. 나무를 다루는 목수, 기계와 정보 프로그램을 다루는 컴퓨터 프로그래머, 악기와 소리를 다루는 음악가, 기계를 다루는 운전기사, 물건을 다루는 건축가 등은 상당히 어려운 직업이고 전문성이 요구되는 직업이지만, 사람을 다루는 직업보다는 덜 어렵다고 보아야 할 것이다. 이러한 직업은 고도의 창의성이 요구된다고 해도 사람을 다루기보다는 쉽다. 이런 물건이나 기계, 정보는 다루는 사람이 다루는 대로 가만히 있기 때문에 쉽게 다룰 수 있다. 그러나 사람은 다루는 대로 가만히 있지 않아 다루기가 힘들게 된다. 그냥 다루기도 힘든 데 가르치려고 하면 더 어렵게 된다.

물건을 다룬 결과는 좋든 나쁘든 금방 나타나는데 교직의 결과는 최소 1년이고 10년, 20년 후에 나타나기도 한다. 물건을 다루다 실수하면 금방 고칠 수 있는데 교직은 결과가 늦게 나타나기 때문에 잘하고 있는지, 잘못하고 있는지 그 자체를 몰라 직무수행을 잘하기가 어렵다.

둘째, 사람을 다루고 관리하는 일이라도 그 사람이 협조적이면 그래도 쉬운데, 교직은 학생들이 협조적인 것만은 아니기 때문에 더 어렵다. 인간의 생명을 다루는 의사는 상당히 어려운 직업이라는 사실을 부인할 사람은 없다. 그러나 환자들이 살려달라고, 병을 낫게 해달라고 의사에게 매달리고 전적으로 의사의 요구에 순종하고 협조적이기 때문에 의사가 일을 해내기는 교직보다 쉽다. 학생들은 병원의 환자처럼 그렇게 고분거리지도 않고 교사에게 협조적이지도 않다. 이용사, 미용사도 손님이 전적으로 자기의 머리를 맡기고 순종하기 때문에 일을 하기가 쉽다.

의사는 환자가 협조적이기 때문에 일하기도 좋을 뿐만 아니라 근무여건도 교직보다는 좋다. 또 의사들은 교사보다 고도의 훈련을 받고 또 높은 보수를 받아 사기도 높다. 그런데 교사는 저항적인 학생들을 대면적으로 다뤄야 하는 가장 어려운 직업이라고 하지 않을 수 없다. 그러나 의사는 비정상적인 환자를 다뤄야 하는 반면, 교사는 정상적인 어린이와 청년들을 다룬다는 점에서 어렵기는 하지만 좋은 직업이라고 볼 수도 있다.

셋째, 학생을 관리하고 다루는 교사의 실수가 불분명하다는데 어려움이 있다. 교사가 실수했는지, 아니면 잘했는지 자체를 알 수 없고 교사는 항상 옳고 잘한다는 가정하에서 일을 처리한다. 그러다보니 교사가 실수한 경우도 오히려 학생만 비난하고 학부모만 비난하게 되니 교사의 실수는 고쳐지기 어렵고 교직의 질은 향상되기 어렵게 된다. 사람은 실수와 오류를 고치려고 할 때 발전할 수 있는 것이다.

넷째, 교직이 어려운 직업임에도 불구하고 보상과 보수가 수반
되지 못하는 데 어려움은 가중된다. 애쓴 만큼 보답이 없을 때 일
할 의욕, 더 잘하고자 하는 욕망은 줄어들게 된다. 교직 안에서도
일을 잘한 사람과 못한 사람을 구별·차별하여 보상해 주지 못하
는 교직의 특성 때문에 어려움이 있다. 즉 일을 해낸 효과성과 보
수와는 관계가 없고, 열심이나 열성과 보수와는 상관이 없고 임의
적 기준에 의해 보수가 미리 정해져 있다는 데 문제가 있다. 이렇
게 되니 일에 대한 욕망과 동기유발, 사기에 문제가 있는 것이다.
동기 체제에 어떤 개선이 있어야 한다.

다섯째, 학생들의 욕구를 교사가 충족시켜 줄 수 있다면 학생의
관리와 지도는 쉬워지는데 그렇지 못한 데 어려움이 있다. 학생들
은 학교생활에서 그들의 욕구를 충분히 충족시키지 못하고 있다.
어린이와 청소년기는 욕구가 분출하는 시기인데 학생의 관리자들
은 이들 욕구를 전혀 고려조차 하지 않고 있다. 학생들의 욕구를
충족시켜 줄 수 있다면 학생들의 학교생활은 즐거울 수 있다.

생존과 안정의 기본적 욕구마저 위협을 받고 있다. 학교에도 위
험요소가 많이 있고 몸을 다치는 경우도 있다. 성적 때문에 학생
들은 항상 불안상태에 있다. 최근에는 학교 폭력에 의한 불안도
가중된다. 이것이 생존과 안정의 욕구인데 학생들은 생존 단계에서
부터 위협을 느끼고 있다. 다음 단계인 사랑과 우정, 보살핌 등 소
속감의 욕구도 충족되지 못하고 있다. 급우·친구들 간에도 사랑
과 우정이 싹틀 기회조차 없고, 교사로부터의 사랑에도 결핍을 느
끼고 있다. 다음으로 학생들은 존경을 받고 싶어 하고, 권력을 행

사하고 싶고 중요한 인물로 인정받고 싶어 한다. 그러나 학교의 여건은 말할 것도 없고 자신들이 하는 학습 자체도 자신들이 통제할 수 있는 입장이 못 된다. 학생들은 여기서 심한 무기력증, 무능력감을 느끼게 된다. 그러니 학교가 재미있을 리 없다. 다음으로는 학생들이 스스로 생각하고 행동하고자 하는 자유와 자율의 욕구를 강력하게 요구하고 있다. 그러나 학생들은 자기들의 욕구나 요구와는 정반대로 학교생활을 하지 않으면 안 되는 실정이다. 타율과 순종만을 강요받고 있는 것이다. 마지막으로 어린이·청소년 학생들은 함께 웃고, 함께 즐겁게, 함께 흥분하고 즐기기(fun)를 원한다. 특히 웃음이 많은 것이 이들의 시기인데 우리 학교에서 웃음이 사라진 지 오래이다. 이들에게 웃음을 찾아줘야 한다. 이러한 이들의 욕구를 충족시켜 줄 수 있다면 학생들을 관리하기도 쉽고 또 교육의 효과와 질 향상은 용이해질 것이다.

여섯째, 학생들이 수동적이면 관리하기 쉬울 것으로 생각하기 쉬우나, 동기유발이 안 되어 다루기가 더 어렵다는 것을 이해 못하여 교사들은 일하기가 어렵게 된다. 학교에 대하여 또는 교사에 대하여 학생들이 수동적이면 수동적인 것으로 끝나버리고 그 이상으로 발전하기는 어렵다. 문제가 생기는 경우가 있더라도 학생들이 능동적이고 적극적이고 주도적, 자발적일 때 교육의 질도 높아지고 관리도 훨씬 더 쉬워진다는 사실을 알아야 한다.

일곱째, 학교와 학급, 교사의 위치가 새 시대에 맞게 바뀌어야 하는데, 시대 흐름에 맞추지 못하는 데 문제가 있다. 19세기 교실에서 20세기 교사가 21세기의 학생을 가르친다는 말이 있다. 낡은 시설, 뒤처진 교수방법을 지적하는 말이다. 이제야말로 생각의 틀을 바꾸지 않으면 21세기, 3천년대 정보·지식사회에 살아남을 수 없게 된다. 20세기에 지식과 정보는 교사의 독점물·전유물이었고 교사는 전지전능한 존재였다. 모든 지식과 정보를 교사와 교과서가 갖고 있는 것으로 생각하여 이런 가정과 전제하에 교수방법도 이에 맞게 교사 주도로 했었다. 그런데 이제는 지식과 정보를 교사·학생·학부모·지역사회인 모두가 공유하고 모두가 지식과 정보에 쉽게 접근할 수 있도록 되어 있다. 이제는 학생 주도의 학습을 해야 하고 학습방법의 학습을 해야 할 입장이다. 교사는 학생들이 필요할 것으로 예상되는 자료를 미리 마련해 놓고 수업시간에는 촉진자, 보조자의 위치로 내려와야 한다. 학교에서만 모든 것을 가르칠 수 있다는 생각도 바뀌어야 한다. 배우는 장소가 학교로 제한될 필요가 없다. 그래서 학생들이 학교에 지금처럼 그렇게 오래 머무를 필요도 없다. 학교의 위치가 바뀌어야 한다. 지금은 교사가 학급을 가르치고 교과목을 가르쳤다. 학생 개인을 가르치지 못한 것이다. 이제는 교사가 학급과 교과목을 가르치지 말고 학생 개개인을 가르쳐야 한다. 개별화 학습이 되면 학급의 의미도 줄어든다. 지금 우리나라는 학생들을 많이, 오래 가르치고도 실패하는 교육을 하고 있다.

여덟째, 교직의 전문직성이 제대로 인정받지 못하는데 많은 문제가 있다. 교직이 전문직이어야 한다는 당위성에는 모두가 인정하면서도 높은 수준으로 전문직성을 인정받지 못하고 있다. 교육과 학습목적, 방법, 내용, 자료 등이 전적으로 전문직인 교사에게 맡겨져야 하는데 그렇지 못한 경우도 있고 모두 맡겨져도 그 질(質)에 관심을 기울이지 못하는데 문제가 있다. 교사는 교직 전문성의 자부심을 걸고 교육의 질 개선에 계속적 노력을 경주해야 한다.

이상에서 살펴본 것처럼 교직은 여러 가지 면에서 가장 어려운 직업에 속한다. 교직에 관심을 덜 기울이고 교직 전문성 향상에 새로운 전기를 마련하지 못하면 반드시 그 대가를 치르지 않을 수 없을 것이다. 벌써부터 교육에 실패한 대가를 지불하기 시작하고 있다. 사회기강과 윤리·도덕이 무너지고 폭력과 거짓이 난무하고 있다. 각종 사고로 생명의 위협을 받고 있다. 자동차, 기차, 지하철, 비행기, 배가 모두 곤두박질치고 다리, 가스관, 백화점, 호텔, 아파트 모두가 터지고 무너져 내리고 있다. 모두 근본을 제대로 가르치지 못한 대가이다. 경제 살리기 이전에 교육 살리기부터 해야 한다. 우리나라에서 교육의 기능이 시들었기 때문이란 걸 의식조차 못하는 것이 안타깝다.

모든 직업과 모든 일이 다 어렵지만 인간을 다루는, 그 중에서 어린이와 젊은이를 교육하는 교직은 점점 더 어려워지고 있다. 교육과 정신적 가치를 가볍게 여기는 나라는 분명 그 벌을 받고 말게 될 것이다.

교직은 가치 있고, 중요한 일을 하면서도 그에 상응하는 대우를 받지 못하고 있는 직업인지도 모른다. 그러나 우리가 생각을 어떻게 하느냐에 따라서는 "보람"을 찾을 수 있는 직업이라고 본다. 배우고자 하는 학생을 가르쳐서 기쁨을 주고 또 그들이 자라고 성장하는 모습을 곁에서 바라보면서 즐거움을 가질 수 있다. 이들이 자라서 국가와 사회에 기여하는 것을 보면서 가치 있는 일을 하고 있다는 보람을 느낄 수 있다. 세상에 수많은 직업이 있지만 이런 보람을 느끼면서 사는 사람들이 얼마나 되겠는가?

여기서는 성직이니, 천직이니, 사명감이니 하는 이야기를 반복하고 싶지 않다. 그저 산책하는 기분으로 이 이야기 저 이야기 하면서 교사라는 직업에 대하여 함께 생각해보기로 한다.

유대인들은 국가는 멸망해도 교육은 계속되어야 한다는 믿음을 갖고 민족 대대로 노력한 결과 2,000년 동안 지구의 곳곳에서 갖은 고난과 학대를 받으면서 떠돌아다니다가도 다시 모여 이스라엘이라는 나라를 세웠다. 이것은 바로 교육의 힘에서 나온 것이다.

우리나라가 일제의 식민지, 6·25의 잿더미로부터 이만큼 일어설 수 있었던 것도 바로 교육의 힘이라고 평가하고 있다. 우리의 선배 교사들이 어려운 역경 속에서도 희생적으로 열심히 가르쳤고 국민들도 교육에 열을 올렸고 학생들도 이에 잘 따라주었기 때문이다(교사의 교육애, 학부모의 교육열, 학생의 향학열). 그래도 그 동안에 교육받은 인구가 많이 있었기 때문에 이 정도의 국가 수준으로 올려놓을 수 있었던 것이다.

이렇게 해서 올려 세워 놓은 경제 성장과 국가 발전이 교육에 재투자하지 않고는 한 단계 더 높은 수준으로 끌어올리기 어렵게 되어 있다. 교사를 대우해 주지 않고는 국가의 장래를 보장하기 어렵다.

우리가 하고 있는 일에 대한 올바른 평가와 대우를 끌어내기 위해서는 우리가 단결하고 더욱 우리가 하고 있는 일에 대해 열심히 노력하여 전문성을 확보하는 길밖에 다른 방법이 없다고 본다. 우리의 할 일을 열심히 하면서 우리의 요구는 요구대로 지속적으로 해야 한다고 본다. 몇 가지 우리의 할 일을 생각해본다.

무슨 일을 하든지 올바른 철학적 방향감이 있어야 한다. 철학은 행동의 방향을 제시해 주고 행동의 중심을 잡아주기 때문에 중요하다(필자의 고속버스 손님 이야기, 바이런의 시 이야기가 있다.). 또 인간을 어떻게 보느냐 하는 인간관과 학생관이 바르게 정립되어 있어야 한다. 학생들에게 인간의 존엄성을 가르치기 위해서는 교사가 먼저 학생들을 존엄한 존재로 대할 수 있어야 한다(필자의 생명을 중시하는 교육이야기가 있다.).

올바른 교사가 되기 위해서는 기본적으로 첫째는, 인간을 사랑할 줄 알아야 한다. 인간을 가르치는 사람이 인간을 사랑하지 않고 사람을 싫어해서는 근본적으로 교사가 되기 어렵다. 학생을 인격체로 존중하는 동시에 개성·인성을 존중해야 한다. 그래야 창의성 교육도 가능해진다.

둘째는, 가르치는 일을 사랑해야 할 것이다. 가르치는 일이 재미없어 가지고는 훌륭한 교사가 되기 어려울 뿐만 아니라 인생 자체를 재미없게 살게 된다. 가르치는 방법도 점점 고도화되고 있다. 이 고도화 대열에서 뒤처져서는 안 된다. 가르치고자 하는 강한 욕구를 가져야 한다.

셋째는, 교직을 사랑하고 진리를 추구하는 데 재미를 느껴야 한다. 특히 가르치는 교과목을 좋아해야 할 것이다. 끝없는 지적 호기심과 탐구정신이 있어야 한다. 연구하는 교사, 준비하는 교사가 되어야 교직이 재미도 있고 학생에게도 도움이 된다.

이제는 입으로만 교육하는 것이 아니라 온몸으로 하는 교육을 해야 할 때이다. "삶과 앎"이 일치하는 교육을 해야 한다. 민주주의도 입으로 하는 민주주의가 아니라 행동으로 실천으로 민주주의를 해야 할 때이다. 공부해라 하기 전에 교사인 내가 먼저 공부하는 모습을 보여 주어야 한다. 입으로만 교육할 때에는 겉도는 교육이 되고 만다. 아버지가 버린 담배꽁초를 자식이 줍고 다니는 식의 교육이 더 이상 반복되어서는 안 되겠다.

교직이 전문직이어야 한다는 데에는 이의가 있을 수 없다. 그러나 교사가 의사, 변호사, 성직자, 교수와 같은 완전한 전문직이냐에 대해서는 논란의 여지가 있다. 우리가 완전한 전문직으로 인정받을 때 누구도 도전하거나 침범할 수 없는 권위와 자율을 누릴 수 있을 것이다. 이를 위해서는 그들 이상으로 피나는 노력을 해야 한다.

자기가 하고 있는 일에 대하여는 세계 제1인자가 된다는 신념으로 노력해야 한다(필자의 세계 제일 가는 초등교사 이야기가 있다.). 그리고 내가 맡은 실무 면에서는 누구와도 비교할 수 없는 존재가 되어야 한다. 이론을 학자에게 맡긴다면 가르치는 실제는 교사에게 맡긴다는 분위기가 형성되어야 한다.

세상에 사람이 많은 것 같이 보이지만 실제 꼭 필요한 사람을 찾으면 별로 없다고 한다. 우리가 하고 있는 일에 10년만 집중 투자하면 웬만한 부분은 통달할 수 있다(해인사 노스님 이야기, 10년 후의 얼굴을 오늘의 거울에 비춰보는 이야기). 먼눈으로 보고 부단한 노력을 하면 반드시 그 열매가 열릴 것으로 믿는다(무쇠를 갈아 바늘 만들겠다는 신념).

우리는 능력을 발휘하고 그 능력을 인정받을 때 행복하다. 보통 인간은 자기가 가지고 있는 능력의 겨우 15~20%밖에 발휘하지 못하고 흙으로 변한다고 한다. 나머지 능력을 언제 발휘하려고 묻어두고 젊은 날을 불평불만 속에서 하루하루를 보내려 하는가? 우리는 "포도주 반병"에도 행복할 수 있다. 교사인 우리가 행복해야 학생들도 행복해질 수 있다. 멋있게 가르친다는 것은 우리가 평생을 건 도전이다. 정년까지 수업을 해도 멋있는 수업을 한 시간 하기가 어렵다(정년퇴직 교수의 고별강연 good-bye lecture).

이를 위해서 동료교사들끼리 서로 코치하는 일이 번져 나가고 있다. 전문가들은 동료들끼리 전문성 확립을 위해서 협동한다. 또 교사들이 갖춰야 할 능력을 정해 놓고(예를 들면 2,700개 항목의 Competencies) 이들 하나하나를 체크하고 확인하여 교사자격증을 주고 있다. 또 한편에서는 마이크로티칭이라고 하여 소규모 수업을 녹화하여 계속 반복하여 되돌려 보면서 교수기술 개선에 노력하고 있다. 가르치는 데 싫증을 느끼지 않고 평생을 바쳐 배우는 데 권태를 느끼지 말아야 남으로부터 존경받는 교사가 된다. 우리는 존경이라는 이슬을 먹고 산다.

전문직은 자율과 책임을 동시에 요구한다. 완전 전문직이 되기 위해 최선의 노력을 해야 한다. 창의적인 교사가 창의적인 학생을 길러낸다. 수업에 승부를 걸고 교육과정 운영자가 되기 위해서는 연구자가 되어야 한다. 우리는 변화와 개혁의 시대에 살고 있다. 이 변화의 흐름을 잘 타는 사람은 살아남을 수 있고 그렇지 못한 사람은 생존에 위협을 느끼게 된다. 국가가 망하는 일도 기업이 망하는 일도 금방이다. 이제 학교가 망하는 일도 생긴다. 학부모의 학교 선택권이 보장되면 분명 망하는 학교가 생긴다. 망하는 학교의 교사는 비참하게 된다. 학생이 없어서 망하는 학교의 교사를 데려다 쓸 사람은 없다. 미국에서는 교장과 교사 모두 한 학교로 임명되기 때문에 학교가 망하면 모두 실직하게 된다.

지금까지는 잘 하는 사람이나 못 하는 사람이나 같이 묻어갔으나 이제는 능력 본위, 자유 경쟁의 시대로 넘어가게 된다. 능력 있는 사람은 그만한 대가와 보상을 받고 그렇지 못한 사람은 직장을 떠나야 한다.

우리들 자신이 생존을 위한 발버둥을 치지 않을 수 없다. 우리 자신이 살아남기 위한 생존 교육을 해야 한다. 또 우리가 가르친 제자들, 학생들이 냉혹한 국제경쟁의 무대에 나가서 이겨야 하고 살아남아야 한다. 살아남고 이기는 제자를 길러내는 생존교육을 하지 않을 수 없다.

우리 민족이 19세기에서 20세기로 넘어가는 전환기에서 일본에게 뒤처지기 시작했다. 그것을 다행히 1960~1980년대에 단축하여 이 정도의 국가수준을 이루고 있는데, 이제 우리는 20세기에서 21세기로 넘어가는 전환기에 비장한 각오를 하지 않으면 안 된다. 21세기는 지난 세기와 판이하게 다를 것으로 예측되고 있다. 새로운 세기에 선진대열에 낄 수 있도록 준비교육을 하지 않으면 안 된다. 세계적인 제자를 기르기 위해 세계적인 교사가 되어야 한다.

우리는 학생들에게 올바른 자아개념을 심어주어야 하는데 이를 위해서는 우리가 먼저 자기 자신에 대한 올바른 자아개념과 교직에 대한 긍지를 가져야겠다. 나를 올바로 보고, 할 수 있다는 긍정적 자아개념과 우리가 하는 일에 대한 자부심을 갖고 학생들 앞에 떳떳하게 설 때 학생들을 제대로 가르칠 수 있다. 헨리 칼슨과 쥐 이야기, 비둘기와 소년 이야기, 오크학교 이야기, 버나드쇼의 꽃 피는 소년 이야기, 토정비결, 사주팔자 이야기는 모두 자성예언과 성취동기와 관련된 좋은 이야기들이다.

남이 나를 어떻게 보느냐 하는 것도 중요하지만 내가 나를 어떻게 보느냐는 더 중요하다. 천하를 얻고도 "나"를 잃으면 모든 것이 허사이다. 가장 가까운 나를 찾고 나를 사랑하고 나를 먼저 귀중하게 여겨야 한다. 그러면 그때부터 학생들을 보는 눈이 달라지고 대하는 태도가 달라질 것이다.

우리는 가진 것이 없다. 가진 것이 있다면 나보다 훌륭한 제자를 길러내는 일이다. 나보다 훌륭한 제자를 길러낸 스승은 교사로서 또 인간으로서 성공적인 삶을 산 사람이다. 소크라테스플라톤아리스토텔레스의 만남은 멋있는 만남이다. 발전하는 자는 떠난다. 스승의 젖을, 스승이 파놓은 우물물을 흠뻑 마시고는 어디론가 떠나서 스승과 쌍벽을 이루는 또 하나의 대가가 되는 것이다. 경허와 만공의 만남도 멋있는 만남이다. 스승을 위해서 기꺼이 죽겠다고 하고 또 제자를 잡아먹을 수 있는 사제관계라고 한다.

제자 없는 스승은 실패자다. 제자를 얻으려거든 제자를 두려워할 줄 알아야 한다. 그러한 스승의 인품이라는 향내를 맡고 벌과 나비라는 제자들이 몰려드는 것이다. 그러한 스승에게 제자들이 매달린다. 신은 나에게 무슨 힘을 주셨기에 제자들을 나의 팔에 매달리게 하는가?

교직은 국가를 지키는 최후의 보루이다. 교사를 믿지 못하면 국민은 더 이상 희망을 가질 수 없다. 우리 교사는 이 최후의 요새를 굳건히 지킨다는 믿음을 국민들에게 주어야겠다.

우리도 언젠가는 늙음이 찾아와 황혼을 맞게 될 것이다. 그때를 우리는 어떻게 맞이할 것인가? 하늘을 우러러 한 점 부끄러움 없이 스승의 길을 걸었다고 자부할 수 있어야 할 것이다. 관 뚜껑을 덮었을 때 올바른 평가를 받을 수 있을 것이다. 이것이 행복한 "교직자의 생애"가 될 것으로 믿는다.

우리는 항상 두려워하는 경건한 마음으로 학생들 앞에 서야 한다. 교원은 학생들의 평가를 받고, 부모들은 자식들의 평가를 받게 된다. 그것이 두려운 것이다.

　인간은 누구나 실수를 하게 마련이다. 신이 아닌 이상 인간은 모두 실수를 하면서 살아가게 된다. 세상이 너무 급격하게 변하다 보니 때로는 신(神)도 실수를 하는 게 아닌가 하고 의심을 하게 만든다. 착한 사람이 손해를 보거나 고통을 당하는 것을 볼 때, 또 죄 없는 천진스러움 그대로의 어린이가 죽음을 당하는 것을 보면 때로는 감히 신까지도 의심하게 만들고 불공평하다고 신을 원망하게도 만든다. 또 성공한 수많은 사람들이 다 한 번에 완벽하게 성공한 것이 아니다. 그들도 거듭되는 많은 실패와 역경을 딛고 일어나 성공한 것이다.

　그래서 실패는 성공의 어머니라고 한다. 갓난아이가 일어서서 걷기까지는 수도 없이 넘어져야 한다. 걸음마차가 없던 옛날에는 아이들 무릎에 피가 마를 날이 없었다. 그렇게 다치면서도 일어서고 걷고 달리는 것이 우리 인간인 것이다. 누구나 저지르게 되는 실수와 실패는 교육적으로 활용될 때 귀중한 것이다. 실수나 실패가 그 자체로 끝나고 만다면 우리 인간은 발전하지 못하고 후퇴하게 된다.

　실수를 인정하고 후회하고 또 무의미한 반복되는 실수를 안 하려고 새로운 각오를 할 때 실수는 실수 이상의 가치를 발휘한다. 실패도 그 원인을 찾고 새로운 철저한 대비책과 계획을 함으로써 성공 그 이상의 효과를 가질 수 있다.

이것이 실수와 실패·오류의 교육적 가치이고 교육적 활용이다. 외국에서 자동차 사고가 났다고 하면 철저한 조사에 의하여 원인을 규명하여 이에 따른 조치와 홍보를 함으로써 같은 장소에서 같은 사고가 더 이상 발생하지 않도록 한다. 그래서 자동차가 많은 나라에서도 우리보다 사고가 적다. 자동차는 사고 없이 편리하게 타고 다니기 위해서 만들어진 것이지 사고 나기 위해서 만들어낸 것은 아니다. 사고가 나면 보험회사들이 철저한 원인 조사를 한다. 경찰도 조사한다. 도로 표지판, 도로 조건, 교통 규칙, 기후와 날씨, 운전기사의 건강·심리 상태, 차량 상태 등을 정확히 조사한다. 자동차 메이커들도 자기네가 만든 차가 사고를 냈다면 그 결함 여부를 조사하여 개선에 반영한다. 그래서 사고의 원인을 제거함으로써 같은 장소에서 같은 사고가 재발하지 않도록 근본적인 조치를 한다. 더구나 생명을 앗아간 사고라면 생명을 바친 그 사고로부터 무엇인가 배워야 하고 귀중한 생명의 값을 빼야 하는 것이 우리 인간이 동물과 다른 점일 것이다.

그런데 우리나라의 경우 똑같은 사고가 무의미하게 반복한다는 데 문제의 심각성이 있다. 심지어는 사고불감증이라고까지 하게 되었다. 교통사고가 매번 같은 장소에서 반복해서 일어난다. 사고 표시가 지워질 날이 없다. 뭔가 고쳐서 최소한 그 자리에서는 재발을 막아야 할 것 아닌가? 겨울에 차가 미끄러지는 곳에서는 항상 미끄러지고 있다. 철도 건널목에서는 항상 고정적으로 사고가 일어나고 있는데도 멀뚱멀뚱 그대로 사고를 기다리고 있는 셈이다.

같은 장소에서 같은 사고가 반복해서 일어나는데도 시정하지 못하고 그대로 있는 것은 후진국 신세가 아니라 야만국 신세에 해당된다.

다리가 끊어지고 기차가 곤두박질치고 배가 가라앉고 비행기가 떨어지고 사람이 죽었으면 그 원인을 밝히고 책임을 따지고 대책을 세워야 하는데 그것이 없기 때문에 끝없이 사고가 반복되고 있다. 잠시 흥분하고 눈물을 짜고 성금을 걷고 누군가 한마디 사과하고, 말로만 다시는 이런 일이 안 일어나게 한다고 하니 근본적인 해결이 안 되고 끝없이 반복하게 된다. 그래서 이제는 대한민국에 사과용 국무총리를 따로 두어야 할 처지가 되었다. 가스폭발로 100여 명이 희생되었다면 이는 분명 세계적인 사건이다. 이러한 세계적인 사건을 다루는 것을 보면 그만큼 철저하지 못하다는 이야기다. 실험을 통한 정확한 원인조사가 안 이루어지고 재발방지책이 강구되지 않는 속에서 모든 것이 쉽게 덮어지고 있다. 그러니까 연일 가스사건은 계속되고 국민은 각 기관과 담당부서를 믿지 못하고 불안해한다.

오클라호마 시의 사건을 다루는 미국의 태도는 우리와는 사뭇 다르다. 전문가를 동원하여 수색하고 구조하고 의료 활동을 체계적으로 하고 있다. 인명구조도 16일간인가에 걸쳐서 하고 마쳤다고 한다. 범인수사도 과학적으로 하고 있다. 사건 당시의 연락·구조 활동을 시간대별로 하나하나 녹음테이프와 비디오테이프와 맞춰가면서 분석·평가하고 매스컴과 뉴스에서 다루고 있다.

선진국과 후진국은 사건을 다루는 데서 엄청난 차이가 난다. 정말 선진국으로 가는 길은 너무나 멀고도 험한 것 같다. 호주에서는 우리나라에서의 가스 사고를 타산지석으로 하여 자기네 가스와 안전시설을 점검하고 대비책을 강구하고 있다.

그런데 우리가 그 많은 희생자를 내고도 여기서 교훈을 얻지 못한다면 너무 억울한 노릇이고 희생된 분들께 미안한 노릇이다. 사고를 일으킨 사람을 정확하게 찾아내 벌해야 하기 때문에 사고의 원인을 추측으로 때려잡아서는 안 된다. 죄 없는 사람이 벌 받게 되고, 죄 있는 사람이 벌에서 제외되는 일이 없어야 하기 때문이다. 사고의 원인이 정확하게 밝혀지지 않으면 벌을 주는 데서 또 다시 잘못을 저지르게 된다. 실제 상황 그대로 놓고 소규모라도 실험을 하여 정확히 증명하여 모든 사람의 고개가 끄덕여져야 한다.

우리는 사고에서 배울 것을 찾아야 한다. 우선 노동자, 기술자를 귀중하게 존중해 주어야 한다는 점이다. 그래서 그들도 자신들이 하는 일에 자부심과 긍지를 갖고 중요하고 의미 있게 일을 하고 있다는 생각을 가질 수 있어야 한다. 비록 지하에서 땅을 파고 구멍을 뚫는 일을 할지라도 그것이 상당히 중요한 일이고 자신이 조금만 잘못해도 엄청난 일이 벌어진다는 점을 의식해야 한다.

우리는 땅 위에서 일하는 사람, 책상 위에서 일하는 사람만 중시하고 그늘진 곳에서, 안 보이는 곳에서 일하는 사람은 너무 무시해왔기 때문에 엄청난 사고가 빈발하는지도 모른다. 높은 사람, 낮은 사람 없이 모두 각자 주어진 위치에서 중요한 일을 하고 있다고 생각할 때 일할 맛도 나고 살맛도 나는 것이다. 노동자, 기술자들이 하는 일에 자부심과 긍지를 갖고 일했더라면 많은 사고가 근본적으로 봉쇄됐을 것이다.

작업 중에 가스 누출이 감지되었으면 신고도 중요하지만 우선 비상조치로 사람들을 대피시켰어야 한다. 높은 사람이건 낮은 사람이건 누군가의 명령에 의하여 위기관리에 들어갔어야 한다. 누군가 머리가 그렇게 돌아갔다면 아마도 대구의 지하철 사고의 피해는 줄어들고 그는 아마 지금쯤 영웅으로 존경받게 되었을 것이다. 이것도 일에 대한 자부심과 책임감에서 나온다.

학교는 가장 인구밀도가 높은 인구집중기관이고 조직이다. 사람이 가장 많이 모여 있고 그것도 보호받아야 할 어린이와 젊은이가 모여 있는 건물이 학교다. 그래서 가장 안전하고 편안해야 할 곳이 학교이다. 그런데 지금 우리나라의 학교가 안전하지 못하다. 위험 건물, 위험요인이 많다. 그래서 학교 관리자는 불안하다.

학교에서 제일 중요한 것은 공부 이전에 학생의 건강과 안전이라는 생각을 갖고 안전대처를 해야 한다. 안전은 평상시에 훈련을 쌓아야 한다. 미국과 같이 안전에 완벽하다는 학교에서도 소방훈련을 철저히 한다. 우리같이 형식적으로 하는 것이 아니라 실제 상황으로 철저히 하고 또 실제 상황이 벌어져도 훈련받은 그대로 대처한다. 미국에서는 이제 천둥번개·회오리·폭풍훈련, 낯선 사람 훈련까지 한다. 학교에서의 안전교육을 재고하는 계기가 되어야 할 것이다. 생명존중 교육과 결부시켜 근본적인 안전대처가 요구된다.

다리가 끊어지고 가스가 폭발하는 사고가 무엇을 의미하는지 깊이 새겨보아야 한다. 끊어진 다리가 가리키는 방향, 가스가 폭발하는 의미를 보고 깨달을 줄 알아야 한다. 끊어진 다리만 쳐다보고 폭발한 땅만 쳐다보고 있어서는 안 된다. 다리가 끊어지고 가스가 폭발한다는 것은 우리의 윤리·도덕·가치·기강·정신세계가 온통 끊어지고 가라앉고 곤두박질치고 폭발하고 있다는 의미이다.

다리의 끊어짐과 가스폭발보다 더 무서운 것이 윤리·도덕·가치의 끊어짐과 폭발이다. 30여 년간 서두른 물질적 산업화에 밀려 정신적 교육이 경시된 결과로 윤리와 도덕이 끊어지고 폭발하고 있는 것이다.

노동자도 기술자도 공무원도 정치가도 다 대한민국의 교육을 받고 일하는 사람들이다. 거친 교육을 받은 사람들이 거칠게 일할 수밖에 없다. 한 사람 한 사람에게 정성을 들여 귀중하게 교육할 때 그들이 사회에 나와 자부심과 긍지를 갖고 정성들여 그들의 일을 하게 된다.

근본적으로 인간 교육에 투자를 하지 않고 국가적 정성을 쏟지 않고 임시로 그때그때 땜질하고 덧칠하고, 덮어씌우기를 하는 한 근본적인 처방이 안 된다. 후진국형 사고의 교육적 의미를 깨달아야 한다. 실수와 실패의 교육적 승화가 요구된다.

피겨스케이팅 선수 김연아는 몇 번이나 넘어졌을 것인가? 넘어지는 것이 문제가 아니라 일어서는 것이 문제이다. 넘어져야 더 높이 일어설 수 있다. 넘어지는 것을 두려워하지 말라.

학교가 가라앉고 있다. 지루하게 많이 가르치고 많이 배우기보다 짧은 동안이라도 집중적으로 신나게 가르치고 배워야 성과도 올라가고 살맛도 난다.

신바람을 일으키려면 우선 관리의 유발체제를 Bossship으로부터 Leadership으로 바꾸고 학생들에게 동기를 부여시켜야 한다. 학교가 즐겁고 배움이 신나야 한다.

우선, 먼저 보스적(Boss) 관리체제로부터 지도적(Leader) 관리체제로 바뀌어야 한다.

교장이나 교사가 더 이상 보스로 군림해서는 질의 학교행정, 질의 수업을 할 수 없다. 그래서 보스로부터 지도자로 전환해야 한다. 다음에서의 앞의 것이 보스이고 뒤의 것이 지도자이다.

첫째, 밀어붙이기로부터 지도해 가기로 전환해야 한다.

둘째, 권위의존으로부터 협조·협동의존으로 바뀌어야 한다. 앞으로는 주로 협동에 의해서 조직(수업)의 목표를 달성하지 않으면 안 된다.

셋째, 두려움 조성, 겁주기보다는 자신감 부여가 훨씬 낫다.

넷째, 보스는 방법(How)을 알지만 지도자는 방법(How)을 몸으로 행동으로 보여 준다. 그래서 필자는 『우리의 교육, 몸으로 가르치자』라는 책을 쓴 적이 있다. 지도자는 아는 것만으로는 충분치 못하다. 알고 말하는 것은 최소 필요조건일 뿐이다.

다섯째, 보스는 추종자로 하여금 분개하게 만들지만 지도자는 열중과 열정을 낳게 한다. 앞의 것이 IQ와 많이 관련된다면 뒤의 것은 EQ(여기서는 열정지수를 가리킴)에 가깝다.

여섯째, 보스는 비난에 고정·고착되지만 지도자는 실수를 고쳐 준다. 사람은 누구나 실수를 한다. 실수를 안 할 수는 없지만 실수를 고쳐 활용하고 딛고 일어나는 일이 더 중요하다. 실수·오류의 교육적 활용이 더 중요하다.

일곱째, 보스는 일과 직원을 따분하게 만들지만 지도자는 흥미 있게 만든다. 흥미 있는 일을 할 때 일하는 재미도 있고 질도 높아진다. 싫증내는 학생들이 질 높은 학습을 하기는 불가능하다. 우수교사는 따분한 일을 흥미로 전환시키고 학생들의 기본욕구를 충족시켜 주고 어떤 경우라도 강제력을 배제한다. 학생들은 흥미 있는 일에서 더 열심히 한다.

구조개선에 그치지 말고, 자신감 있고 전문성 있는 교사를 양성·지도하게 하고 학생들로 하여금 열중하게 하는 일이 중요하다.

지도자로서의 교사는 ① 협의·토의, 참여에 의하여 스스로 배우게 하고, ② 몸으로 행동으로 보여 주고, ③ 학생들로 하여금 자신이 한 일에 대하여 스스로 평가(Self - evaluation)하여 거기서 스스로 배우게 하며, ④ 비강압적, 촉진자로서의 역할로 지도해 나간다.

보스로서의 교사는 질 추구의 적이라고 할 수 있다. 학생들이 할 일은 이미 두목인 교사의 머릿속에 고정되어 있다. 교사가 시키는 것은 모두 옳고 좋은 것이니 학생들은 좋든 싫든 무조건 해야 하는 것으로 생각한다.

질을 추구하는 교사는 자신이 리더로서의 교사인가, 아니면 보스로서의 교사의 색채가 강한가 한번 확인해보고 학생들 앞에 섰으면 좋겠다.

다음으로는 학생을 동기유발(動機誘發)시켜야 한다.

교사는 학생들에게 필요한 모든 것을 다 가르쳐 줄 수는 없다. 유능한 교사는 학생들로 하여금 스스로 배우도록 동기를 유발시킨다. 학습에 있어서 외적동기보다도 내적동기를 더 중시한다.

질의 학교, 질의 학습에서도 학생들의 동기유발에 발동을 걸어줘야 한다. 생존과 안정은 인간의 가장 기본적인 욕구이다. 이것을 가지고 학생들의 동기를 유발시키는 것은 너무 비열한 것이지만 우선 이 욕구는 기본적으로 충족되어야 한다. 학교가 학생들에게 편안하고 안전하며 가정과 같이 안락하게 느껴져야 한다.

다음으로는 학생들이 소속감을 갖고 서로 사귀며 우정을 나누고 사랑을 주고받고자 한다. 선생님과도 친하고 싶어 한다. 이런 욕구를 통해서 자연스럽게 사회성도 배운다.

셋째는 권력과 권한, 힘을 사용하고 싶어 한다. 잘못된 권력욕이 세상을 시끄럽게 하고 부정부패와 무질서와 혼란을 야기한다고 한다. 그러나 중요한 사람으로 인정받고 싶어 하는 것은 인간의 순수한 기본권에 해당된다. 학생들은 학교에서, 교실에서 중요한 사람(인물)으로 인정해 주고 대접해 주어야 올바른 권력(욕)을 행사하는 것을 배우게 된다.

넷째, 자유와 자율의 욕구이다. 특히 자기 일에 관해서는 가능한 한 자율을 최대한 보장해 주어야 한다. 배우는 일에 관해서도 가능한 한 자유와 자율이 주어지고 그 대신 그에 상응하는 책임이 주어져야 한다.

다섯째, 기쁨과 즐거움, 보람과 희열에 대한 욕구이다. 학생들은 학교에서, 배움에서 즐거움을 찾고자 한다. 이것이 인간의 최정점의 욕구가 된다. 이렇게 되면 교육의 효과에 대하여는 따질 필요도 없고 최상의 질이 보장된다. 이런 욕구를 염두에 두고 질 개선을 위한 제안을 한다.

친밀감을 느끼게 하자

우선, 학생들은 따뜻하고 지원적인 수업환경을 원한다. 이런 학생들의 욕구를 생각한다면 학생들로 하여금 교사에 대하여 알게 하고, 좋아하게 만들고, 믿을 수 있게 하고, 그리고 감사하는 마음을 갖게 해야 한다. 교사가 어떤 사람인지 누군지 모르게 만들어 놓고, 싫어하고 미워하게 만들어 놓고, 무서워하게 만들어 놓고, 믿을 수 없게 만들어 놓고는 도저히 가르치고 배울 수 없다. 가르치고 배우기의 출발을 할 수 없다.

그래서 교사는 첫째, 내가 누구인지 학생들에게 알려줘야 한다. 학생들은 교사에 대하여 알고자 한다. 사적인 것까지도 알고자 한다. 교사가 사적인 것까지 실수까지도 열어 놓고 노출하고 개방할 때 학생들은 그 교사에게서 친밀감을 느낀다.

둘째, 교사가 무엇을 원하는지 밝힐 필요가 있다. 교사가 지지하는 것, 좋아하는 것, 신봉하는 가치, 신조 등을 밝힘으로써 학생들은 교사와 가까워질 수 있다.

셋째, 교사는 학생들이 무엇을 어떻게 해 주기를 원하는지 분명히 밝힐 필요가 있다. 이런 것을 밝히지도 않고 교사가 학생들 보고 잘못했다고 나무라는 것은 교사의 잘못이다. 교사는 학생들이 해 주기를 원하는 행동을 스스로 먼저 보여 줄 수 있으면 더욱 좋다. 말보다는 행동으로 보여 주는 것이 더 효과적이다.

넷째, 교사가 학생들에게 요구하지 않을 것도 밝히는 게 좋다. 예를 들면 위협을 하지 않을 것이라든지, 처벌하지 않을 것이라든지, 쓸데없이 바쁘게 만들지 않을 것이라는 것을 미리 밝혀둘 필요가 있다. 질의 학교, 질의 교사로서 다른 점을 보여 줄 필요가 있다.

다섯째, 학생을 위해서 교사가 무엇을 해줄 것인지 분명하게 밝혀준다. 예를 들면 학생의 친구가 되어 준다든지, 학생 편에서 조언을 해줄 것이라든지 등이다.

여섯째, 반대로 교사가 학생을 위해서 해 주지 않을 일에 대해서도 알려준다. 그래서 학생들로 하여금 교사에게서 기대할 것과 기대하지 않을 것을 분명히 알고 행동하게 한다.

우선 교사와 학생이 서로 친밀해져야 질의 교육, 질의 학습, 질의 일이 출발할 수 있다.

유용한 일을 하라고 하자

인간은 하고 싶은 일, 쓸모 있는 일을 할 때 즐겁고 보람을 느끼며 일의 질도 올라간다. 학생들도 학교에서 쓸 데 있는 일, 유용한 일을 배우라고 해야 재미도 있고 도전할 의욕도 느끼며 배움의 질도 올라간다. 이는 교육내용, 교육과정에 해당된다. 당장 필요없는 일이라도 학생의 생활, 가정생활에 유용한 것으로 변화시켜 학생들에게 제시해 주면 학생들은 배울 필요를 느끼게 된다.

지금 학생들 입장에서 보면 쓸데없는 것 같아 보이는 것들을 열심히 새벽부터 밤늦게까지 배우라고 하기 때문에 학교가 재미없는 것이다. 어떤 학생들에게는 학교가 너무나 따분한 곳이다. 왼쪽 뇌만 가지고 무조건 외우라고만 하니 그것이 유용하게 느껴지겠는가?

배워서 당장 써 먹을 것을 배우라고 해보라. 학생들이 열심히 안하겠는가? 그리고 왼쪽 뇌뿐만 아니라 손·발·가슴·온몸을 사용하는 학생을 인정해 주고 칭찬해보라. 이들이 학교에, 배움에 싫증을 내겠는가?

여름 방학 때 해병대에서 신병훈련의 지옥훈련을 받는 해병대 캠프를 열었는데 수용인원 이상으로 지원자가 몰려 즐거운 마음으로 열심히 배우더라는 것이다. 남학생들은 물론 여학생까지, 11세 어린 아이까지 참여하여 해병대 신병 지옥훈련을 즐기더라는 것이다. 이들 중에는 해외교포 자녀까지 부모한테 졸라대어 참여하였다고 한다.

학교는 학생들에게 유용한 일을 열심히 하라고 해야 한다. 학교에서 배우는 일이 최소한 유용하게 보여야 한다.

학교는 질에 승부를 걸어야 한다. 양의 시대는 지나갔다. 물건도 양으로는 경쟁이 안 되는 세상인데 더구나 공부를 양으로 때울 수 있겠는가? 공부를 많이 시키고 책상 앞에 오래 잡아 놓는다고 올바른 사람을 키운다는 것은 잘못된 가설이다. 많이 가르치고도 실패하는 나라는 나쁜 나라이다. 많이 가르치기로는 대한민국이 세계 최고일 것이다.

질적인 일, 질의 생산, 질적인 사람과의 인연, 질의 학교에 소속된 기쁨을 학생들이 느끼게 되어야 한다.

학생들이 못 배우고 실패해도 교사의 직업은 안정되어 있다. 자기들이 하는 일에 실패하고도 책임지지 않는 직업은 아마 교직밖에 없을 것이다. 그러나 그런 교사의 생활에 기쁨은 없다. 학생들도 학교생활에 기쁨이 없다. 교사가 잘못 가르쳤는데도, 항상 비난의 대상은 학생과 학부모이다. 학생과 학부모가 잘못해서 교육에 실패한다는 것이다. 학교는 물건 만들어 내는 공장체제만도 못하다. 물건 만드는 공장에서는 불량품이 품질검사에서 걸리는데 학교는 불량품을 양산하면서 확인도 안 되고 책임도 안 진다.

학생들은 자신들이 중요한 사람으로 느껴져야 기쁨을 갖는다. 외우는 것을 못해도 손기술, 발기술에서 중요한 사람으로 인정받을 수 있어야 한다. 이 세상은 왼쪽 뇌 잘 쓰는 사람만 필요한 게 아니다. 학생들 한 사람 한 사람은 이 세상에 하나밖에 없는 아주 귀중한 존재이다. 학생은 귀중한 존재로 인정받는 속에서 배움에 기쁨을 느끼고 교사는 가르침에 기쁨을 느낀다.

학생들에게 쓸데없는 정보, 예를 들면 아는 것, 외우는 것보다는 유용한 기술, 사용하는 것, 사용할 것을 배우게 하는 것이 훨씬 낫다. 옛날에 지식의 저장기술이 발달하지 않았을 때는 외우는 것이 유용했다. 그러나 이제는 인쇄술이 발달하여 저장에 문제가 없을 뿐만 아니라 컴퓨터에 저장하면 금방 빼 쓸 수도 있다. 이제 외우기 정보는 더 이상 유용하지 못하고 오히려 학생들의 질의 생활만 망칠 뿐이다.

미국의 질의 학교에서는 삶의 기능, 생활기능에 해당하는 ① 읽기(독서), ② 쓰기(짓기), ③ 말하기, ④ 계산하기, ⑤ 문제해결하기 등의 기초기능을 배울 가치가 있는 것으로 밝혀졌다. 이것은 당장 살아가는 데 필요한 기능이다. 이런 기초기능을 소홀히 해 놓은 채, 싫증나는 어려운 것을 하면서 책상 앞에 앉아 있으니 학생들이 사고나 일으킬 생각을 할 수밖에 없다.

질의 학교에서는 첫째, 생활기능과 직접적으로 관련된 정보를 가르쳐야 한다. 둘째, 학생들이 배우고자 열망하는 정보를 가르쳐야 한다. 셋째, 교사가 생각할 때 학생들에게 특별히 유용하다고 믿는 정보를 가르쳐야 한다. 또 대학을 가고자 하는 학생에게는 학문이나 학술, 대학에서 꼭 요구되는 정보를 가려서 가르칠 필요가 있다.

학생들은 비학술적 기술에 해당하는 직업적 기술, 예능, 운동에 관한 정보와 기술을 더 배우고자 한다. 학술적 인문분야의 성공도 성공이요, 예능, 직업분야에서의 성공도 성공이라는 것을 우리는 알아야 한다. 사람이 모든 분야에서 골고루 다 잘할 수는 없다. 오히려 평균인간, Mr.평균이 쓸모없는 인간일지도 모른다. 질의 시대에는 어느 좁은 분야에서라도 세계 제1의 인간을 요구한다.

최선을 다하게 하자

학생들은 지금 능력이 없어서 문제가 아니라 있는 능력도 발휘하지 않아서 문제이다. 그리고 능력과 재능을 발휘하고 싶어도 학교에서 그럴만한 기회와 시간이 주어지지 못해서 문제이다. 학생들이 없는 능력이라도 최선을 다한다면 학교와 교사는 그것으로 만족하고 고마워해야 한다. 학교와 교사는 다만 학생들이 최선의 노력을 다 할 수 있는 시간과 기회를 마련해 주어야 한다.

스스로 자기평가하고 개선하게 하자

질의 개선을 위해서는 자신에 대한 자신의 평가가 더 중요하다.

남이 평가했을 때는 성공한 사람도 성공했기 때문에 노력하지 않고, 실패한 사람은 실패했기 때문에 더 이상 노력 안 하게 만든다. 그래서 질 관리 운동하는 데밍(Deming)은 평가를 하지 말고, 자기평가에 맡기는 것이 질 개선에 낫다는 것이다.

자기평가의 과정은 ① 보여 주기, ② 설명하기, ③ 자기평가하기, ④개선하기, ⑤ 반복하기로 요약된다.

첫째, 자신이 한 일, 자신의 능력, 일의 질을 부모, 교사 등 관심 있는 사람들, 의미 있는 중요한 타인들에게 보여 주게(show) 한다. 교사나 부모는 관심을 갖고 봐 주기만 해도 학생들은 고마워하고 자신이 한 일의 질을 어느 정도 알게 되고, 다른 학생들과 비교하여 자신이 어느 위치에 있게 되는지 알게 된다.

둘째, 보여 주는 것으로 불충분하다고 생각하거나, 상대방이 이해하지 못하거나, 오해할 것으로 생각되거나, 불분명하고 모호할 때, 질문이 있을 때 설명(explain)을 한다. 설명을 하는 동안 학생은 자기의 일이나 행동을 좀 더 정확하게 평가하게 된다.

셋째, 자기 나름대로의 기준에 의하여 자기평가(self – evaluation)를 하게 한다. 자기평가가 남의 평가보다 더 정확할 수도 있고 또 혹시 정확하지 못하더라도 이 평가로부터 개선 노력을 하게 된다. 자기평가에 의하여 자신과 경쟁하고, 혼자 경주하고, 자기기록과 경쟁하는 것이 더 바람직하다.

넷째, 자기평가를 바탕으로 하여 계속적 개선(improve) 노력을 한다. 평가는 개선을 위해서 필요한 것이다. 남의 평가보다 자기평가가 더 개선 노력을 자극하기 때문에 좋다는 것이다.

다섯째, 이런 과정을 반복(repeat)한다. 반복적으로 평가하고 반복하여 개선하려는 노력을 하는 속에서 발전하고 질의 생활을 하게 된다.

이 5단계의 영문 첫 자를 따면 SESIR가 된다.

항상 기쁨을 느끼게 하자

앞의 4단계, 4조건이 충족되면 다섯 번째는 기쁨을 느끼게 된다. 질 높은 학교에서 공부하는 기쁨, 질적인 교사와의 만남에 대한 기쁨으로 충만하여 신나는 학교생활, 배움의 생활을 하게 된다. 동시에 학생은 지적 자신감을 갖고 능력감을 갖게 되어 더욱 희열과

보람을 갖는다.

기쁨을 느끼게 되는 단계를 생각해볼 수 있다. 첫째, 질에 대하여 충분한 협의를 한 다음, 둘째, 유용하다고 서로 동의하는 수준에서 학습과제를 설정하고, 셋째, 질의 수준이 약간 높다고 믿는 수준에서 열중하도록 하고, 넷째, 교사가 평가하여 점수를 매기지 말고 학생 자신이 자기평가를 하도록 하고, 다섯째, 계속적 개선노력을 하도록 하고, 마지막으로 개선의 가치와 보람을 느끼게 한다.

질의 승부에서의 보람을 갖게 하자

이제 교사도 생존전략을 써야 한다. 교직에 생을 걸고 질에 승부해야 한다. 질적인 교직생활을 하지 못하면 나의 인생은 패배적인 삶이 되고 마는 것이다.

교직은 가장 어려운 직업이다. 이제 학생이나 학부모도 살려 달라고 매달리지도 않고, 질 개선에 최선을 다해도 표도 잘 나타나지 않고, 누가 알아주거나 보상을 해 주지도 않는다. 자신이 보람을 느낌으로써만이 보상을 받는 것이다. 이 보상이 세상 최고의 보상이 된다.

질 좋은 물건을 만들어 내고 또 국민들로 하여금 질 높은 삶을 살게 하려면 인간교육의 질을 높여야 한다. 21세기 정보사회, 새로운 천년대는 교육이 좌우한다. 그래서 선진 여러 나라들은 교육의 질에 승부를 걸려고 교육개혁을 한다. 우리나라에서의 교육개혁도 교육의 질 향상에 초점을 맞췄어야 한다.

교사에게 새로운 리더십이 요구된다. 보스가 아닌 슈퍼리더십 (Superleadership)이다. 슈퍼리더십은 Self-leadership이다. 학생들이 스스로 자기 자신을 리드해 나가게 하는 리더십이다. 그리고 청지기와 같은 리더십(Stewardship)인 것이다. 종으로서 봉사하는 것이다. 요즘에는 섬기는 리더십이 강조되고 있다. 학생과 학부모를 섬기는 리더가 되어야 한다.

교사는 수업의 질에 승부를 걸고 질 높은 수업에서 보람을 찾아야 한다. 보람된 삶이 되기를 빈다.

참고문헌

Glasser, William(1992), *The Quality School*, N. Y.: Harper Perennial.
Glasser, (1993), *The Quality School Teacher*, N. Y.: Harper Perennial.

학생과 교사는 배우고 가르치기 위해 학교에 가기도 하지만 그 이전에 살기 위해서 가는 것이다. 삶의 장소를 가정에서 학교로 잠시 옮긴 것이다. 사는 곳, 학교가 이 세상에서 가장 즐겁고 안전한 곳이 되어야 한다. 신바람 나서 배우고 가르칠 수 있어야 한다.

　제2차 세계대전에서 패한 일본은 자기네 땅에 굴러다니는 질 좋은 미제 지프를 보고 그렇게 부러울 수가 없었다고 한다. 일본은 언제 저런 지프를 만들어내나 하고 부러운 눈초리로 바라보며 미제 같은 지프 만드는 것을 소원으로 삼았다. 당시 미국은 일본 사람들을 "잽(Jap)"이라고 하며 업신여겼다. 마치 일본인들이 우리를 조센징이라고 무시하듯이 말이다.

　패전 후 일제 제품은 ① 싸구려(cheap), ② 거친 것(poorly made), ③ 금방 망가지는 것(easily destructible)의 대명사였다. 미국 학자들은 일본 기업계에 친절히 품질관리 운동과 기업문화를 가르쳐 주었다. 일본 각처를 다니며 강연과 세미나를 개최하였다. 그리고 일본인들은 착실히 미국의 지도에 따랐다. 그 결과 오늘날 자동차의 나라 미국에서 크고 안락한 미제 자동차를 누르고 일제 자동차가 판을 치게 되었다. 오일 쇼크 등으로 미국을 비롯하여 세계 경제가 바닥을 기고 있을 때 일본 경제는 계속 상승 무드를 타고 있었던 것이다.

　깜짝 놀란 미국 학자들이 일본에 가보니 기업마다 계속적인 품질개선에 노력을 기울이고 기업마다 독특한 기업문화를 꽃 피우고 있더란 것이다. 그래서 이번에는 반대로 일본의 품질 개선운동과 일본의 기업문화를 미국에 역수입해 가서 미국 기업에 이식하려니 먹혀들지 않더라는 것이다. 일본과 미국 사이에 문화가 다르기 때문이다. 미국은 가르쳐주고 오히려 당하는 신세가 된 것이다. 당시 미국이 잘 가르쳐주기도 했을지 모르지만 일본이 착실히 배우고 자기들에게 잘 적용한 덕분이었을 것이다. 장기를 가르쳐주고, 씨름을 가르쳐주고 오히려 가르쳐준 사람한테 비참하게 깨지는 꼴이 되었던 것이다.

그래서 미국은 얼마 전까지 자기들이 최고인 줄만 알고 게으름만 피우다가 선두주자의 자리를 일본에게 내주게 되자 갖은 압력을 넣거나 때로는 그 거대한 체구를 가지고 엄살을 부리기도 했다. 그러면서 계속 각 분야에서 "일본으로부터 배우자."는 목청을 높이고 있었다. 일본기업에서 배우자, 일본 교육에서 배우자는 글들이 자주 나왔다. 특히 자기들이 가르쳐 준 일본 기업문화에서 배우자고 큰 소리로 주장하면서 미국 기업이 조금씩 살아나고 있는 실정이다.

문화란 조직 또는 사회 내에서 공유하고 통용되는 가치, 태도, 신념, 철학, 역사와 전통, 습관, 언어 등의 모든 것이라고 할 수 있다. 최근에 기업 내에서 공유하고 통용되는 이러한 기업문화의 중요성이 강조되고 있다. 기업의 생산성이 향상될 뿐만 아니라 기업 조직 구성원들이 같은 생각을 가지고 일을 함으로써 일하는 의미, 보람과 삶의 보람을 느끼게 되는 것이다.

학교는 원래 문화유산을 유지·보존·전달하는 기관으로서 문화 조직이기 때문에 문화와는 가장 밀접한 관계를 맺고 있다. 학교마다 독특한 학교문화를 갖고 있어야 한다. 학교의 역사와 전통은 독특한 학교문화 형성에 결정적이다. 과거의 명문학교는 나름대로 독특한 학교문화가 있었다. 학생들은 교실에서 배우는 것보다도 자기 학교의 이 독특한 문화 속에서 배우는 것이 더 많았다.

학교의 구석구석에 스며든 학교문화 속에서 생활하는 동안에 저절로 배우고 깨닫고 각오와 결심을 하면서 성장하고 발전하게 되었다. 각 학교의 독특한 역사와 전통, 학교문화를 이어받고 보존·발전시켜야 하는데, 우리나라의 학교는 과거에 있던 문화마저 다 잃어버리고 사라져버리게 하였다.

그동안의 학교 관료화와 부작용으로 그렇게 된 것이다. 그래서 심지어는 공립과 사립의 차이도 없어지게 되었다. 참 안타까운 노릇이다. 다른 나라에서는 없던 학교문화 하나라도 주워 모아 만들려고 하는데 우리나라에서는 있던 것마저 없애고 평준화·평균화·획일화시키고 있으니 말이다.

학교에 주인이 없던 것도 학교문화가 없어지는 하나의 원인이 되고 있다. 순환근무제라고 해서 교장, 교감, 교사도 4~5년마다 철새처럼 떠돌아다니니 역사와 전통, 문화가 형성되고 보존될 수가 없다. 최근에는 용인과 청부들마저 한 학교에 오래 남아 있지 못하고 있으니 이거야말로 학교문화 말살정책이라고 할 수 있다. 외국에서는 관리인이 한 학교에서 평생 근무하는 경우가 많다. 관리인이 학생들까지 모두 기억한다. 그런데 우리나라에서는 거기다 학생들도 전학이동이 많아지고 학부모와 주민들마저 이동이 많아지니 학교는 뜨내기의 일시적 거처가 되고 있다. 교사들이 한 학교에 평생을 바쳐 봉사할 수 있도록 해야 한다. 교원들의 생을 건 하나의 교육 작품을 만들 수 있도록 되어야 학생교육이 제대로 될 수 있다.

교원인사에서 경합지역은 어쩔 수 없다고 하더라도 비경합지역, 또는 기피지역에 희망하는 교원이 있다면 계속 그 학교에 근무할 수 있도록 해 주어 그 학교의 문화의 맥을 이어갈 수 있도록 되어야 한다. 한 교사가 한 학교에서 학생의 아버지세대, 아들세대, 손자세대까지 가르칠 수 있다면 아마 그 교사는 학생의 특성을 제대로 파악하여 교육할 수 있을 것이다.

앞으로의 세계는 문화의 시대가 된다. 문화·예술이 국가경쟁의 종점이 될 것이다. 그래서 선진국들은 자기 나라의 문화·예술을 다른 나라에 전파하고 심기에 경쟁적으로 노력하고 있다. 나쁘게 말하면 군사(정치적)식민, 경제식민에 이어 문화·예술의 식민정책을 쓰고 있는 것이다. 정신적 식민은 물질적 식민보다 더 무서운 것이다. 이렇게 엄청난 생각을 하지 않더라도 각 학교는 그 학교 나름대로 독특한 문화를 형성할 필요가 있다. 최근에 한국의 한류 열풍은 바람직한 현상이라고 본다.

학교문화가 완전히 사라진 속에서도 어떤 학교는 지금도 교사들이 야간대학, 대학원을 다니고 현장논문 쓰기, 교육자료 제작 등 공부하고 연구하는 문화가 있고, 어떤 학교는 막걸리 파티의 문화가 유지되는 학교가 있을 수 있다. 이제는 학교에 아예 모임 자체가 없어진다고 한탄한다. 좋지 않은 문화를 억제하고 좋은 문화를 살려줄 필요가 있다.

우선 나름대로 남아 있는 학교문화에 맞는 지도력을 발휘하고 나아가서 좋은 학교문화 형성을 위하여 지도력을 발휘하는 것을 문화지도력이라고 해서 지도력이 나오는 근원으로서 도덕적 지도력과 함께 최고의 강력한 지도력으로 보고 있다. 학교장은 도덕적 지도력과 함께 문화지도력을 발휘해야 한다.

학교에 공통적으로 요구되는 문화로서 신뢰의 문화, 학습의 문화, 자율의 문화의 셋을 강조하고 싶다.

첫째, 우리 사회 전체에 믿음이 통하지 않고 있는데 신뢰의 문화를 살려야 한다. 학교도 예외가 아니어서 학교 내에도 의심과 불신이 팽배하고 있다. 불신 속에서는 교육이 성립될 수 없다. 학생이 교사를 절대적으로 믿고 존경하고 따르더라도 가르치고 배우기 어려운 것인데 서로 믿지 못하면서 어떻게 가르치고 배울 수 있겠는가? 학부모도 학교와 교사에 대한 경계의 눈초리를 늦추지 않는 것 같다. 학생과 학부모 사이도 그렇고 교장과 교사 사이도 절대적 신뢰가 통하지 않고 있다. 그래서 장학력·행정력·지도력이 먹혀들지 못하고 있다. 교육 이전에 우선 학교에서 신뢰가 회복되어야 한다. 신뢰의 문화를 형성하기 위해 다 같이 노력해야 한다.

둘째, 학교는 교육기관이기 때문에 학습의 문화가 형성되어야 한다. 모든 학교구성원이 배우고자 열망하고 배우고 가르침에 기쁨과 즐거움, 희열로 가득차야 한다. 학교는 학생만 배우는 것이 아니라 교사도 배우고 교장도 배워야 한다. 교원도 남을 가르치기 전에 먼저 자신을 가르치고 자신이 먼저 배우려고 해야 한다. 그렇게 되면 학생들에게 공부하라고 잔소리 할 필요도 없고 학생들은 공부하지 말라고 해도 공부하게 될 것이다. 학생들을 말로만 가르칠 것이 아니라 행동으로 몸으로 가르쳐야 한다. 학교가 학습문화의 열기로 가득차야 교육은 쉽게 이루어진다.

셋째, 자율의 문화가 형성되어야 한다. 자기 일은 자기가 알아서 책임지고 해내는 문화가 자율의 문화이다. 학생들도 선생님으로부터 배우는 것보다 스스로 배우는 것이 훨씬 많아야 한다. 스스로 하려고 하지 않으면 보고도 보지 못하고, 듣고도 듣지 못하며, 배우고도 배우지 못한다.

교직은 전문직이고 전문직 특성의 하나가 자율성이기 때문에 교원에게는 최대의 자율성이 보장되어야 한다. 자율이라는 말 속에는 이미 책임이란 의미가 포함되어 있기 때문에 책임성을 특별히 떼어내어 강조할 필요는 없다. 자기 일을 자율적으로 해내지 못하게 되면 다른 사람의 간섭과 지시·감독·확인을 불러들이고 끌어들이게 된다. 학교에서 학생과 교사가 최대의 자율과 자유를 누릴 수 있어야 폭넓은 사람, 열린 사람을 키울 수 있다. 자율과 자유는 저절로 주어지는 것이 아니라 엄격한 자기 관리, 자기 통제, 자기 규율에 의하여 획득되는 것이다. 천부적인 자율과 자유가 있다고 하더라도 남용하고 오용하면 속박을 불러들이게 된다. 학교에 자율의 문화를 형성해야 한다.

학교문화는 학교의 밑바탕을 이룬다. 튼튼하고 넓은 문화라는 터전 위에서 학생들이 건전하게 자랄 수 있도록 올바른 학교문화를 형성해야겠다. 모든 사람들이 독특성을 갖고 한 사람 한 사람이 구별되듯이 모든 학교가 서로 다른 독특성과 차별화가 학교문화로부터 이루어져야 한다. 색깔 있는 학교, 색깔 있는 교육이 기대된다.(Educational Journal 한국교육출판)

'신뢰'는 모든 것의 출발점이고, 바탕이고, 무대이다.

············ 37. 내가 받은 교육 · 해온 교육 · 해야 할 교육

내가 우리나라 대한민국의 교육을 받기 시작한 것은 1948년 정부수립 하던 해 9월에 입학했던 것으로 생각된다. 그래서 초등학교 6년, 중학교 3년, 고등학교 3년, 교육대학 2년의 기본교육 14년을 받고 중간에 중학교 졸업 후 1년, 고등학교 졸업 후 1년, 그래서 2년을 쉬게 되었다. 어쨌든 기본적으로 가르침을 '받은 교육' 14년이 내가 받은 기본교육기간이다.

그 후 가르치는 일을 하면서 야간으로 대학 2년, 대학원 2년 해서 4년을 더 배웠으므로 4년은 가르침과 배움(받은 교육)이 중복되는 기간이다. 그 후 박사과정은 휴직상태에서 완전히 받은 교육기간 3년이 기본교육에 또 추가된다. 그래서 총 받은 교육기간은 21년이 된다. 대학원 기간 5년을 연구기간으로도 계산할 수도 있으나 어쨌든 교육기간에 해당된다.

교육을 해온 기간은 2005년까지 약 42년인데 그중에서 3년 박사과정 휴직기간을 빼면 39년으로 계산된다. 다시 군입대 휴직기간을 빼면 가르치는 일을 한 기간은 37년쯤으로 생각할 수 있다.

그러나 여기서는 초등교사의 전문성의 측면에서 '받은 교육'과 '해온 교육'을 살펴보려고 하기 때문에 받은(기본) 교육 14년(교사가 되기 위해서 받은 교육)과 해온 교육(초등교사로) 약 15년(군복무로 휴직기간 2년 6개월을 빼면 12년 반)을 대상으로 '해온 교육'을 반성해보고자 한다.

앞으로 '해야 할 교육'은 후배 교사에게 권고하고 싶은 내용으로 보아야 할 것이다. '받은 교육'을 통해서 은사님, 선배님들의 교사 생활을 미루어 생각해보고 내가 '해온 교육'을 반성하여 앞으로 초등교사의 전문성 신장의 방향을 모색해보고자 하는 것이다. 더 큰 의미로 확대하면 "한국의 초등교사: 어제·오늘·내일"쯤으로 제목을 잡아도 좋을 것이다. 그러나 거창한 제목을 피하기 위해서 나 개인에 초점을 맞춘 것이다. 이러한 시도는 지극히 주관적이고 편견에 치우칠 위험이 있으나 자신의 경험에 바탕을 두고 있으므로 일면 실제적일 수도 있다.

받은 교육

36년간의 일제 식민지에서 해방이 되고 미군정 3년을 거쳐 정부 수립 하던 해 가을에 초등학교에 입학하였으니 당시 교육의 기틀이 잡혀있지 못하였을 것으로 보인다. 그리고 지금처럼 모든 사람이 완전 취학하지 못하여 주변에 학교에 안 다니는 사람도 있었고 나이를 많이 먹은 학생도 있었다. 나는 호적이 늦어 늦게 들어간 것 이외는 제 나이에 입학한 셈이다. 6·25전쟁으로 초등학교 3학년 때 공산교육으로 노래만 계속 불렀던 기억이 있다. 어린 눈에도 마을 청년이 갑자기 선생이 되어 나타난 것이 이상하게 보였다.

그리고 교과서가 없어 등사해 가지고 배웠고 미국 원조의 우유가루와 강냉이 죽을 얻어먹은 것 같다.

시대상황으로 보아 정식 사범교육을 받고 교사가 된 사람도 많지 않았을 것으로 추정된다. 그래서 오르간(풍금)을 치면서 음악(노래)을 가르칠 수 있는 선생님도 한 학교에 몇 명 안 되었던 것 같다. 특히 시골학교의 경우는 더욱 그랬을 것이다.

희미한 기억으로는 교육에서 낭만 같은 느슨함이 있었던 것 같다. 싫증나면 공차기도 하고, 시냇가로 목욕을 가기도 하고, 청소하느라고 많은 시간을 보냈던 것도 같다. 시간표대로 운영이 되었는지는 잘 모르겠지만 아주 엄격한 시간운영은 아니었던 것 같다. 시작종, 끝종이 있기는 했지만 선생님이 들어오는 시간이 공부하는 시간이었을 것이다. 교육과정 운영의 비엄격성은 동시에 교사의 재량권이 많았고, 그만큼 어떤 면에서는 인간적인 교육을 할 수 있었을 것으로 보인다. 기계적이고 획일적인 교육에서는 좀 벗어날 수 있었을 것이다.

그래서인지는 모르지만 수업시간 이외의 활동, 다시 말하면 과외활동, 특별활동에서 많은 것을 배웠던 것으로 기억된다. 과외활동이라야 학예회, 운동회, 자치회, 미약하지만 지금의 클럽활동 같은 것이 있었던 것 같다. 나는 특별활동으로 '습자'를 배운 기억이 있다.

수업시간에서 생각나는 것이 있다면 모두가 책을 붙잡고 큰 목소리로 일제독을 했던 기억과 외우기를 많이 했던 것 같다. 서당에서 읽고, 외우고, 쓰고 했던 수업방법의 영향이 컸을 것으로 본다. 당시에는 아직 동네에 서당이 한두 개 남아 있었다. 그 당시에

외운 것들이 아직도 많이 남아 있다. 외운 것도 유용하게 잘 쓰인다. 외울 것은 외우게 해야 한다고 생각한다.

초등학교 시절에 있었던 가장 나쁜 기억은 '편애'이다. 2학년 때 한 선생님이 그 학교 동료 선생님의 동생 두 아이를 특별히 사랑해 주는 것이 어린 아이들 눈에, 가슴에 가시를 박아 놓은 격이 되었다. 이 나쁜 기억이 나의 평생에서 지워지지 않는 것을 보면 편애가 어느 정도 나쁜 것인가를 알 수 있다. 사랑해 주더라도 드러나지 않게 속으로 '속사랑'을 해 주어야 할 것 같다.

가장 인상에 남는 좋은 선생님, 존경하는 선생님은 역시 사범학교를 나오신 초등학교 3학년 때 선생님이신데, 그 분은 어린이들의 자치성, 동기 유발을 잘 하셨던 것 같다. 어린이 자치회를 통하여 자치적으로 생활하게 하여 우리 반이 공부(매월 전교적으로 실시하는 일제고사에서도)도 1등, 청소도 1등, 환경미화도 1등, 퇴비(거름) 풀베기도 1등, 폐품수집도 1등이었다. 그래서 그 선생님이 농담으로 우리 반은 떠드는 것까지도 1등이라고 말씀하였던 기억이 생생하다.

받은 초등학교 교육에서 전체적으로 생각해보면 그 당시 선생님들은 사범교육을 안 받은 사람도 있고 하여 교육이론과 '교수기술'은 부족했을지 몰라도 최소한 '열성'이 있었다. '헌신'이 있었고 교사의 '정신' 같은 것이 있었다. 이것은 아마도 유교문화의 바탕에서 나왔을 것이다. 선생님들의 보수는 어느 정도 받고 어느 정도 생활했었는지는 잘 모르겠지만 살림이 넉넉지는 못했을 것이다. 그래도 농촌에서는 선생님에게 고정된 수입이 있었으므로 괜찮은 편이었을 것이다. 초기에는 학생들이 사친회비로 농촌에서 쌀을 거두어 학교에 가지고 갔던 기억이 있다. 편애를 했던 선생님과 자치회를 잘 활용했던 선생님은 추후 나의 교사생활에 크게 영향을 주었다고 생각한다.

초등학교를 마치고 10km 이상 되는 산골길을 걸어 중학교를 마치고 1년을 집에서 농사짓다가 중학교와 같은 면소재지에 있는 농업고등학교 농학과를 졸업하고 다시 1년을 농사짓다가 서울교육대학 1회로 들어왔다. 사범고등학교에서 초급교육대학으로 개편되는 초기라서 교수와 교육과정, 시설들 모두가 정비가 안 된 상태여서 잘은 모르지만 고등학교와 비슷한 교육을 받았던 것 같다.

그런데 교육대학에 대한 자부심과 사명감만큼은 대단히 높았던 것 같다. 특히 사범학교와는 무엇인가 달라야 하고 나아야 한다는 것이 강조되었다. 특히 교대 1, 2회는 맏아들로서 현장에 좋은 인상을 심어주지 않으면 안 되고 뭔가 실력을 보여 주지 않으면 새로 개편된 교대의 존립 자체가 흔들린다는 사명감에서 사범교육을 받았던 것 같다.

그중에 하나 생각나는 것이 메가폰을 거꾸로 통과하는 '메가폰 통과법칙'이다. 들어올 때는 넓은 데로 많은 사람들이 들어오지만 통과하는 과정에서 들볶여, 나갈 때는 다듬어서 좁은 곳으로 적은 숫자만 교사로 나가게 한다는 소수정예 교육방침이다. 그래서 첫 학기에 재시험(E)과 낙제점수(F)가 반 수 이상이었다. 그래서 서울교대 출신 1, 2회생으로 좋은 학점 기록을 가지고 있는 사람은 극히 드물게 되었다. 졸업 후 서울시교육청에서 임용할 때 성적순으로 하여 지방교대 출신보다 서울교대 출신이 불리한 입장이 되기도 했다. 그 후로 학교의 방침을 좀 누그러뜨렸던 것으로 생각된다.

교대생의 고민은 예능교육에 있었다. 특히 '풍금(오르간)'을 통과하느라고 많은 고생을 했고 대부분의 시간을 예능교과에 투자했다. 인상 깊었던 것의 하나는 남학생도 실과의 가사지도를 위해서 똑같이 가사실습을 했고, 무용 교육도 여자들과 똑같이 받았다.

개인적으로는 '아동연구회'를 조직하여 옛 '색동회'를 이어받으려고 했으나 2년의 짧은 기간이어서 목적을 달성하지는 못했고 비교적 학교의 지원을 받는 가장 활발한 서클로 후배들에게 이어졌다. 또 학생도서위원회를 조직하여 도서관 운영에 참여하면서 많은 것을 배우고 특히 신간 외국저널을 접할 수 있어서 좋았다. 이런 것들이 쌓여 나의 시각이 해외로 넓혀져 그 후 박사과정의 유학의 길로 연결되었는지 모른다.

2년간의 사범교육으로 만능선수, 팔방미인을 길러낸다는 것은 애초부터 무리이므로 기본적 실력을 갖춘 사람, 기본적 태도를 갖춘 사람을 교사후보자로 선발하여 스스로 노력하도록 동기를 유발하는 일이 사범교육에서 중요하다고 본다.

해온 교육

사명감을 갖고 1964년 3월 처음으로 '교육'을 시작하게 되었다. '받은 교육'을 '하는 교육'으로 바꾸는 전환점이 되었다.

우선 아이들이 귀엽고 예뻤다. 아이들만 보면 나도 모르게 빨려들고 저녁때면 지쳐도 아이들이 좋았다. 아이들만 있으면 모든 걸 잊어버린다. 편지를 써서 주머니에 넣고 다니며 1주일 이상 부치는 것을 잊어버리기도 했다. 아이들을 가르치는 일에 대해서는 하나도 불만이 없었다. 아이들과 헤어질 때는 울기도 여러 번 울었다. 아이들을 두고 군대에 나갈 때, 서울시 교육연구원으로 자리를 옮길 때는 눈물을 흘렸다. 몸을 대학으로 옮기고 나서도 어린 아이들이 그리울 때가 많고 문뜩문뜩 내가 초등학교 교사라는 착각을 일으킬 때가 많았다. 이렇게 보면 나는 교수로서는 성공적일지 모르지만 교사로서의 삶은 실패한 것 같다. 논산훈련소의 행군대열에서도 길거리에서 재잘거리며 지나가는 아이들을 보면 대열에서 벗어나 아이들의 머리를 한번 쓰다듬어 주고 싶은 충동을 일으킬 때가 한두 번이 아니었다. 대부분의 교사가 아이들과 가르치는 일 자체에는 불만이 별로 없을 것이다. 잡무나 쓸데없는 지시사항 등에 식상할 뿐이다.

나는 비교적 정해진 시간표를 지키려고 노력했다. 그래서 웬만해서는 "선생님, 체육해요?", "선생님, 음악해요?" 묻는 경우가 별로 없었다. 시간표에 의해서 자동적으로 아이들이 움직이게 된다. 시간표는 모든 사람들과의 약속이기 때문이다. 특별한 이유도 없이 선생님이 아이들과의 약속을 '행동'으로 안 지켜 놓고는 아이들 보고 약속을 지키라고 '말'로 가르치는 것은 아무런 교육적 효과가 없다.

받은 교육에서의 상처의 교훈으로 평생을 통해서 겉으로 드러나게 편애하지 않으려고 노력했으나 인간이기에 100% 공정했다고 맹세하지는 못한다. 더 예뻐 보이는 아이가 있으니 이를 어쩌랴! 많은 선생님으로부터 귀여움을 받아 온 아이가 있었다. 친구 아이들로부터 시기를 받게 되었다. 나 자신도 예뻐하면서도 겉으로는 다른 아이들보다 더 엄격했다. 그 아이는 지금까지도 내가 자신을 미워했던 것으로 오해하고 있다는 것을 간접적으로 듣고 있다. 나마저 겉으로 보이게 사랑해 주었더라면 그 아이는 아마 친구들로부터 따돌림을 당했을지도 모른다.

초등학교 때의 존경하는 선생님의 영향으로 어린이회, 자치회를 활성화하여 자치적으로 행동하도록 노력하였다. 그래서 우리 반 아이들은 단결을 잘했고 다른 반과 다르다는 최고의식도 가졌다. 아이들도 단결하니까 안 되는 일이 거의 없었고, 아이디어도 백출하는 것을 경험했다. 자치회는 동기유발과 연결되어 신나게 목표를 성취할 수 있었다. 아이들이 자기 반(학급)을 자랑하고 담임을 자랑하니 학부모도 지원해 주고 교사인 나 자신의 웬만한 실수도 용서받을 수 있었다.

아이들의 성적은 나온 대로 내주려고 노력했고 비교적 후하게 주려고 하지 않았나 생각된다. 이 철칙은 지금까지도 지키려고 노력하고 있다. 때로는 친구 아들의 성적도 내야하고, 연수원에서 친척 동생, 대학원에서 동기생의 성적을 매겨야 하는 경우도 여러 번 있었으나 이 성적 정확의 철칙을 지키려고 노력했다. 봐주려면 다른 사람까지 고스란히 성적을 올려줘야지 최소한 순서가 뒤바뀌어서는 안 된다. 이것은 편애하지 않으려는 원칙과 마찬가지이다.

하루에 한두 가지씩 재미있는 이야기를 준비해서 들려주어 느끼고 생각하는 시간을 주려고 노력했다. 그래서 항상 이야깃거리를 준비하기 위해서 메모를 해야 한다. 내가 들려준 이야기대로 제자들이 살아가고 있는지 궁금하다. 제자 중에 교사가 된 사람 중에는 나를 본받아서 이야기 들려주기를 실천하고 있다는 소식을 가끔 들었었다.

몇 가지 교사로서 해온 일을 회상해봤는데 지나고 보니 후회스러운 일이 많다. 나의 한마디 말로 상처를 입은 아이들도 있을 것이고 사랑을 제대로 나누어주지 못했던 것 같다. 지금 이름이 떠오르지 않는 사람이 모두 나의 사랑을 제대로 받지 못한 학생들일 것이다.

교사는 배운 대로 가르치게 된다. 그래서 교대·사대 등 교사양성기관의 교육방법이 가장 중요하다고 본다. 나는 이렇게 가르치지만 너희들은 나가서(교사가 되어) 저렇게 가르치라고 가르쳐봐야 아무 의미가 없다. 가장 확실한 교육방법은 말로 가르치는 것, 글로 가르치는 것이 아니라 행동으로, 몸으로 가르치는 것이다(그래서 나의 교육수필집 제목을 『우리의 교육, 몸으로 가르치자』라고 하였다).

은사님들에게서 받은 사랑을 제자들에게 모두 반환해 주지 못하고 있다. 사랑의 빚을 지고 있는 셈이다. 이제 내 나이 60대 초반, 베풀어야 할 나이에 아직 베풀지 못하고 있다. 아마 영원한 빚으로 남기고 떠나야 할 것 같다.

은사님들 세대보다는 학력도 높아지고 보수도 좋아지고 국가의 틀도 잡히고 특히 60년대, 70년대 우리나라 도약기에 서울시내 초등교사를 역임했으나 교사의 지위와 존경은 상대적으로 가라앉기 시작한 시기인 것 같다. 은사님들 세대는 다른 직업들이 많지 못하고 또 다른 직업들이 상대적으로 인기가 없는 속에서 교직에 매력이 있었으나 60~70년대 공업화, 산업화와 함께 교사의 지위와 자부심은 상대적으로 곤두박질하기 시작하였다. 이제 교사는 정신적 존경도 잃고 물질적 부도 잃고 있다. 후자보다는 전자가 더 큰 문제이다. 학력과 이에 따른 교육이론과 기술, 시설이 보충·발전해도 전자를 잃으면 모든 것이 허사이다.

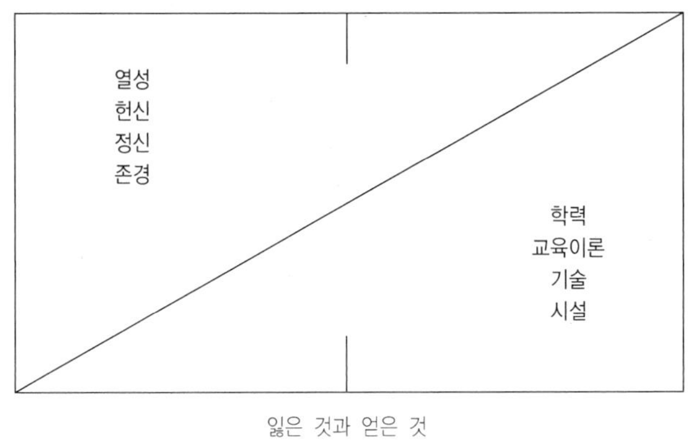

〈그림 6-1〉 교직의 잃은 것과 얻은 것

이제 교사존중의 민족운동을 벌여야 할 판이다. 교사(교사의 사기)를 잃어버려 놓고는 아무리 제도를 바꾸고, 교육개혁을 하고 시설과 교재를 현대화해도 모두가 허사가 된다. 이것을 활용할 교사(정신)를 잃어버렸기 때문이다. 국민들, 국가는 교사가 예뻐서가 아니더라도 자기들의 자녀를 가르치기 위해서라도 교사를 정신적으로라도 존경해 주어야(존경해 주는 체라도 해 주어야)한다. 교사를 위해서가 아니라 민족과 국가를 위해서이다.

해야 할 교육

지금은 모든 면에서 급격한 변화를 하고 있는 전환기이다. 국제화, 개방화에 의하여 교육에서도 변화가 요구되고 있다. 21세기에서 새로운 세기에 대비하지 못하면 우리는 퇴보의 낭떠러지로 떨어지고 말지도 모른다. 우리는 이미 88년 올림픽의 도약대·스프링보드로부터 도약과 비상은 고사하고 오히려 가라앉기 시작한 경험을 갖고 있다.

지금 현재의 여건·상태에서라도 교육의 방향과 방법을 바꾸면 교육의 효과를 더 높일 수 있다는 것이 나의 조그만 신념이다. 교육지도자·행정가가 방향을 잘 잡아주고 교육자·교사가 지금 현재 하고 있는 똑같은 노력이라도 방법을 바꾸면 교육의 질은 더 올라갈 수 있다고 본다. 우리는 아직 열심히 하고 있는 것이다. 교사도, 학생도, 학부모도 열심히 교육에 참여하고 있는 것은 사실이다. 다만 입시 같은 쓸데없는 데 열심히 하여 귀중한 정력과 시간을 낭비하고 있는 데 문제가 있다. 교사가, 교육이 변하지 않으면 안 된다. "일본의 힘, 교육에서 나온다."고 하는데 국가의 생존, 경제와 기업의 존망은 모두 교육에 달려있다 해도 과언이 아니다.

첫째, 사람으로서 살아가는 데 가장 필요한 공통기초를 최소한으로 줄여 철저한 교육을 하고 대신 개성과 소질을 살릴 수 있도록 선택의 기회를 최대한 넓혀주어야 한다. 현재는 기초에도 철저하지 못하고 개별화를 위한 선택도 고려하지 못하여 평균인간을 길러내고 있는 셈이다. 못하는 사람을 끌어올리는 데는 신경을 쓰고 있는지 모르나 잘 할 수 있는 싹을 잘라놓고 잘 할 수 있는 사람을 더 잘 하게 하는 데는 실패하고 있다. 새로운 세기는 평균인간을 원하지 않고 국민들도 평균으로 남아있고자 하지 않는다.

둘째, 창의성 개발을 위한 창의적 교육을 하기 위해서는 창의적인 교사가 요구된다. 지금 우리 교사·학생·학부모가 열심히 하고 있는 만큼만 창의성 신장을 위한 교육에 바친다면 어느 정도 선진국 진입에 승산이 있다. 창의성 교육을 위해서는 창의적인 교사가 길러져야 한다. 이를 위해서는 교대의 교육이 창의적인 교육으로 변해야 한다. 창의성 교육은 개성존중의 개별화 교육과도 연결된다. 또 양의 교육이 아닌 질의 교육으로 전환되는 일과 맞물려야 한다.

셋째, 교과서에 나타나 있는 것만 가르치는 교사로부터 교육과정 운영자로 변신하지 않으면 안 된다. 교육과정에 맞추어 수업전략과 수업모형이 달라져야 한다. 이것이 우리가 해온 교육(교사)과 앞으로 해야 할 교육(교사)이 달라져야 하는 중요한 차이일지도 모른다. 교사의 수준이 연구자의 수준으로 격상되어야 한다. 초등 박사 교사 모임인 '초등교육발전연구회'에 참여하는 사람들은 이미 새로운 시작을 한 것이다. 과거에 교육과정에 관하여 중앙에서 다루어지던 많은 일들이 밑으로 내려와 교사의 손에 의하여 결정되어야 할 시점에 와 있다.

넷째, 교대·사대 교사 양성교육이 달라져야 교사가 달라질 수 있다. 이미 이에 대하여 약간 언급되었으나 이를 심각하게 받아들여야 한다. 먼저 교대·사대 교수가 교사 양성교육에 애착을 가져야 한다. 자신의 전공이 교사양성이란 것을 잊지 말아야 한다. 또 현장과 밀착해야 한다. 교사경력을 갖고 교수가 되어야 할 뿐만 아니라 영국에서처럼 주기적으로 현장교사로 근무하면서 실제로 초·중등학생을 가르쳐봐야 한다. 학생들은 "배운 방식대로 가르치게"되므로 교대와 사대의 수업방법이 바뀌어야 현장에서의 수업방법이 바뀔 수 있다.

다섯째, 마지막으로 교사의 전문직화(Professionalization)를 강조하지 않을 수 없다. 우리의 교육이 한 단계 비약을 하려면 교육을 직접 담당하고 있는 교직이 더 높은 수준으로 전문직화되지 않으면 안 된다. 교사의 완전 전문직 지향이 필자의 주장의 결론이 될 것인데 이를 중심으로 좀 더 자세히 부연해보기로 한다.

초등교사의 전문성

세분화·특성화에 의한 전문화(Specialization)와 이를 포함한 직업으로서의 전문직화(Professionalization)는 약간 구분되어야 한다. 전문직화란 초등교사직이 하나의 전문직으로 성숙해야 한다는 것이고 그래야만 교사도 살 수 있고 국가도 살수 있다고 보는 것이다.

전문직의 특성이나 기준에 대해서는 지금까지 수많은 학자들이 제시하였으므로 여기서 다시 상세히 논의하고 싶지는 않다. 첫째가 고도로 전문화된 지식, 비장의 지식, 둘째 장기간의 대학 훈련 프로그램, 셋째 전문직화 판단을 하는 데 상당한 정도의 자율성, 넷째 개인적·사적 이익보다는 봉사와 헌신을 강조하는 이념, 다섯째 동료 실천가의 전국조직(단체)의 회원정신, 전문직의 특징과 기준으로 들 수 있다. 이러한 기준에 비추어 볼 때 초등교사는 의사나 변호사와 같은 완전전문직의 수준에 이르지 못하고 아직 반전문직 정도로 보고 있다. 전문직에 대한 견해도 합의론자(consensus theorists)는 ① 비장의 지식의 중요성, ② 전문직에의 사회화, ③ 봉사지향성을 강조하는 반면, 갈등론자(conflict theorists)는 ① 여러 직업 집단 사이의 권력 관계성, ②전문화된 숙달과 이타적 동기에 대한 폭로적인 전문직적 요구, ③ 정당화된 신비의 수준으로 끌어올리고 직업으로 들어오는 사람을 통제하고 이미 직업에 들어온 사람들의 자기 이익 보호를 위하여 전문직 단체의 권력을 강조하는 경향이 있다.

어떤 측면으로 보아도 교직은 아직 완전 전문직으로 인정받지 못하고 있으므로 이를 위해 부단히 노력하여 쟁취해야 할 입장이다. 전문직은 저절로 굴러들어오는 것이 아니다.

교사들이 존경도 잃고 물질적 보상도 잃은 현시점에서 전문직 인정을 위한 노력으로 잃어버린 두 가지를 동시에 찾아야 하는 이것이 만만치 않은 도전이다.

첫째, 학력은 계속 높아져야 한다. 초등박사교사들 모임인 초등교육발전연구회처럼 석사·박사로 계속 연구해야 한다. 그것이 비장의 지식이 되고 장기간의 훈련도 되고 또 전문직 단체의 회원정신도 여기서 나온다고 본다. 초등교사가 박사를 했다고 해서 그것이 낭비라고 보지는 않는다. 교사의 학력이 높아져야 우선 깔보이지 않는다. 초등교사 다수가 고학력을 가질 때, 강력한 힘이 생길 것이다. 초등교사를 하찮은 직업으로 생각하여 고학력자가 갈등을 일으켜서는 안 된다.

둘째, 특수화, 세분화에도 노력해야 한다. 교과전담제도 확대해

나가고 행정전문가, 장학전문가, 수업전문가, 교육과정 전문가로 특수화, 전문화해 나갈 필요가 있다. 각 분야에서 세계적 존재로 인정받기 위해 부단히 노력해야 한다.

셋째, 교직도 고독한 직업에서 협동적 직업으로 옮겨가야 한다. 혼자서 계획하고 실천하며 평가하는 외로운 노력으로는 교직이 전문직으로 부상하기 어렵다. 가르치는 과정에서도 협동적 노력을 해야 하지만, 강력한 전문직단체로서도 목소리를 내야 한다. 갈등론자의 주장처럼 전문직의 역사는 곧 인정받기 위한 투쟁의 역사이다. 개인의 이익이 아니라 교직 전체의 이익을 위해서 똘똘 뭉쳐 목소리를 내야 한다. 의사회, 약사회, 변호사회를 생각하면 된다.

넷째, 고도의 도덕성과 윤리성을 유지해야 한다. 단체 활동을 하더라도 노동자와는 다르게 해야 한다. 똑같이 행동하다 보니 똑같이 닭장차에 끌려 다니고 전경들의 곤봉에 나뒹구는 선생님들의 모습이 전국 TV화면에 내비치게 된 것이다. 이렇게 되면 다른 동료 선생님들이 어떻게 아이들을 가르치고 어떻게 국민의 정신적 존경을 받겠는가? 가장 강력한 지도력은 고도의 도덕성과 윤리성에서 나온다.

다섯째, 국가와 국민은 교사에게 최고의 대우를 해 주지 않으면 모든 것을 잃고 나중에는 더 많은 후회를 하게 된다. 최고의 대우를 해 주어야 우수한 사람들이 교직으로 몰려들고 자부심과 긍지를 갖고 당당하게 전문인으로서 직업에 임하게 된다. 이것은 교사만을 위해서가 아니라 국민과 국가를 위해서이다. 전문직화도 최고의 대우를 받을 때 가능해진다.

우리의 전 세대는 유교정신에 바탕을 둔 정신적 대우를 받고 나름대로 열성을 갖고 버티었을 것이다. 그 당시 교사는 특별한 존재였다. 전쟁통에도 교사는 전쟁터에 나가지 않거나 단기복무를 시켰다.

우리 세대는 사범교육이 체계화되고 학력도 높아지고 보수도 높아졌으나 산업사회의 도래와 함께 교사의 지위는 상대적으로 하락하기 시작했고 국가에서도 교사를 특별한 존재로 생각해 주지 않는 정책을 썼다. 직업의 종류가 많이 생겨나면서 우수한 인력은 다 인기직종으로 빠지고 나머지 층에서 마지못해 교직으로 들어와 교직은 위기에 봉착해 있다. 교육을 통해서 무엇을 한다는 것이 어렵게 되었다. 산업화, 경제적 발전, 물질적 가치의 숭배로 정신세계에서 사는 교직은 점점 매력을 잃고 있다. 정신을 잃으면 다시 물질도 잃게 된다는 것을 알아야 한다.

교사가 대우를 받고 또 국가도 무한경쟁에서 살아남으려면 어쩔 수 없이 교육을 재건하지 않으면 안 된다. 교사들 자신은 교직의 전문직화를 위해서 피나는 노력과 단결을 해야 하고 동시에 국가도 교사에게 최고의 대우를 해 주어야 전문직으로 상승할 수 있어 교육도 살리고 국가도 살릴 수 있다.

우리는 열심히 일을 할 때 행복할 수 있다. 무언가 열심히 추구할 때 살아가는 재미도 있고 삶의 의미도 찾을 수 있다. 선생님에게 돈만 많이 주면 잘 가르치고 또 행복감을 가질 것인가? 돈 바라고 열심히 하는 것과 일 자체가 좋아서 열심히 하는 것과는 근본적으로 차이가 있다. 여건이 어려운 속에서도 무엇인가 추구하고 나를 찾으려고 할 때 살맛이 있는 것이다. 인생 결산을 해야 할 때 하늘을 우러러 부끄럼 없이 열심히 연구하여 아이들을 가르치며 살아왔다는 결론이 나온다면 그것으로 만족할 수밖에 없다. 남이 알아주느냐, 국가가 인정해 주느냐는 부차적인 문제이다. 나에 대한 나 자신의 인정, 나 자신의 자기결산이 더 중요하다. 천하를 얻고도 나 자신을 찾지 못하면 허사이다. 어렵지만 같이 열심히 교사의 길을 걸어갑시다.(『초등교육발전연구』, 제8집, Vol.8, 초등교육연구회)

　나에게 남은 것이 있고, 필요한 것이 남아 있다면 필요한 곳에 모든 것을 바칠 것이다. 그것이 나의 의미이고 가치이다.

저자 주삼환(朱三煥)

- 약력 -

서울교육대학교, 서울대학교 교육대학원 교육행정전공 석사
미국미네소타대학교 대학원 교육행정전공 박사, 서울시내 초등교사 약 15년,
한국교육행정학회장
미국 오하이오주립대학 객원교수, 한국대학교육협의회 파견교수,
인문사회연구회 이사 역임
현) 충남대학교 명예교수

- 저·역서 -

1. 리더십 패러독스(시그마프레스, 2009, 공저)
2. 한국대학행정(시그마프레스, 2007·2008문화체육관광부 선정 우수도서)
3. 도덕적리더십(역, T. J. Sergiovanni 저, 시그마프레스, 2008)
4. 교육행정사례연구(학지사, 2007. 공저)
5. 교육행정철학(학지사, 2007. 공저)
4. 한국 교원행정(태영출판사, 2006)
6. 장학의 이론과 기법(학지사, 2006)
7. 미국의 교장(학지사, 2005)
8. 학교경영의 이론과 실제(학지사, 2006, 공저)
9. 교육행정 및 교육경영 4판(학지사, 2009, 공저)
10. 한국교원행정(태영출판사, 2006·2007 문화관광부 선정 우수도서)

- 한국학술정보(www.kstudy.com) 주삼환 교육행정 및 장학 시리즈 도서 35권 -

I. 교육 칼럼 및 비평 시리즈
I-1 우리의 교육, 몸으로 가르치자
I-2 많이 가르치고도 실패하는 한국교육
I-3 위기의 한국교육
I-4 전환시대의 전환적 교육
I-5 교육이 바로 서야 나라가 산다
II. 장학·리더십론 시리즈
II-1 장학의 이론과 실제:I. 이론편
II-2 장학의 이론과 실제:II. 실제편
II-3 수업분석과 수업연구(공저)
II-4 전환적 장학과 학교경영
II-5 장학: 장학자와 교사의 상호작용
　　　(역, A. Blumberg 저)
II-6 임상장학(역, Acheson & Gall 저)
II-7 교육행정 특강
II-8 교장의 리더십과 장학
II-9 교장의 질 관리 장학
II-10 교육개혁과 교장의 리더십
II-11 선택적 장학(역, A. Glatthorn 저)
II-12 장학 연구
II-13 인간자원장학(역, Sergiovanni &
　　　Starratt 저)

III. 교육행정 시리즈
III-1 올바른 교육행정을 지향하여
III-2 한국교육행정강론
III-3 미국의 교육행정
III-4 지방교육자치와 대학자치
III-5 전환기의 교육행정과 학교경영
III-6 고등교육연구
III-7 교육조직 연구
III-8 교육정책의 방향(역, J. Rich 저)
IV. 교육행정철학 시리즈
IV-1 교육행정철학(역, C. Hodgkinson 저)
IV-2 리더십의 철학(역, C. Hodgkinson 저)
IV-3 대안적 교육행정학(공역, W. Foster 저)
IV-4 교육행정사상의 변화
V. 교육행정 관련학문 시리즈
V-1 교양인간관계론(역, A.Ellenso 저, e-book)
V-2 입문 비교교육학(역, A. R. Trethwey 저)
V-3 사회과학이론입문(공역, P. D. Reynolds 저)
V-4 허즈버그의 직무동기이론(역, F. Herzberg 저)
V-5 미국의 대학평가(역, Marcus, Leone
　　　& Goldber 저)

많이 가르치고도
실패하는 한국교육

초판인쇄 | 2009년 6월 20일
초판발행 | 2009년 6월 20일

지은이 | 주삼환
펴낸이 | 채종준
펴낸곳 | 한국학술정보㈜
주 소 | 경기도 파주시 교하읍 문발리 파주출판문화정보산업단지 513-5
전 화 | 031) 908-3181(대표)
팩 스 | 031) 908-3189
홈페이지 | http://www.kstudy.com
E-mail | 출판사업부 publish@kstudy.com

등 록 | 제일산-115호(2000. 6. 19)
가 격 | 30,000원

ISBN   (Paper Book)
       978-89-268-0066-9 98370 (e-Book)